沖縄　だれにも書かれたくなかった戦後史　上

佐野眞一

集英社文庫

沖縄　だれにも書かれたくなかった戦後史（上）　目次

III　沖縄の怪人・猛女・パワーエリート（その1）——335

奄美大島
0 10 20km
東シナ海
鹿児島県
奄美大島
笠利崎
笠利湾
奄美空港
名瀬港
龍郷町
58
明神崎
奄美市
（名瀬）
大和村
58
曽津高崎
枝手久島
焼内湾
宇検村
（住用）
住用湾
篠川湾
58
大島海峡
瀬戸内町
伊須湾
古仁屋港
夕離
須子茂離
加計呂麻島
皆津崎
請島水道
崎根鼻
与路島
請島
木山島
太平洋
鹿児島
九州
大隅海峡
黒島
硫黄島
竹島
大隅諸島
種子島
口永良部島
屋久島
吐噶喇海峡
口之島
臥蛇島
中之島
吐噶喇列島
平島
諏訪瀬島
悪石島
薩南諸島
宝島
横当島
鹿児島県
奄美諸島
奄美
喜界島
奄美大島
徳之島
硫黄鳥島
沖永良部島
与論島
琉球諸島
沖縄諸島
伊平屋島
伊是名島
伊江島
鳥島
粟国島
久米島
渡名喜島
平安座島
座間味島
那覇
津堅島
渡嘉敷島
慶良間列島
沖縄島
南西諸島
沖縄県
北大東島
南大東島
大東諸島
沖大東島
N
太平洋
0 100 200km

Map Design: 白砂昭義（ジェイ・マップ）

文庫版のためのごく短いまえがき

マグニチュード9・0という大激震が東日本一帯を襲《おそ》った二〇一一年三月十一日、沖縄の新聞「琉球新報」と「沖縄タイムス」はいずれも一面トップで、米国務省日本部長のケビン・メアが更迭《こうてつ》されたことを報じた。ケビン・メアは「沖縄人はゆすりの名人」「普天間《ふてんま》飛行場は特別危険ではない」「沖縄人は怠惰でゴーヤの栽培もできない」など沖縄県民の神経を逆《さか》なでする差別発言をして、沖縄中を激怒させた男である。

このニュースは全国紙も一斉に報じた。だが、翌日からは当然ながら東日本大震災報道一色に染まった。このため、ケビン・メア更迭の話題は本土ではそれ以降、誰の口にものぼらなくなった。

それ自体は、沖縄と本土メディアの〝温度差〟といって済ますこともできるだろう。だが、その後に続く本土の論調に、私は危惧《きぐ》を覚えた。

福島原発の放射性物質漏れという未曾有《みぞう》の事態も引き起こした東日本大震災は、明治維新、先の敗戦に続く第三の国難という論調が、すぐに本土メディアを覆《おお》った。

この感覚は本土では当たり前と思うだろう。だが、この論調は沖縄ではどう受けとめられたかを想像したことがあるだろうか。

第一の国難という明治維新は、沖縄にとって〝琉球《りゅうきゅう》処分〟という名の日本併合の始まりだった。

第二の国難という先の敗戦は、今日の苦難に通じるアメリカの統治時代が出発した象徴に他ならない。

そして第三の国難という今回の震災で、いくら在沖海兵隊を含めた米軍の〝トモダチ作戦〟の支援を受けたからといって、沖縄の米軍基地問題をうやむやにしたり、忘却したりするようなことがあっては決してならない。

「ひとつになろうニッポン」。そんな団結心を強制し、異論を排除するキャンペーンばかりが日本中に広がっているいまだからこそ、そのことを強調しすぎるほど強調しておきたい。この人道支援を決して政治利用させてはならないのである。

もしこの大災害が、沖縄の米軍基地を固定化する格好の材料に使われるとしたら、大津波に呑《の》み込まれて絶命した人びとの無念や、原発事故で故郷を離れざるを得ない人びとの辛苦《しんく》が、あまりにも報われないと思うからである。チェルノブイリと同じレベル7の重大事故を起こした原発との関連でいえば、電力大消費都市・東京のためにつくられた福島原発は、米軍基地が集中した沖縄に容易にアナロジーできる。

「この大災害は天罰。津波で日本人の我欲《がよく》を洗い落とす必要がある」。こんな心ない発言をする最低の男が都知事だからといって、首都圏に住む人間が同じ考えをしていると思わないでほしい。

そして東京が豊かで平穏に暮らしていけるのは、沖縄に米軍基地を押しつけ、原発を福島に押しつけているからだと考える人間が多くいることも忘れないでほしい。

私たちは、この大災害から他人の痛みを思いやる体験をした。三陸《さんりく》や福島の人びとの不幸に身をつまされるなら、沖縄の人びとが長きにわたって味わってきた不幸にも思いをいたそう。少なくとも言論に関《かか》わる人間なら、それが最低限のつとめである。

本文庫のⅠからⅤまでは、特に断りのない場合、二〇〇八年九月末に刊行した親本を再録したものである。Ⅵはそれから約一年後の二〇〇九年八月三十日に行われた総選挙の民主党の地すべり的大勝利による「政権交代」、そしてその一年半後の東日本大震災を踏まえて書かれたものだということを付記しておきたい。

読者がこの本を、沖縄の「戦後」と、沖縄を含む日本の「災後」に深く思いをめぐらすチャンスにしていただければ、著者としてこれに優《まさ》る喜びはない。

東日本大震災から一ヶ月後の二〇一一年四月十一日　　佐野眞一

沖縄　だれにも書かれたくなかった戦後史（上）

はじめに

戦後日本のありのままの姿を見ようとするとき、私の視野にはいつも二つの国土がせりあがってくる。一つは満州《まんしゅう》、一つは沖縄である。

世界史的にも類を見ない日本の高度経済成長とは、失われた満州を国内に取り戻す壮大な実験ではなかったか。

私は長年抱いてきたそうした見方に基づいて、満州を舞台とした作品を発表してきた。その第一弾が、二〇〇五年夏に出版した『阿片王《あへんおう》　満州の夜と霧』であり、第二弾が、沖縄取材が終わった〇八年五月に出版した『甘粕正彦《あまかすまさひこ》　乱心の曠野《こうや》』（いずれも新潮社）である。戦後高度経済成長のシンボルである夢の超特急も、合理的な集合住宅も、アジア初の水洗トイレも、すべて満州で実験済みだった。

日本は敗戦からわずか十年足らずで高度経済成長の足がかりをつかんだ。それは、わが国がいち早くアメリカの核の傘の下に入って、軍事防衛問題をほとんどアメリカという世界の警察国家にまかせっぱなしにし、経済分野に一意専心することができたからにほかならない。

その反対給付の人身御供《ひとみごくう》としてアメリカに差し出されたのが、沖縄だった。沖縄は世界第二位の経済大国になる道を駆け上がった本土の繁栄をよそに、東シナ海に浮かぶ日本最貧の島としての運命を辿《たど》ることになった。

満州も沖縄も〝還暦〟を過ぎた戦後日本を検証する上で、絶対に避けて通ることができない大きな宿題となっている。

日本の戦後社会を透視するため、満州という「時間軸」と、沖縄という「空間軸」を立てる。そしてその二つの軸がクロスしたところに結ばれた像こそ、われわれがいま暮らす日本列島の掛け値なしの姿ではないか。この仮説に、私はかなり前からとらわれていた。

満州を舞台にして暗躍し、〝阿片王〟と呼ばれた里見甫《さとみはじめ》と、〝満州の夜の帝王〟という異名をほしいままにした甘粕正彦。日本近現代史上、最も謎めいた二人の男の物語をとりあえず書き終えた私の目は、自ずともう一つの仮説の立脚点の沖縄に向かった。

沖縄についてはこれまで夥《おびただ》しい数の本が書かれてきた。だが私から言わせれば、ほとんどが〝被害者意識〟に隈取《くまど》られた〝大文字〟言葉で書かれており、目の前の現実との激しい落差に強い違和感をおぼえる。

沖縄本を覆う違和感とは何か。大江健三郎《おおえけんざぶろう》の『沖縄ノート』に象徴される「本土から沖縄に怒られに行く」「戦争の被害をすべて引き受けた沖縄に謝りに行く」という姿勢である。

渡嘉敷島《とかしきじま》の集団自決問題の論争で、大江をエキセントリックに攻撃する漫画家の小《こ》林《ばやし》よしのりを擁護する気は毛頭ない。

だが、大江は沖縄県民を一点の汚れもない純粋無垢《むく》な聖者のように描き、そうした中で自分だけは疚《やま》しさをもつ善良な日本人だと宣言し、ひとり悦に入っている、という小林よしのりの大江批判にはそれなりの説得力がある。

沖縄県民を聖者化することは、彼らを愚弄《ぐろう》することとほぼ同義だと私は考えている。そこには、沖縄の歴史を一九四五（昭和二十）年六月二十三日の沖縄戦終結の時点に固定化させ、この島にその後六十年以上の歳月が流れたことをあえて無視しようとする欺《ぎ》瞞《まん》と、それにともなう精神の弛緩《しかん》が垣間《かいま》見えるからである。

大江や、これに同調する筑紫哲也《ちくしてつや》の話題が出るたび、心ある沖縄人《ウチナーンチュ》たちから「われわれを〝褒め殺し〟するのも、もういいかげんにしてくれ」という台詞《せりふ》が出る場面に、私は幾度となく遭遇した。

こうした跪拝《きはい》意識に〝大文字〟言葉が加わって、沖縄は米軍に占領された被支配者の島である、といった左翼宣伝ビラでもいまどき書かないようなプロパガンダ本が、うんざりするほど生産されることになった。

〝大文字〟言葉とは何か。いい機会なので、ここで私がよく使う「大文字」と「小文字」の違いについて、少し嚙《か》み砕いて述べておこう。

「So what?」という英語の慣用句がある。私流に訳せば「それでどうしたの？」という意味である。私が言う「大文字」言葉とは、聞いたときにはわかったような気にさせるが、あとから考えると「So what?」という疑問がわく言葉のことである。

テレビに登場するコメンテーターが口にする一見もっともらしい発言は、だいたい「大文字」言葉だと思って間違いない。私は彼らのおごそかな口調の割には無内容なコメントを聞くたび、「雨が降るから天気が悪い。悪いはずだよ、雨が降る」という俗謡を思い出してにが笑いする。

彼らは同義反復しているだけで、実は何も言っていないのに等しい。何かを言っているように聞こえるのは、彼らの顔や仕草を見て、こちらが情報を補ってやっているからである。

これに対して「小文字」言葉とは、活字だけで世界がくっきり浮かび上がる言葉のことである。それは小さい声ながら、有無をいわせぬ力で読者をねじふせる。

物事を「説く」には「大文字」言葉が便利だが、物事を「語る」には「小文字」言葉を身につけなければならない。「語って説かず」。それがノンフィクションの最大の要諦《ようてい》だと、私は常々言ってきた。

私は里見甫を書くときも、甘粕正彦を書くときも、「大文字」の〝満州論〟にはせず、彼らの魅力と魔力を、どんな読者の胸にもまっすぐ届く「小文字」で書いてきた。
私は沖縄の知られざる戦後史を扱った本書でも、読者がこれまで聞いたことも見たこともない「小文字」の物語だけを、型通りの主人公を食う魅力的なバイプレイヤーたちを数多く登場させて書いていくつもりである。

本書は五つのジャンルから構成されている。

Ⅰの「天皇・米軍・沖縄県警」では、沖縄に対する私の立ち位置をあらためて明確にするとともに、これまでの仕事を通じた沖縄と私の歴史的関《かか》わりや、天皇と沖縄の微妙な関係、そして沖縄県警が辿った数奇《すうき》な運命にふれた。

米軍問題も、基地問題一般を語るのではなく、歴史に埋もれてしまった知られざる怪事件や、この島に暗躍する米軍がらみのスパイたちの活動を通して描いた。

Ⅱの「沖縄アンダーグラウンド」では、戦後沖縄ヤクザの発生から始まって現在の勢力図にいたる暴力団の消長のプロセスをあまさず描いた。

ここでは、現役のヤクザにインタビューするとともに、苛烈《かれつ》な暴力団抗争の過程でヒットマンとなった男の痛切な告白もそのまま書きとめた。このロングインタビューは沖縄そのものの身を切るような独白となっているので、じっくり味わいながら読んでほしい。また、これまでほとんど知られていなかった奄美《あまみ》大島の差別の歴史と、そこからたくましく起《た》ちあがった男が惚《ほ》れる奄美のヤクザについても筆を割いた。

Ⅲ・Ⅳの「沖縄の怪人・猛女・パワーエリート」では、〝沖縄の四天王〟といわれる財界人たちにスポットライトをあてるとともに、沖縄の戦後史に残る不撓不屈《ふとうふくつ》の政治家や、左翼の枠組みにはおさまらない魅力的な組合活動家、沖縄独立の夢に賭《か》けた男たちにも言及した。

さらに、これまでまったく書かれてこなかった封印された沖縄の戦後メディア史や、米留組《べいりゆうぐみ》といわれるアメリカ帰りのパワーエリート、沖縄を実質的に支配する軍用地主、女傑といわれる女たちの群像をスケッチする一方、〇六年十一月に行われた沖縄知事選の舞台裏や、沖縄の知られざる金融事情についてもふれた。

Ⅴの「踊る琉球、歌う沖縄」では、大阪でリバイバルした琉球民謡の復活から始まって、ベトナム戦争下のコザで花開いた本格的ロックの発展まで、沖縄の戦後史に重ね合わせながら、この島を走破する形で沖縄芸能の全貌《ぜんぼう》をルポした。また、ここでは沖縄の芸能を支配しようとする本土の芸能プロダクションの動きも追った。

Ⅵの「第二の〝琉球処分〟」では、民主党の「政権交代」後に起きた沖縄の〝ねじれ〟現象や、琉球王朝の尚《しよう》家が琉球処分後に辿った数奇な運命、いま領土問題をめぐって注目を集めている尖閣《せんかく》諸島の知られざる歴史、さらには沖縄そのもののような人生を生きたヒットマンの悲しい最期について書いた。四編とも本文庫のために書き下ろしたものである。

いずれも、これまでまったくといっていいほど書かれてこなかった沖縄をめぐる切実なテーマだと自負している。そこには切れば血が出る沖縄の本当の戦後史が埋まっている。それをいわば〝手掘り〟で発掘したのが本書である。巻末の主要参考文献リストを含め、これほどオールラウンドに沖縄問題を扱った本はなかったと、ひそかに自負している。

これから始まる物語は、沖縄列島を一個の肉体と見立て、その肉体が戦後に演じ、あるいは演じさせられた悲劇と喜劇、まばゆい光と濃厚な影があやなす南島奇譚《きたん》ともいうべきドキュメントである。

最後に私はこのルポルタージュを、柳田國男《やなぎたくにお》が『遠野《とおの》物語』の冒頭に、「遠野よりさらに物深き所にはまた無数の山神山人の伝説あるべし」と述べたうえ、「願わくばこれを語りて平地人を戦慄《せんりつ》せしめよ」と記した箴言《しんげん》にあやかって、「願わくばこの沖縄の物語を語りて内地人を戦慄せしめよ」というつもりで書いたことを附記しておく。

I

天皇・米軍・沖縄県警

嘉手納　1969年 © 東松照明

「お約束」の島から「物語」の島へ

沖縄耽溺者《ウチナージャンキー》のメルクマールを沖縄訪問の歴史的キャリアや、訪問の頻度だけではかるなら、私は沖縄耽溺者の範疇《はんちゆう》にはおそらく入らない。一九七二(昭和四十七)年五月十五日の本土復帰前にこの南国の島を訪ねたことはないし、仕事らしい仕事で初めて訪ねたのは九七年暮れのことだから、むしろ沖縄初心者《ウチナービギナー》の部類だといっていいだろう。

これより約二十年前、近海にジュゴンが棲《す》むことで知られる八重山《やえやま》諸島の小浜《こはま》島に遊び半分の仕事で行ったことはあるが、それは「沖縄体験」というにはあまりにも短い滞在に過ぎなかった。

沖縄取材「初体験」ともいうべき九七年の訪問時、私は中内《なかうち》ダイエーの盛衰をルポする長期連載を抱えていた。沖縄本島と宮古《みやこ》島を訪ねたのは、中内ダイエー急成長の「原資蓄積過程」とも比喩《ひゆ》できる牛肉安売りの秘密を探るのが目的だった。

オーストラリア産の仔牛《こうし》を沖縄で大量に肥育し、それをダイエーが輸入する。まだアメリカの統治下にあったこの当時、沖縄の貿易には特例措置《そち》で関税がなかったため、ダイエーが沖縄から輸入する牛の値段は格安だった。

ダイエー急成長の最初のスプリングボードとなった牛肉安売りの秘密は、沖縄の畜肉業者と組んだこの〝三角貿易〟システムにあった。言いかえれば、沖縄はダイエーの発展を約束した収益構造の見えない〝ロンダリング・ランド〟だった。

最初、那覇《なは》で登記されたこの畜産会社の法人登記簿を追っていくと、さらに興味深いことがわかった。同社の本社所在地はある時点から、宮古島のリゾート地区に移り、業務内容も畜肉加工から、福岡ドームなどの土地売買を目的とする不動産業務に変わっていた。しかもその会社は、表にはまったく出てこない中内のファミリーカンパニーだった。

格安の牛肉で消費者の胃袋を満足させて儲《もう》けた金を、今度は一族の土地投資の欲望にそのまま注ぎ込む。肉が土地に化ける。沖縄には、中内ダイエーに代表される、戦後日本人の欲望の肥大化の軌跡が露骨に刻まれていた。「はじめに」でも述べたが、ここでもまた、沖縄は日本の高度経済成長を裏支えする隠された土地だった。

戦後高度経済成長の象徴ともいうべき中内ダイエー発展の秘密を沖縄で垣間《かいま》見て以来、私にとって沖縄は、満州といわば表裏一体を成す重要なテーマとなった。

二〇〇四年十月に産業再生機構入りが決まり、経営破綻《はたん》が明らかになった中内ダイエーと沖縄の関係をもう一度引き合いに出せば、〇五年春に出版された奥野修司《おくのしゅうじ》の『ナツコ—沖縄密貿易の女王』(文藝春秋)にこんな箇所がある。

敗戦後間もない沖縄には、大密貿易時代と呼ばれる時代があった。この時代、東シナ海を股《また》にかけた海賊まがいの海人《ウミンチユ》が横行し、ありとあらゆる物資が取引された。

「薬は香港の船が運んできたんやけど、これはぜんぶ今のダイエーの中内さんが買いはったわ。ペニシリンは高いから、盗られんように田岡《たおか》(一雄《かずお》・山口組《やまぐちぐみ》組長=引用者注)さんの子分らが警備したんかな。まあ、ダイエーができたのもお父さんのおかげとちゃうやろか」

戦後沖縄密貿易の女王といわれたナツコが取引した、神戸在住華僑《かきよう》の娘の証言である。

人肉食いの噂《うわさ》がつきまとうフィリピンの地獄の戦場から、飢えと怒りと人間存在の底知れない不条理を背負って復員した中内㓛《いさお》が、神戸のブラックマーケットに現れて、最初の闇《やみ》商売を始めたことはよく知られている。中内はこの時代を振り返って、「女と麻薬以外のものはすべて売った」と私に語っている。

中内は「戦後神戸から出て大きくなったのは、山口組とダイエーだけや」という名台詞《せりふ》も残している。そのそもそもの源泉となったのが、大密貿易時代の沖縄だった。

中内ダイエーの最深部を取材するため、タクシーで沖縄じゅうを走り回っているとき、座席の前のプレートに、見るからに凶暴そうな男の指名手配写真が貼《は》られていることに気がついた。名前も又吉《またよし》カマーと、いかにも沖縄の犯罪者らしい響きがあった。

タクシー運転手は独特の抑揚がある沖縄口《ウチナーグチ》で、「旭琉会《きょくりゅうかい》系のヤクザです。ピストルで警官を二人殺したさあー。ヤマトに逃げたけど、また沖縄に戻ったという噂もあるさあー。もしかすると、ここらあたりに隠れているかもしらんさあー」と言って、車の外に広がる高々としたサトウキビ畑に目をやった。

風にそよぐサトウキビ畑はあくまでも青々と繁《しげ》り、指名手配中の殺人犯が身を隠すには格好の場所のように思われた。運転手の脅し半分の冗談を聞いて、本当に又吉カマーなる凶悪犯がそこにひそんでいるような気がして、灼熱《しゃくねつ》の暑さを一瞬忘れた。

それにもまして、タクシー運転手ののんびりした沖縄口の口ぶりと、それとはまったく似合わない殺伐《さつばつ》たる話題とのあまりに大きな落差が、ひどく印象に残った。沖縄では血なまぐさい殺人事件も、明るい観光写真のように語られる。

次に沖縄を訪ねたのは九九年、時の宰相だった小渕恵三《おぶちけいぞう》の評伝（『凡宰伝《ぼんさいでん》』〈文藝春秋〉）を取材するためだった。

念願の二〇〇〇年沖縄サミットを実現しながら、突然の死により、サミットの議長にはならずに終わった小渕は、早稲田《わせだ》の雄弁会《ゆうべんかい》時代、沖縄に何度も行き、本土復帰運動に参加している。

小渕は首相官邸での私のインタビューに答えて、

「沖縄には学生時代からの思い入れもある。沖縄戦で自決した大田実《おおたみのる》海軍少将の『沖縄県民かく戦えり。県民に対し後世特別の御高配を賜《たまわ》らんことを』という遺書もある。それらが諸々《もろもろ》重なって、沖縄サミットの実現となった」と言った。

〈――最近、『ナビィの恋』という映画を観たそうですね。沖縄を舞台とした。

小渕　うん、観た。でも映画に感動したから沖縄サミットを決めたわけじゃないぞ。オレもそこまで単純じゃない（笑）〉

サミットの前景気に沸く沖縄取材中、最も印象に残ったのは、沖縄を代表する大企業の國場組《こくばぐみ》元会長の國場幸一郎《こういちろう》が語ったこんなエピソードだった。

「あれはたしか自民党が大敗した九八年七月の参院選のときでした。小渕さんがその応援で沖縄に来た。そのとき小渕さんは私にこう言ったんです。『もしいまの（大田昌秀《おおたまさひで》）知事をかえることができれば、私は沖縄に最大のものをプレゼントする』と。まだ自民党の総裁選に出る前です。沖縄サミットが決まったとき、私はすぐそのことを思い出しましたよ。ああ小渕さんの言っていた〝最大のプレゼント〟とはこのことだったんだな、ってね」

國場はそんな言葉で、小渕の先見の明を言わんとしたようだった。だが、私にはむしろ、沖縄県政は国政が握る、さらに言うなら、その沖縄県政は國場組が握る、と言っているように聞こえた。

実際その晩、那覇一の飲み屋街の松山《まつやま》のバーに私を誘った國場組の関係者は、「大田昌秀はわれわれの言うことを聞かなくなったので、稲嶺恵一《いなみねけいいち》にかえたんだ」と、平然と言い放ったものだった。

二〇〇〇年七月の沖縄サミットの取材でも、國場組を代表とする沖縄の大企業と、沖縄県政の露骨なまでの癒着《ゆちゃく》ぶりを見せつけられた。サミット会場にあてられた名護《なご》のザ・ブセナテラスは、沖縄県と名護市、それに國場組、稲嶺知事の出身母体である石油会社の「りゅうせき」などの共同出資で建設された第三セクター方式の超高級リゾートホテルである。

しかし、それ以上に実感させられたのは、沖縄における国政の信じられないほどの専横ぶりだった。サミット会場に向かうタクシー運転手は、こう言ってひとりごちた。

「サミット警備のため、ヤマトから二万二千人のおまわりさんが応援に来ています。その弁当は現地沖縄の弁当屋さんに任されると思っていたけど、冷凍のシャケ弁当が北海道から毎日空輸されてます。もちろん、すべて鈴木宗男《すずきむねお》の利権です。宗男は沖縄サミットでどれだけ儲けたかわからんさあー」

擂鉢《すりばち》の底が抜けそうなゴマスリで小渕内閣の官房副長官におさまった鈴木宗男は、

〝親分〟野中広務《のなかひろむ》（官房長官）の威もあって、当時絶大な権勢をふるっていた。

その運転手の話では、政府関係者や報道陣の車両も本土から運んだため、サミット期間中の沖縄のタクシーは、まったく商売あがったりの状態だったという。

サミット期間中の取材の収穫は、小渕人脈を通じて、沖縄の政財界を牛耳《ぎゅうじ》る大物たちに会えたことだった。「沖縄の四天王」という言葉を初めて聞いたのも、そのときだった。

沖縄のゴッドファーザーと呼ばれた國場組創設者の國場幸太郎《こうたろう》、奴隷同然の人身売買の境遇から這《は》いあがって大城組《おおしろぐみ》を創《つく》った大城鎌吉《かまきち》、戦前は警察官、戦後は独立行政区の宮古群島知事から実業界に転じてオリオンビールを創業した具志堅宗精《ぐしけんそうせい》、「沖縄糖業の父」と呼ばれた宮城仁四郎《みやぎじんしろう》。彼らの人生は、さすが「四天王」といわれるだけのことはあって、それぞれ一冊の本が書けるほどドラマチックだった。

波瀾万丈《はらんばんじょう》というなら、稲嶺恵一前沖縄県知事の父親の稲嶺一郎《いちろう》の人生も、「四天王」たちの生涯にひけをとらない。

学生時代の小渕の沖縄側の身元保証人だった稲嶺は、インドネシアの海軍武官府出向時代に敗戦を迎えたが、大東亜共栄圏は不滅と、インドネシア独立運動に参戦し現地で投獄された。戦後は米石油メジャーのカルテックスと提携、独占企業の琉球《りゅうきゅう》石油

（現・りゅうせき）を設立した。稲嶺はインドネシア独立運動の功により、戦後、インドネシアのスハルト政権から国賓待遇で迎えられ、アセアン（東南アジア諸国連合）を動かす男といわれた。

戒厳令下の沖縄サミット期間中に聞いた、戦後沖縄をつくった男たちの話は、どれもこれも初耳で、アドレナリンが身内から大量に分泌《ぶんぴつ》してくるようなエピソードばかりだった。

そこには、太平洋戦争で唯一地上戦の戦場となり、「鉄の暴風」と称される米軍の砲爆撃で軍民合わせて十八万八千人もの死者を出したことや、敗戦後、米軍の駐留により沖縄の全面積の一〇・七パーセント、在日米軍基地の七五パーセントが沖縄に集中しているといった、沖縄を語るとき必ず引き合いに出される祝詞《のりと》めいた〝お約束〟の言葉がまったく混入していなかった。

沖縄住民の三人に一人が死んだといわれる苛酷《かこく》な戦争体験も、「基地のなかに島がある」といわれる状況も、沖縄がいまも孕《はら》んでいる切実な現実である。

しかし、あえて言うなら、そうしたステレオタイプ化した言説によって、われわれはこの島に流れたありのままの戦後の時空間を遮眼《しやがん》されてきた面がある。「戦争」と「基地」という〝オールマイティー〟なカードを切られると、たちまち首うなだれて沖縄を〝聖地化〟し、ひたすら跪拝《きはい》し懺悔《ざんげ》することは、当の沖縄にとっても〝被害者意識〟に拍車をかけるだけではないか。

「はじめに」でも述べたように、大江健三郎や筑紫哲也《ちくしてつや》に代表されるヤマトの進歩的文化人たちが、沖縄に〝怒られに行く〟という、うんざりする構図はもういいかげんにした方がいい。そろそろ沖縄自身が〝被害者意識〟の桎梏《しっこく》から解放されてもいい時期ではないのか。そうでなければ、いまや沖縄観光の聖地となっている「ひめゆりの塔」も、靖国化の道を辿《たど》るだけである。

沖縄の戦後史を、手垢《てあか》のついた「大文字」言葉ではなく、誰の胸にも届くホンネの「小文字」言葉だけで書いてみたい。沖縄を「お約束」の島から解放して、「物語」の島として描きたい。そんな思いにとらわれはじめたのは、いままで一度も聞いたことがない彼らの話に耳を傾けたのが、最初のきっかけだった。

それにしても、沖縄に関する報道と、現実に見聞する沖縄との目もくらむようなこの落差はどうだろう。しかし、そう言う私自身が、本書の取材に本格的に入る前、沖縄出身の有名人で知っていたのは、軍用地の代理署名拒否という方法で日本政府にケツをまくってみせた大田昌秀元知事と、沖縄ダンスミュージックを迫力をもって世間に知らしめた沖縄混血の歌姫・安室奈美恵《あむろなみえ》くらいのものだったのだから、あまりエラソーなことは言えない。

日本最南端の島というよりアジアの入り口という方がふさわしい、極彩色の土産物《みやげ》が並ぶトロピカルムードの国際通り（那覇市）を歩き、牧志《まきし》公設市場で豚の顔を茹《ゆ》でたチラガーの笑ったような表情と、熱帯魚みたいに色とりどりの魚に驚嘆し、「象のオリ」と呼ばれる読谷村《よみたんそん》の米軍通信施設を見て、基地の島を実感したつもりになっていたのだから、いまにして思えば、随分とかわいいものである。

本題に入る前に、すでに報じられていながら、あまり一般には知られていない事実を、一、二紹介しておきたい。それは沖縄を語るとき、絶対に看過することのできない、いわば沖縄問題の必須知識だと思うからである。

一つは沖縄と天皇の関係である。

〇七年に刊行された『卜部亮吾《うらべりようご》侍従日記』（朝日新聞社）を読むと、病に倒れた昭和天皇が、最後の最後まで沖縄訪問を切望していたことがよくわかる。卜部は一九六九（昭和四十四）年十月一日に侍従となってから〇二（平成十四）年三月十一日に死去する直前まで、毎日欠かさず日記を書き続けた宮内庁の官僚である。

昭和天皇と沖縄の関係といえば、従来、敗戦から二年後の一九四七（昭和二十二）年九月に行われた「天皇会見」のみ、よく知られていた。「天皇会見」とは、GHQの外交局長（主席政治顧問）のW・J・シーボルトに対し、昭和天皇が沖縄問題に関して次のような要望書を提出したことを指す。

①米国が沖縄その他の琉球諸島の軍事占領を継続するよう希望する。これは米国に役立ち、また日本に保護を与えることになる。
②沖縄に対する米国の軍事占領は、日本に主権を残したままでの長期租借――二十五年ないし五十年、あるいはそれ以上――の擬制にもとづくべきであると考えている。
③このような占領方法は、米国が琉球諸島に対して永続的野心を持たないことを日本国民に納得させ、またこれにより他の諸国、とくにソ連と中国が同様の権利を要求するのを阻止するだろう。

この「琉球諸島の将来に関する天皇見解」は、当然のことながら提出当時は極秘扱いとされた。その内容が明らかになったのは、要望書の提出から三十年あまりたった一九七九（昭和五十四）年四月発行の雑誌「世界」に掲載された「分割された領土」という論文のなかで、筑波《つくば》大学助教授の進藤榮一《しんどうえいいち》がすっぱ抜いたからである。

そのこともあって、昭和天皇は死ぬまで沖縄に強い負い目を感じていた。

戦後、昭和天皇は全国各地を行幸したが、唯一足を踏み入れなかった、というより、足を踏み入れられなかったのが、沖縄だった。沖縄をアメリカに〝人身御供《ひとみごくう》〟として差し出したといわれても仕方のない前記のメッセージが、文字通り昭和天皇の〝足枷《あしかせ》〟となった。

一九七五（昭和五十）年に開催された沖縄海洋博に、天皇の名代として招かれた皇太子（現・天皇）夫妻が、「ひめゆりの塔」の慰霊に訪れたとき、過激派による火焔《かえん》ビンの洗礼を受けた。それは昭和天皇の身代わりとなった厄災といってもよかった。琉球新報のベテラン記者によれば、その夜、那覇の飲み屋では沖縄県警のノンキャリアたちが、カチャーシーで乱舞する姿が何組も見られたという。

昭和天皇は一九八七（昭和六十二）年に開催された「海邦《かいほう》国体」に沖縄訪問をすることを心待ちにしていたが、直前に病に倒れ、実現はかなわなかった。このとき昭和天皇は、その無念さを「思はざる病となりぬ沖縄をたづねて果さむつとめありしを」という歌に託している。

昭和天皇は皇太子時代の一九二一（大正十）年、ヨーロッパ外遊の途次、軍艦「香《か》取《とり》」に乗って沖縄本島に上陸している。わずか九時間の滞在だったが、県庁や首里城《しゅりじょう》も訪問している。

「ひめゆりの塔」で過激派から火焔ビンを投げつけられた現天皇・皇后が先帝の昭和天皇がやり残した戦争犠牲者の慰霊の旅を続けていることはよく知られている。

とりわけ昭和天皇がついに再訪できなかった沖縄に対する思いは強く、八月十五日の終戦記念日、八月六日と九日の広島、長崎の原爆の日と並んで六月二十三日の沖縄戦終結の日を、〝お慎みの日〟として外出を控え、皇居で黙禱《もくとう》を捧げている。

沖縄訪問にも熱心で、皇太子・皇太子妃時代の天皇・皇后が沖縄を初訪問して火焔ビンを投げつけられた反皇室感情は、度重なる沖縄訪問によって、いまはほとんど解消されたといってよい。皇太子・皇太子妃時代に五回、即位後も三回沖縄を訪問している。皇太子・皇太子妃時代の天皇・皇后は琉歌《りゆうか》を詠み、沖縄出身の国語学者の外間守善《ほかましゆぜん》から「おもろさうし」のご進講を受けている。病に倒れた昭和天皇の名代として「海邦国体」に出席したとき、皇太子・皇太子妃の要望で、沖縄タイムスと琉球新報の定期購読を始めたことはほとんど知られていない。

もう一つ指摘しておきたいのは、沖縄の地政学的位置づけの歴史的変遷《へんせん》である。元外交官の岡崎久彦《おかざきひさひこ》は、沖縄の米軍基地の戦略的重要性について、PR誌の「草思」（二〇〇〇年七月号）でおおむね次のように語っている（「沖縄を巡る戦略的思考の勧め」）。

沖縄が返還されたとき、日米共同声明に、「韓国の安全は日本にとって緊要の要素、台湾の安全は日本にとって重要な要素」という文言《もんごん》の「韓国・台湾条項」が入った。日米安保条約を見てもわかるように、アメリカの最大の関心事は、ずっと朝鮮半島と台湾海峡にあった。

ところが、沖縄返還と軌を一にするように、ソ連の覇権国家化が急速に進んだ。北海道にソ連が侵攻してきたら、といった議論ばかりが言われるようになり、日米安保条約はソ連脅威のための施策だと思われるようになって、ソ連からはるか遠方にある沖縄の重要性がかすみはじめた。けれど、ソ連の崩壊で冷戦構造が終わると、元に戻って、朝鮮半島と台湾海峡を両にらみするためには、沖縄がやはり枢要な位置を占めていることに日米双方が気づきはじめた……

米軍基地を沖縄にこのまま固定化しておいていいのかという根本議論を別にしていうなら、岡崎のこの見立ては、極東地区におけるその後の国際関係の変化を見る限り、当たっているといわざるを得ない。ここにきて竹島《たけしま》問題や尖閣《せんかく》諸島問題が、日韓、日中問題の焦眉《しょうび》の急《きゅう》になっているように、たしかに沖縄をとりまく東シナ海の海域や、日米共通の軍事的関心事である朝鮮半島付近の日本海海域の荒波は、にわかに高まりはじめている。

沖縄県の高校として甲子園ではじめて一勝をあげた輝かしい経歴をもつ首里高校元ピッチャーの又吉民人《たみと》（沖縄県経営者協会専務理事）は、沖縄に住んでいると、アメリカから見たアジアの地政学の最前線がいま奈辺《なへん》にあるか、いやでもわかるという。

「ジープなど米軍車両に施された迷彩色でわかるんです。ベトナム戦争当時は濃い緑で、明らかにジャングル用なんです。ところが、湾岸戦争や今度のイラク攻撃では、その迷彩色が、砂漠用の薄いベージュ色にかわった。アメリカの軍事戦略にとっては、サウジアラビアもイラクも同じアジアなんです」

天皇制という「時間軸」にいまも直面させられている沖縄は、同時に、〝太平洋のキーストーン（要石《かなめいし》）〟といわれた沖縄戦当時のアメリカの軍事戦略の「空間軸」にいまなおきつく縛られている。そして、その軛《くびき》はさらに強まろうとしている。

本書の企画がスタートしたのは、〇二年の夏だった。にもかかわらず、連載の開始がこれほど大幅に遅れてしまったのは、弁解じみた言い方を許してもらえれば、その間に、石原慎太郎《いしはらしんたろう》論、小泉純一郎《こいずみじゅんいちろう》論、満州論という三つの大きな仕事が立て続けに入ってしまったからである。しかし、やや牽強付会《けんきょうふかい》ぎみにいうなら、それらの仕事は沖縄論を書くための準備段階のようなものだったということもできる。

慎太郎は都知事としてより、日米共同声明に盛り込まれた朝鮮半島、台湾問題の極右派のイデオローグとして知られ、尖閣諸島、竹島問題では韓国と〝支那《しな》〟を挑発するアブナい発言をつづけている。

また小泉は有事関連三法やイラク特措法を成立させ、自衛隊のイラク派兵を断行するなど、アメリカ追随の姿勢をはっきりと打ち出して、沖縄を再びキナ臭い空気で覆おうとしている。満州と沖縄に関する私の仮説については、すでに述べた通りである。

それらの仕事の合間を縫って、沖縄通いをつづけた。遊び半分の最初の沖縄行きから数えれば、沖縄訪問はこれで十回以上になるから、沖縄耽溺者の初心者くらいには入れてもらえるかもしれない。

沖縄本島北部の山原《やんばる》から南端の糸満《いとまん》まで、本島をほぼ全周したし、沖縄密貿易のルーツを探るため、晴れた日には台湾が見えるといわれる日本最西端の与那国島《よなぐに》にも行った。十回あまりの取材を通じて実感したのは、沖縄の変貌《へんぼう》と、これに呼応した沖縄に注がれるまなざしの変容だった。

約三十年前の最初の訪問時、那覇の国際通りは米兵であふれていた。だが、いま通りを歩く外国人の数は、東京・六本木《ろっぽんぎ》の方がはるかに多い。沖縄ミュージックは、わざわざ頭に沖縄とつけるまでもないほど人口に膾炙《かいしゃ》した。

NHK朝の連続ドラマ「ちゅらさん」(〇一年放映)人気や、沖縄野菜のゴーヤの天敵のウリミバエの全滅作戦によるゴーヤの本土上陸もあって、沖縄の「辺境」ムードはすっかり薄れた。男も女も沖縄特有の濃い顔は影をひそめ、仲間由紀恵《なかまゆきえ》や山田優《やまだゆう》など本土出身とあまり変わらぬ風貌《ふうぼう》のタレントが、沖縄を代表する顔になった。そこにも、歳月の流れが感じられた。

沖縄への移住者は年々増加し、年間の観光客は五百万人を超えた。空港から首里までモノレールが走り、天久《あめく》の元米軍住宅地には那覇新都心が急ピッチで建設中である。だが、所得は全国最低、失業率は全国最高という経済のひずみは変わらず、基地経済と公共事業に依拠した体質は一向に改善されていない。

沖縄を「戦争」と「基地」の悲劇の島として描くのは簡単である。だが前にも述べたように、そうとらえることはこの島の半分の真実でしかない。沖縄は自分らが置かれた歴史的地理的境遇を、時代状況に応じて最大限利用してきた、きわめてしたたかな島でもある。

琉球王国は中国の朝貢《ちようこう》国家として出発した。その体制に亀裂が入ったのが、一六〇九（慶長十四）年に起きた薩摩《さつま》藩の島津《しまづ》侵入事件である。

ここから琉球王国は、日本の幕藩体制のなかに組み入れられた。しかし、これによって琉球は「日本」になったわけではない。中国の冊封《さくほう》体制はこれ以降もつづいた。中国の朝貢国でありながら、近世日本の国家体制の傘下にも入る。こうした矛盾は、これまで「日支両属」と呼ばれてきた。

だが、琉球史の専門家の高良倉吉《たからくらよし》（琉球大学教授）は、「日支両属」という言い方は正確ではないと主張する。

〈日本の封建国家に従属し、中国皇帝の冊封《さっぽう》をうけたとはいっても、琉球の土地・人民を直接的に統治したのは琉球国王であり、その統治機関たる首里王府であった。そこで、このような多義的な事情をカウントにいれたうえで、最近の歴史家は近世琉球の基本的性格を「幕藩体制のなかの異国」と表現するようになっている〉（『琉球王国』岩波新書）

「幕藩体制のなかの異国」の琉球が、名実ともに「日本」のなかに組み入れられたのは、一八七九（明治十二）年の〝琉球処分〟からである。これによって琉球王国は強制的に崩壊させられ、沖縄県が生まれた。

敗戦によって、沖縄はアメリカ軍の支配下に置かれ、一九五二（昭和二十七）年のサンフランシスコ講和条約と日米安保条約の批准により、琉球列島は日本から正式に分離され、アメリカの民政府《みんせいふ》が間接支配する琉球政府の管轄するところとなった。

琉球に施政権が返還され、再び沖縄県として「本土復帰」するのは、前述したように一九七二年のことである。

東シナ海に浮かぶこの小さな弧状《こじょう》列島は、近世、近代、現代にわたる約四百年の歴史のなかで、中国、日本、アメリカ、そしてまた日本と、めまぐるしく〝宗主国《そうしゅこく》〟を変えていった。

戦後沖縄を語ることの困難さは、ひとえに、こうしたまさに多義的な性格を持つ沖縄の特殊性に起因している。

戦後沖縄の実像を正確に写しとるためには、最低限、虫の目と鳥の目を兼備した複眼レンズが必要である。それは、大状況の概説を生き生きとした物語に転位させ、逆に、些細《ささい》な日常を世界と日本の投影として描くということを意味する。

重要なのは、沖縄が置かれた〝大枠〟の状況を語ることではない。そうした歴史的地理的制約をむしろプラスに転化し、その変転する状況のなかで、したたかに生き抜いてきた人間たちひとりひとりの物語を語ることである。

私はこの取材で、これまでまったく耳にしなかった話を夥《おびただ》しく聞いた。とても信じてもらえそうにない光景を各所で目撃した。本書ではそれをいわばゴーヤチャンプルー風のごった煮状態のまま報告していきたい。

具体的に言うなら、それは、「〜しましょうねぇ」といった独特のやさしい沖縄口で、人殺しの陰惨な場面を語る小指のないヤクザの空恐ろしくもあり、笑えもする物語である。さらには、戦後沖縄の歴史と風土の化身のようなフィリピン混血のヒットマンの哀切な物語である。

あるいは、本土の右翼団体に使嗾《しそう》されたテロリストに瀕死《ひんし》の重傷を負わされながら、そのテロリストと泡盛《あわもり》を呑《の》みあう仲になった教職員組合幹部の沖縄独特の人間関係を象徴するような物語であり、琉球新報と沖縄タイムスという二大〝左翼紙〟に割って入ろうとして敗退していった第三の新聞社の秘話に属する物語である。

そして、〝牛殺し〟で有名なあの大山倍達《おおやまますたつ》をしのぎ、地上最強といわれた精力絶倫の空手家や、沖縄の金融界や沖縄県政を動かすといわれる軍用大地主、暴力団とつるんだ悪徳警官、米軍情報や左翼情報をとるため暗躍する公安関係者や警察のスパイたちの存在が、この「美ら海《ちゅうみ》」の物語に、さらに怪しげな彩りを添えることになるだろう。

私は公平を期すため、県警本部長や県警OBだけでなく、裏世界に蠢《うごめ》くアウトローたちの話もつぶさに聞いた。

彼らの濃厚なキャラクターと、アドレナリンを分泌させずにはおかない破壊力ある話は、連載をなかなか書きだせないでいた私にとって大きな刺激剤となった。

ある暴力団組長は警察出身の大物政治家の名を挙げ、一本（一千万円）贈ったらガサ入れが収まった、とほとんど聞き取り不能のネイティブ沖縄口で凄《すご》んでみせた。

ある経済ヤクザは、映画「L．A．コンフィデンシャル」でトップ屋役を演じた短軀《たんく》猪首《いくび》の性格俳優ダニー・デビートにあんまり雰囲気がそっくりだったので、話より顔の方ばかりが気になった。

それ以上に笑ったのは、その二人に再度接触を試みたとき、一人は私文書偽造、一人は拳銃不法所持でパクられ、仲良く沖縄刑務所に入っていたことだった。まことに沖縄ヤクザは、琉球料理以上の味がある。

それもさることながら、戦後沖縄とどう対峙《たいじ》するか躊躇《ちゅうちょ》していた私の背中をドンと突き飛ばし、なかなか定まらなかった〝立ち位置〟を決定づけたのは、沖縄に行く度、ナーベラー（ヘチマ）の味噌煮《みそに》や豆腐ヨーを肴《さかな》に泡盛を酌み交わす琉球新報のベテラン記者が言った一言だった。

九五年九月に起きた米兵三人による小学生少女レイプ事件について話していたときだった。この事件は沖縄住民八万五千人を集める大抗議集会となり、あらためて米軍基地問題の深刻さを本土に突きつけた。

その話題から、彼は突然こんな昔話をはじめた。

「沖縄県警のベテラン刑事から突然、呼び出しを受けたことがあります。ところが、県警に行くと、その刑事が部屋にいない。周りに尋ねると、中庭の方に出て行ったという。そこで中庭に回ると、ドラムカンで何かを焼きながら泣いている。見ると、全部、昔捜査に使った証拠写真なんです。女性の局部に竹槍《たけやり》のようなものを突っ込んだり、異物をむりやり押し入れたところを写した凄惨《せいさん》な写真ばかりでした。

間もなく退職するという刑事は、僕の方を振り向いて、『おい、よく見ておけ。アメリカはこんなことをする国なんだ。でも、日米地位協定の壁に阻まれ、結局迷宮入りにさせられた事件が多かった。これはその証拠写真だ。オレにはもう用がなくなった。お前は新聞記者だろ。この写真のことを時々思い出していい仕事してくれよ』と、涙を浮かべながら言った。沖縄の新聞記者として、いちばん大切なことを殴られるように教えられたような気がしました」

京都大学大学院教授で社会学者の大澤真幸《おおさわまさち》は、「世界」（二〇〇〇年八月号）で九五年の少女レイプ事件についてこんな意味のことを述べている（「普遍的な公共性はいかにして可能か」）。

米軍が島の中心部を占拠しているという事実は、沖縄自体がレイプ状態にあることを容易にアナロジーさせる。その一方で、その占拠によって沖縄が経済的利益を得ているという反論がいつも用意されている。しかし、その反論は有効性をもたない。それは、レイプされた女性に対して「お前だって感じていたじゃないか」という反論に等しい……

しかし、何度もいうように、私は沖縄を日本の暗部を一身に背負わされた被害者の島という文脈だけで語ろうとは思わない。逆に一九三〇（昭和五）年の台湾先住民の大量殺戮《さつりく》事件（霧社《むしゃ》事件）や、ベトナム戦争の前線基地になったことを引き合いに出し、加害者としての沖縄を言い立てる議論にも与《くみ》しようとは思わない。それは、沖縄に付着した被害者意識に異議申し立てする反論のための反論という以外、あまり意味をもつとは思えない不毛な見方だと思うからである。

忘れてならないのは、被害、加害の「大文字」議論にはさまれて、当の沖縄人《ウチナーンチュ》たちが、戦後紡いできた可笑《おか》しくも物悲しい物語が封殺されようとしていることである。私は本書で、その封印をすべて開封するつもりである。

歴史に翻弄された沖縄県警

一八七九（明治十二）年の〝琉球処分〟以降、約百三十年間にわたる近代沖縄の歴史は、大きく三つに時代区分できる。明治から一九四五（昭和二十）年六月二十三日の沖縄戦終結までのヤマト世《ゆー》、米軍占領下のアメリカ世、そして一九七二（昭和四十七）年五月十五日の本土復帰から現在までの第二のヤマト世の三つである。沖縄の近現代史はそのまま、世替わりの歴史である。

中国の朝貢国として、同国の冊封体制下にあった琉球王国時代から語り継がれてきた古い言い伝えに、「物呉《ムヌクイー》いしど《シド》、我御主《ワーウシュー》」という言葉がある。物をくれる人こそ、わが主人という意味である。

沖縄は近代に入ってから、中国、日本、アメリカ、そしてまた日本を〝主人〟としてきた。この沖縄ならではの言葉は、沖縄人の事大主義的な節操のなさを批判するとき、よく使われる。沖縄研究の草分け的存在の伊波普猷《いはふゆう》も、この言葉を挙げて、沖縄人のもつ最大の欠点と批判した。

また一九六九（昭和四十四）年十一月二十一日に行われた佐藤《さとう》（栄作《えいさく》）・ニクソンの共

同声明で、沖縄の本土復帰が決定したときいち早く沖縄入りした評論家の大宅《おおや》壮一《そういち》は、「現代」（昭和四十五年二月号）に寄稿した「沖縄住民百万人を叱《しか》る」というレポートで次のように述べている。

〈彼らは歴史的、地理的にいって島を支配する時の権力に対してつねに従順にならざるを得ない。さらに進んで、支配者には最大限の忠誠をつくさなければならないという状態になる。なみの忠誠心では足りなくなってくる。アブノーマルとも見られる積極的な忠誠心を示さない限り、自分はおろか家族全体の生命にも危機が及ぶ。その結果、いかなる主人に対しても、ひたむきな忠誠を誓う習慣が身についてしまった。主人をハラの底で恨みながら、最大限の忠誠心を示すという矛盾がこの土地に根を下ろしているのだ〉

こうした歴史的変転を伴った沖縄の特殊性は、沖縄県警が辿った数奇《すうき》な運命のなかに最も鮮明な像として炙《あぶ》りだされている。ここで沖縄県警の歴史を少し詳しく述べるのはそのためである。

北海道から九州にいたる各都道府県の警察本部は、わが国に近代的警察制度が導入されて以来、戦前は内務省、戦後は警察庁に支配されてきた。具体的にいえば、各都道府県の警察本部長などトップの任命権は、中央政府の人事権下におかれてきた。

ところが沖縄の場合、敗戦から本土復帰までの二十七年間はその軛《くびき》から外れた。警察組織のトップには、本土から送り込まれたキャリアではなく、地元から選出されたノンキャリアが就くという時代が戦後約三十年にわたってつづくのである。

『沖縄県警察史』は、太平洋戦争の戦闘の激化と、その後につづく敗戦の混乱によって解体を余儀《よぎ》なくされた沖縄県警の様子を、次のように述べている。

〈沖縄県警察は一九四五年二月下旬、戦局の緊迫に伴い、警察の平常業務を停止し、（中略）これ以上の団体行動は不可能になったため一九四五年六月九日夜、轟《とどろき》の壕《ごう》（糸満市《いとまんし》）において荒井《あらい》警察部長は悲壮《ひそう》な解散命令を出し、ここに明治十二年以来に亘《わた》る沖縄県警察は消滅したのである〉

その後、米軍の収容所が沖縄の各地に設けられ、すべての権限は軍政府の地区隊長が握った。地区隊長によって収容所ごとに警察署が設置され、チーフと呼ばれる署長や、シビリアンポリス（CP）と呼ばれる即席の警官が任命された。

〈その当時、任命基準はまったくなく、体格の良い者等の中から地区隊長が独断で

任命しており、にわか仕立ての素人警察官が多数出来上がったのである〉

それが一応の陣容を整えるのは、日本が無条件降伏した一九四五年八月十五日だった。この日、沖縄では各地区の収容所から選出された住民代表が集まり、米軍の諜報《ちょうほう》部隊（CIC）の厳重なチェックを経て、軍政府の諮問機関の「沖縄諮詢会《しじゅんかい》」が発足した。

ここを母体にして生まれた沖縄民警察が、組織としての戦後沖縄警察のスタートとなった。初代部長となったのは、大正年間に沖縄県警の警察官となり、戦前に那覇署長などの要職を歴任した仲村兼信《なかむらけんしん》だった。仲村は戦後の一九五二（昭和二十七）年四月、米軍統治下で発足した琉球政府の初代警察局長にも選出されている。その仲村が書いた『沖縄警察とともに』（私家版）のなかに、戦前の沖縄県警がおかれた特殊な事情が、言葉少なに述べられている。

私が巡査の頃は、署長といえば全部他県出身者が占めていたが、次第に県人の地位も向上し、一九二九（昭和四）年には県出身で最初の警視が生まれた。それまでは沖縄出身で課長になると、「土人課長採用ノ件」（傍点引用者）という辞令が渡された時代だった……

仲村は警部・警部補試験に合格し、一九二六（大正十五）年に東京警視庁への出向を命ぜられた。そのときのことを仲村は、ふつうなら、巡査部長の待遇だが、警視庁では格下げされ巡査のままだったと、回想している。

明らかな差別待遇である。戦前、沖縄の小学校では方言を駆逐するため、沖縄口《ウチナーグチ》を使った生徒に首から「方言札」をぶら下げるあからさまな差別教育が行われた。

これは沖縄人を徹底的に「日本人」化しようとするヤマト政府の教育方針からきたものだった。『〈日本人〉の境界』（新曜社）の著者の小熊英二《おぐまえいじ》は同書のなかで、「文明」化教育と「日本人」化教育を比較する形で、以下のように述べている。

〈「文明化」を強調しすぎることは、ある種の危険をともなった。ヨーロッパ諸国の植民地教育においては、「文明化」を掲げることは、問題なく宗主国による支配の正当化となりえた。しかし日本にとっては、文明とは欧米のものであった。「文明化」のみを掲げれば、住民の憧憬《しょうけい》や忠誠心は日本ではなく、日本の敵である欧米にむかってしまうことになりかねなかった〉

〝鉄の暴風〟といわれた沖縄戦下、標準語を喋《しゃべ》れない住民は「米軍のスパイ」と見なされ、日本兵に殺戮《さつりく》された。また復帰前は言うに及ばず、最近まで「琉球人はお断り」

の張り紙が首都圏や関西圏のアパートに貼られた。それもこれも、戦前の差別教育がもたらした悲劇であり受難だった。そして、ここから元沖縄県知事の大田昌秀が言うところの〝醜い日本人〟観が広範に形成されていくことになった。
戦後沖縄民警察の初代部長となった仲村兼信は、前掲書のなかで、琉球警察が誕生する前の沖縄民警察時代のいいかげんさについてもふれている。

民警察時代の警官には、戦前の囚人がドサクサにまぎれて〝にわか警察官〟になった例も珍しくなかった。彼らは戦時中に刑務所が解放されたため自由の身になったが、行くところもないので真っ先に米軍に投降した。米軍は早々と降伏した彼らに好感をもって、重要なポストを与えたので、世にも珍妙な囚人警官の誕生となった……

沖縄ヤクザの発生起源についてはおいおい述べていくが、その源流の一つは、米軍の軍需物資を掠奪《りゃくだつ》する〝戦果アギヤー〟といわれる敗戦直後の窃盗徒党集団にあった。そうした不逞《ふてい》の輩《やから》を取り締まるべき警官が、犯罪経験者だったのだから、警察が泥棒を雇っていたようなものだった。彼ら〝戦果アギヤー〟は、検挙されるどころか、逆に沖縄全土に燎原《りょうげん》の火の如《ごと》き広がりを見せていったのも、ごく自然な成り行きだった。

本土復帰前の事件で特記されるのは、米軍犯罪の多さである。とりわけ女性に対する殺人、強姦《ごうかん》などの犯罪は夥しい数にのぼった。仲村の前掲書によれば、一九四六（昭和二十一）年から一九四九（昭和二十四）年の四年間で女性が被害者となった米軍犯罪中、明らかになったものだけでも、殺人＝二十三件、強姦＝百九件、強姦未遂＝八十五件の多きを数えた。

これら米兵の凶悪犯罪を防ごうと、各集落の入り口に酸素ボンベが置かれ、侵入者があればこれを叩いて住民に知らせる防衛策がとられた。だが、そんな自衛策も所詮《しょせん》は蟷《とう》螂《ろう》の斧《おの》だった。

〝鉄の暴風〟が吹き荒れた沖縄は、敗戦後は米兵の〝性の暴風〟にさらされた。

米兵の犯罪とは直接関係ないが、同書には占領軍兵との間に生まれた「混血児」の数も載っている。米兵による性犯罪と同様、他にはない貴重な統計資料なので紹介しておけば、敗戦後一九四九年まで約五年間における沖縄の「混血児」の数は、四百九十五人にも及んでいる。

沖縄の住民を恐怖のドン底に叩《たた》きこみ、それまで〝醜い日本人〟から沖縄を解放してくれた米軍に対し歓迎一辺倒ムードだった風潮を、一気に反米意識の流れに転じさせたのは、一九五五（昭和三十）年九月に起きた「由美子《ゆみこ》ちゃん事件」だった。乱暴されて殺害され、死体を嘉手納《かでな》海岸近くのゴミ捨て場に遺棄《いき》された少女はまだ六歳の幼稚園児だった。まもなく米軍憲兵隊によって三十一歳の白人軍曹が逮捕され、軍法会議により殺人、強姦、誘拐の罪で死刑の判決を受けた。だが、犯人の米兵は、その後本国に強制送還され、四十五年の重労働に減刑された。

一九五九(昭和三十四)年には石川《いしかわ》市(現・うるま市)の宮森《みやもり》小学校に米軍のジェット戦闘機が墜落し、死者十七人、重軽傷者二百十人を出す大惨事が起きた。この事故は、澎湃《ほうはい》として盛り上がっていた〝島ぐるみ反米闘争〟に油を注いだ。

「由美子ちゃん事件」は、一九九五年九月に沖縄本島中部で起きた米兵三人による小学生少女レイプ事件を、米軍ジェット機墜落事故は、〇四年八月に宜野湾《ぎのわん》市の沖縄国際大学に墜落した米軍大型ヘリ事故を、それぞれ容易に連想させる。沖縄の事件と事故は、本土復帰前も本土復帰後も、その本質を変えていない。

本土復帰後、最も変わったのは、沖縄県警が再び日本政府の直轄機関となり、設備、人員など警備や捜査に関する陣容が、米軍占領時代よりはるかに整備向上したことである。

琉球警察時代を知るノンキャリアの沖縄県警ＯＢたちが、過去を振り返って異口同音に語ったのは、人員や予算の少なさからくる警備力や捜査力の貧弱さだった。一九四七(昭和二十二)年に沖縄民警入りし、沖縄県警本部刑事部長などを歴任した太田利雄《おおたとしお》は言う。

「琉球警察時代は警備部がなくて、刑事部が事件だけでなく、公安関係もやっていました。捜査主任も本部に二人しかいない時代でした。選挙から暴力団、知能犯罪までひとりでやらなければならなかった。復帰前の沖縄は完全に左翼の天下でした。毎日のように早期復帰請願のデモや座り込みが行われ、二万五千人のデモ隊が立法院前に押し寄せたこともあります。これに対して、当時の沖縄の警察力は全部合わせても約千名です。左翼勢力の方が警察よりずっと強かった時代があったんです」

デモ隊をゴボウ抜きにしようと思っても、逆に警官隊の方がデモ隊からゴボウ抜きにされ返される始末だった。米軍の横暴に不満を爆発させた一九七〇（昭和四十五）年十二月のコザ暴動でも、暴徒化した約二千人の群衆に、警察のピケットラインは楽々と突破されている。

太田が書いた『激動の警察回顧録』（私家版）のなかに、一九五四（昭和二十九）年十一月七日、待遇改善を求めて爆発した沖縄刑務所暴動事件にふれた箇所がある。当時、那覇市の中心部にあった沖縄刑務所には、〝戦果アギヤー〟など戦後の犯罪の激増により、収容定員の四倍以上の千人近い受刑者が収容されていた。

この事件を策動した首謀者の最初の計画では、指笛を合図に独房の破壊を開始し、全受刑者が外に出て刑務所を占拠した上、武器庫を破壊して武器を奪い、一部が琉球政府と新聞社に刑務所の待遇改善を求めて直訴するという、大規模な暴動計画が考えられていた。

だが、受刑者のなかに密告する者があり、刑務所側も事件発生に備えて非常態勢をとっていたため、そこまでの大事にはいたらなかった。とはいえ、沖縄本島全域から集めた六百余名の警察官を総動員してもなお、約五十名の脱獄者を出し、鎮圧まで五日を要した。沖縄刑務所暴動事件は、沖縄の警察力の貧弱さをあらためて浮き彫りにした。

沖縄刑務所は一時、受刑者に完全占拠され、拳銃の威嚇《いかく》発射もほとんど効果がなかった。太田は前掲書のなかで、受刑者側は説得にあたった自分に対し、火の燃え盛る火鉢を頭上へ浴びせようとした、と回顧している。事件後押収された武器類は、青龍刀五十九本、ノミ五本、鎌十二挺《ちょう》、短刀五振りなど多数に及んだ。立証はできなかったが、この暴動には、日本共産党と共闘関係にあった沖縄人民党の瀬長亀次郎《せながかめじろう》がからんでいたといわれる。瀬長は当時、沖縄刑務所に収監中だった。

この暴動事件の主犯格の取り調べにあたった太田は、相手から逆に「十一月七日はどういう日か知っているか。ロシア革命の記念日だ」と言い返されたと、前掲の『激動の警察回顧録』のなかで述懐している。

米軍の厚い壁と左翼の圧倒的勢力に苦心惨憺《さんたん》しながら、それでも琉球警察時代は楽しかったと振り返る警察OBは少なくない。あるノンキャリアのプロパーはこう語る。

「米軍犯罪に対する捜査の壁はあまり感じなかった。米軍のMPと協力してよく捜査したが、刑事根性は日米とも同じだと思った。正直言って、今より昔の方がよかった。もし本土復帰していなければ、オレだって県警本部長になれたかもしれないと思ったさあ～」

そのプロパーはそう言って笑ったが、まんざら冗談とも思えなかった。

別のプロパーあがりの元刑事も、こういって琉球警察時代を懐かしんだ。

「米軍のMPと一緒に捜査したとき、カービン銃をもたされて驚いたことがあります。ガサ入れのときも、挨拶《あいさつ》などまったく抜きで、いきなり長靴でドアを蹴破《けやぶ》るんです。映画の『アンタッチャブル』とまるっきり同じです。あれには正直感動しました」

戦前のガサ入れ捜査なら、沖縄口で丁寧に「○○さん、おらんかねぇ～」と言いながら、ドアを叩いて所在確認し、やおら職務質問を始めていたのだろうから、このFBI並みの荒っぽい手口は、相当のカルチャーショックだったに違いない。

面白いのは、沖縄県警と敵対関係にある指定暴力団の幹部も、琉球警察時代の方がずっと〝しのぎ〟がやりやすかった、と言ったことだった。

「琉球警察時代は、事件が起きてからしか行動しませんでしたからね。ところが、沖縄県警になってから、上司のおぼえをめでたくするため、どんな些細《ささい》な事件でもすぐしょっぴいて行くようになりました。でもはっきりした証拠がないから、たちまち保釈です。

警察と飲み屋との癒着も目にあまります。われわれだと五千円かかる飲み代が、警察が行くと三分の一以下の千五百円で済みます」

別の組に所属する小指のない暴力団幹部も、沖縄県警と那覇一といわれる老舗《しにせ》料亭との癒着を口をきわめて罵《ののし》った。この幹部は人あたりもよく口調もやさしいが、那覇一の高級クラブのホステスの対応が悪かったというだけで、若い衆を使ってバキュームカーで店に乗りつけ、糞尿《ふんにょう》を逆噴射したことがある、瞬間湯沸器タイプの武闘派である。

「あの料亭が売春をやっていることは誰でも知っている。ところが、警察は見て見ぬふりをしている。店から担当警官に相当のキックバックがあることは間違いない」

現在、沖縄の指定暴力団には、沖縄旭琉会《きょくりゅうかい》と三代目旭琉会の二大組織がある。そのルーツにはそれぞれ、「那覇派」、「コザ派」、「山原派《やんばる》」、「普天間派《ふてんま》」など沖縄の地名からとられた小派閥があり、それらが離合集散した結果が現在の組織となった過去をもっている。

沖縄県警の内部事情に詳しい琉球新報の記者によれば、沖縄独特の血族関係の強さを示す門中《もんちゅう》意識と地縁に根ざしたこうした派閥組織は、ヤクザだけでなく沖縄県警の内部にもあるという。

「沖縄県警には、宮古閥、久米島閥、それに旧コザ市（現・沖縄市）出身者を中心とした昭和会という三大派閥があります。昭和会は県警の刑事部を長年牛耳っており、数年前までは刑事部長か捜査一課長のどちらかは、必ず昭和会のメンバーでした」

ヤクザが飲んだ後には、必ず県警の刑事のボトルがキープされている。ヤクザとゴルフに行き「チャカ（拳銃）出せ」と、裏で話をつける県警の刑事部長がいた。ある元刑事は沖縄の大手パチンコチェーンのトップと親しく、その店には警察のガサが一度も入ったことがない、沖縄パチンコ業界の上部団体の会長を長くつとめていたのも戦前の県警の警官あがりだったので、パチンコ屋は県警ＯＢの恰好《かっこう》の天下り先になっている……。

沖縄県警の話題が出る度、こうしたよからぬ噂が聞くともなしに耳に入ってきた。沖縄の裏世界事情を仔細《しさい》に教えてくれた情報関係者は、こんな耳を疑うようなことまで口走った。

「最近まで刑事部長だった男は現役時代、警察指定の葬儀屋からバックマージンをとっていた。警察は病院で死んだ人間以外の死体を全部解剖しますから、その情報を指定の葬儀屋に教えてやるかわりに、裏金をとっていたわけです。その葬儀屋は死体の情報をくれるのは有り難いが、ちっとも儲けにならないとブーブー文句を言ってました。その刑事部長は裏でパチンコの景品交換の仕事もやっていた。退職後は、現職時代のコネを生かした花屋と、遊技場と電気屋をやってます。あの刑事部長は悪徳警官の典型です」

沖縄は狭い島国である。容疑者を取り調べていたら、血のつながった遠い縁戚《えんせき》だったという話や、ヤクザになるかわりに警官になったという話が、まともに信じられる世界である。そんな一面があるからこそ、こうしたトンデモ話が次から次に飛び出してくるのだろう。この島では、近代と前近代がゴーヤチャンプルーのように矛盾なく混ざりあっている。

それにしても、沖縄は本当に人材の宝庫である。沖縄暗黒世界の最深部《ディープブルー》までガイドしてくれた情報関係者は、単に地獄耳のトップ屋的存在ではなく、尖閣諸島に本籍を移し、その証拠にと運転免許証を示してみせたゴリゴリの民族主義者でもある。

人材の多彩さは警察関係も変わらない。琉球新報の古参記者によれば、歴代沖縄県警本部長のなかには、仕事はほとんどしないくせに、キャリア風だけはぶいぶい吹かし、南国気分を思う存分満喫して本庁に帰っていった豪傑もいたという。

「仕事が終わると、宿舎に帰ってまずひとっ風呂浴び、リュウとしたラメ入りの背広に着替えてから、那覇一の高級飲み屋街の松山に出かける。靴は白いエナメルでキメている。長身でハンサムだから、そんな格好がよく似合う。店では、沖縄旭琉会と三代目旭琉会があてがったホステスの両手に花です。酔うとマイクを離さず、ゾクッとするような流し目でカラオケを歌いだす。〽清水ぅー、港の名物はー、お茶の香ぉりぃーと、男だぁーてぇー、という、ヤマトの『旅姿三人男』が持ち唄でした。それがはじまると、店の女の子がキャーキャー言っていつもたいへんな騒ぎでした」

沖縄人たちが酒場でよくやる賭《かけ》がある。沖縄の高校が甲子園で優勝するか、沖縄出身の総理大臣が出るか、沖縄県警本部長経験者の警視総監が誕生するか。このうち、どれが一番早く実現するかを当てる賭である。高校野球では春の大会ですでに優勝したので、残るは、総理大臣と警視総監のどちらが早く実現するかの賭ということになった。

歴代沖縄県警本部長のなかで警視総監に一番近いところにいたと言われたのは、一九八六（昭和六十一）年八月から一九八八（昭和六十三）年一月まで同ポストにあった菅沼《すがぬま》清高《きよたか》である。本庁からの信望篤《あつ》かった菅沼の県警本部長在任期間は、昭和天皇の積年の悲願だった沖縄初訪問が予定されていた時期と重なっていた。警視庁公安二課長から沖縄県警本部長に抜擢《ばってき》された菅沼は、日本警察の威信と重責を一身に背負ったことになる。ところが、昭和天皇は菅沼の在任中から下血が始まり、この初の天皇訪沖計画は、結局実現することなく終わった。

菅沼はその後、警察庁公安一課長、警視庁警備部長、千葉県警本部長、警察庁警備局長、同官房長と着実に出世していった。警察庁の官房長は、警察庁長官、警視総監、警察庁次長に次ぐナンバー4のポストで、菅沼の次期警視総監は確実と見られていた。

ところが、九六年八月、菅沼は突然警察庁官房長のポストを辞して関西電力の顧問に就任し、周囲を驚かせた。次期警視総監人事をめぐって最高幹部会で意見調整がつかなかったからだといわれているが、真相は藪《やぶ》のなかである。前年三月には、オウム信者によるものと思われる国松孝次《くにまつたかじ》警察庁長官狙撃《そげき》事件が発生し、警察庁のトップ人事が混乱していたこともあり、その余波を被って貧乏クジを引いたのではないかとの見方も囁《ささや》かれた。

その後、菅沼は関西電力を辞め、大阪市内に事務所を作った。その事務所で会った菅沼は沖縄県警本部長時代の思い出についてきわめてフランクに語ったが、話題が警視総監人事になると急に口が重くなった。ただ、菅沼の口ぶりからは、警察トップ人事とオウム事件の関係にはまだ話せない秘密があるように感じられた。

いずれにせよ、沖縄県警本部長経験者で警視総監まで登りつめた者はまだいない。菅沼に次ぐ沖縄県警出身の有名人は、竹花豊《たけはなゆたか》である。竹花は広島県警本部長時代、特攻服姿の少年たちと直接対決し、広島の暴走族を壊滅《かいめつ》状態に追い込んだことで知られている。沖縄県警捜査二課長時代は、沖縄の暴力団を徹底的に絞りあげた。

いま私の手元に、沖縄県警捜査二課に「暴力団対策室」が設置された一九七八（昭和五十三）年、当の二課長ポストにあった竹花が書いた「沖縄における暴力団の実態と取締り」と題するレポート（「捜査研究・臨時増刊号／特集・暴力団犯罪」所収）がある。

文章は書き出しからしておどろおどろしく、書いた本人こそヤクザ映画の見すぎで、安っぽいヒロイズムに酔っているだけではないかとの感想を抱かせる。ひどく肩に力の入ったためったにお目にかかれない力作なので、冒頭部分だけでも紹介しておこう。

〈沖縄の暴力団の歴史は、鮮血に彩られた対立抗争の歴史である。（中略）それは残虐さと陰湿感だけを残す安物アクション劇を何度も見せられた後の暗い後味を想起させる。黒い私利だけを追い求めて、人の生命や安全を踏みにじってきた彼らの無法ぶりには〝三分〟の同情やあわれみも持つ余地がない〉

竹花は〇三年六月、石原慎太郎に引き抜かれ、都の副知事に就任したことでも時の人となった。竹花は持ち前の〝目明かし根性〟を発揮し、新宿歌舞伎町のホストクラブの看板を強制的に撤去し、ヌード雑誌を片っ端から摘発するなどの〝浄化作戦〟に乗り出して、竹花以上の小児病的タカ派体質をもつ上司・慎太郎のおぼえめでたかった。

だが、同じ副知事で〝暴れん坊副将軍〟の異名で知られる浜渦武生《はまうずたけお》の都庁人事壟断《ろうだん》問題に連座責任をとらされる形で、〇五年五月副知事ポストの座から追われた。

沖縄県警ＯＢは、国松警察庁長官や石原都知事までまきこんでまことに多士済々《たしせいせい》である。

〇二年八月から〇四年八月まで県警本部長のポストにあった高橋清孝《たかはしきよたか》（その後、警察庁警備課長、北海道警本部長を経て、〇八年九月現在警視庁警備部長）は、戦後十八人を数える歴代沖縄県警本部長中、好感度で群を抜いている。記者たちから聞こえてくる評判も「外見はさわやかだが、やるときはやる」「官僚臭のいやみがない」「案外、親分肌なので部下はやりやすい」といった上々のものばかりだった。

その高橋に県警本部で一時間以上インタビューし、その後、国際通り裏の居酒屋で沖縄料理をつつきながら泡盛を酌み交わす雑談をして、評判通りの好印象をもった。

高橋は、山梨県上九一色村《かみくいしき》の第六サティアンの天井裏に隠れていたオウム真理教グルの麻原彰晃《あさはらしようこう》が逮捕されたとき、警視庁の広報課長だった。逮捕時、警察車両に乗せられた麻原の髭《ひげ》もじゃの顔と紫の法衣が一瞬テレビ画面に映ったのは、高橋のとっさの機転の賜物《たまもの》だった。

上九一色村は当日、濃霧につつまれていた。そのままの状態では、麻原の登場を待ち構える報道陣に、決定的瞬間を撮らせることができない。高橋は麻原の搬出をしばらく待機させ、濃霧が一瞬晴れたスキをついて発車を命じた。こうして麻原の悪相といかがわしい雰囲気が、マスコミを通じて満天下にさらされることになった。

「家を出がけにカミさんから、あんなに悪いヤツはいない、逮捕の様子を見せるべきだ、とさんざん言われた。それが、心のどこかにひっかかっていたのかもしれない」

そんな秘話めいたエピソードを雑談のなかでさりげなく話してくれたことでもわかる

ように、高橋の本番インタビューの受け答えも、きわめて率直だった。その言葉には、沖縄がおかれた特殊な状況とそれゆえの捜査のむつかしさが、間然するところなく語られていた。

――沖縄県警は二度目の赴任ということになるそうですね。

「ええ、九〇年の四月から翌年の八月まで、警務部長の立場で赴任しました」

――沖縄のヤクザ抗争が一番激しかった時期ですね。

「第五次抗争のときです。着任した年の十一月二十三日に警官二人が射殺された」

――沖縄旭琉会と三代目旭琉会の抗争で、三代目旭琉会の又吉《またよし》カマーが発砲した。犯人のカマーはまだ捕まっていません。

「もう死んでいるかもしれませんが、骨は絶対にあげたい。沖縄県警の最大の不祥事は警察官二名の殉職だと思っていますから」

――沖縄旭琉会と三代目旭琉会は絶対に壊滅すると。

「ええ、私の気持ちのなかでは第五次抗争はまだ続いてます。警官二人が射殺された十一月二十三日の命日までには何とかしたい。捜査会議でも必ず『仲間殺されて、そのまんまか！』と言うんです」

――ところで、沖縄県警の現在の人員は二千四百五十名態勢だということですが、この陣容で満足していますか？

「沖縄は多くの離島をかかえています。負担人口はやはりちょっと重い気がします。それに米軍の存在もある。軍属、家族まで含めると、五万人いるんです。もう一つ挙げれば、年間五百万人の観光客を狙《ねら》った犯罪の問題もあります」

――この陣容では、やはり負担は重いと。

「上を見ればキリがないんでしょうが、正直、そう思います。離島と米軍と観光客をかかえた上に、国境県という特殊事情もあります。麻薬・覚醒剤の中継基地になったり。それに政治的にむつかしい尖閣の問題もあります」

――そこが他の都道府県とはまったく違う沖縄県警の特殊性です。政治・外交・防衛マターを直接かかえている以上、官邸とはいつも密接に連絡をとっている？

「それはありません。あくまで本庁（警察庁）が窓口です」

――沖縄県警と官邸を直接結ぶホットラインはない？

「いや、ないですよ、ないですよ（笑）」

――ところで沖縄の犯罪に特徴はありますか？

「あまり言いたくないんですが（笑）、殺人が多いんです。十万人あたりの殺人事件発生率では全国一です。それと暴行や傷害などの粗暴犯が多い。全国平均の二倍近くあります。飲酒運転も日本一（笑）」

沖縄の殺人事件の発生率が飛び抜けて高いのは、おそらく一つには地縁、血縁の濃さに由来している。

沖縄を語るとき、必ず引き合いに出される「イチャリバー、チョーデー（一度知り合ったら兄弟同然）」という言葉や、相互扶助精神を表す「ユイマール」といった濃密な関係は、ひとたび決裂すると、たちまちすさまじい殺意に転化する。安室奈美恵の母親も、義弟に車で何度も轢《ひ》かれた上、最後はナタをふるって惨殺された。

沖縄には離島を含め、八十四カ所の駐在所がある。高橋は最後に「在任中、そのすべてを廻《まわ》りたい」と言った。

高橋は沖縄県警本部長を異動する直前、二つの大事件に遭遇している。一つは〇四年三月の中国人活動家による尖閣諸島不法上陸事件、もう一つは同年八月の米軍ヘリコプター墜落事件である。

高橋は私とのインタビューで、米軍の捜査機関との連携は非常にうまくいっている、と語ったが、米軍の大型ヘリコプターが沖縄国際大学に墜落したときには、米軍側に現場検証を強く要求しながら、それをあっけなく拒否されている。

この事故では放射能漏れ騒ぎも起きている。事故現場に急行して沖縄県警の立ち入りを封鎖した米軍兵士のなかに黄色い防護服を着た兵士がいることから、ストロンチウム90が飛散した可能性のあることが発覚した。米軍の当初の発表では放射能は少ないとのことだったが、その後、一秒間に出す放射線量は劣化ウランの一億五千万倍もあり、発ガン性もあるらしいことが判明した。これほどの重大事故だったにもかかわらず、沖縄県警は米軍に阻止され立ち入ることさえできなかった。

尖閣事件では、上陸した中国人活動家を現行犯逮捕して送検する強硬方針を立てながら、日中関係の悪化を懸念した政府判断によって、急遽《きゅうきょ》全員が強制送還されている。現場捜査の最高責任者の高橋からすれば、どちらの事件も断腸の思いで捜査を諦《あきら》めたに違いない。

高橋は県警本部長の離任会見で米軍ヘリ墜落事件にふれ、「県民感情は理解できるが、日米地位協定に縛られる面もあり、それを越えて捜査をやるわけにいかない」と語ったが、正直、そう言うのが精一杯のところだったろう。

尖閣上陸事件で政府判断が下ったときも、衝撃が走った。ある警察担当記者によれば、県警内部にやり場のない憤《いきどお》りと徒労感が広がっていくのがはっきりわかったという。

政府は〇四年十月、米軍ヘリ墜落事故を教訓化し、米軍との間の迅速な対応や関係省庁との円滑な連絡を図る目的で、危機管理官という新しい役職を設け、警察庁からキャリア官僚を沖縄に送り込んだ。警察庁は沖縄に対し、沖縄県警と危機管理官という二頭立ての布陣を敷いたことになる。

それは、沖縄県警だけでは在沖米軍の不祥事に際し力不足と、中央から烙印《らくいん》を押された構図に見えなくもない。戦後ヤマト世の沖縄警察は、基地や国境といった厄介な問題を押しつけられたばかりか、本土の身勝手な政治判断にふりまわされつづけている。

それは逆にいえば、戦後ヤマトはこの島のかつての宗主国の中米両国の顔色を右顧左眄《うこさべん》するだけで、〝物呉《く》れる主人〟としての責務をいまだきちんと果たしていない証拠ともいえる。

そんな無責任で不安定な時代以前のアメリカ世に呱々《ここ》の声をあげ、そこをルーツとして日米二世《ふたよ》を逞《たくま》しく生き抜いた沖縄ヤクザの歴史は、第Ⅱ部の「沖縄アンダーグラウンド」で紹介することにする。

スパイ蠢《うごめ》く島

沖縄を予備取材する段階で、この島を何度も訪ねたことがある知り合いの沖縄耽溺者《ウチナージャンキー》から、こう注意された。

「佐野ちゃん、沖縄の酒場ではあまり大声で話さない方がいいぞ。どんなところにもCICやCIDのスパイがいて、話した内容が翌日にはもう筒抜けになって米軍に伝わっている。米軍の情報網は沖縄全土に張りめぐらされていると思った方がいいよ」

CICとは、Counter Intelligence Corps（米軍対防諜《ぼうちょう》部隊）の略称、CIDとは、Criminal Investigation Detachment（米軍犯罪特捜隊）の略称である。

那覇・国際通り裏の安酒場の薄暗いカウンターの片隅で、硬派のジャーナリストとして知られる彼は、誰も知らない沖縄のトップシークレットを初めて打ち明けでもするように、おごそかな口調で言った。

話の内容の割に、そう耳元で囁いたつもりの声が、店の誰にも聞こえるほど大きかったのが、ご愛嬌《あいきょう》だった。ふだん人の悪口と笑えないオヤジギャグばかり飛ばしている彼の顔つきが、いつになく真剣なのが、よけいに滑稽《こっけい》だった。

「おやおや、学生時代反日共の活動家として鳴らしたあんたまで沖縄に来ると、民青なみの謀略《ぼうりゃく》史観の持ち主になるとはな。それじゃまるで、諸悪の根源は米帝にあると言いつづけた松本清張《まつもとせいちょう》か吉原公一郎《よしはらこういちろう》みたいじゃないか」

それから数日後、国際通りの古本屋で『封印の公安警察―あなたのそばにスパイがいる』（沖縄教育図書）という、ものものしいタイトルの本を見つけた。

それを早速買ったのは、沖縄＝謀略列島という見方は時代錯誤とまぜっかえしはしたものの、聞いたばかりの沖縄はスパイだらけという言葉に、なぜかひっかかっていたためだった。「あなたのそばにスパイがいる」という副題は、彼が言ったことをそのまま指しているようだった。著者は島袋修《しまぶくろおさむ》といい、肩書きは元沖縄県警警部補とある。

島袋は一九五一（昭和二十六）年、八重山《やえやま》諸島の鳩間《はとま》島に生まれた。鳩間島は、緒形《おがた》拳《けん》が出演したテレビドラマ「瑠璃《るり》の島」（〇四年放映）のロケ地として評判になった、石垣島の西方二十五キロに浮かぶ人口五十人あまりの小さな島である。

島袋が拓殖《たくしょく》大学商学部を卒業後、沖縄県警に奉職したのは、沖縄の本土復帰から二年後の一九七四（昭和四十九）年のことだった。島袋はコザ署（現・沖縄署）勤務を経て、沖縄県警本部警備部警備課調査一係に配属された。その任務について、島袋は前掲書でこう述べている。

〈私に課せられた任務は、沖縄での共産党の活動状況やその下部組織である民青同(民主青年同盟)の動きを逐一《ちくいち》チェックすることであった。(中略)私たち作業員は、日本共産党は社会を攪乱《かくらん》する暴力的破壊活動集団であると徹底的に洗脳されていた。共産党との対決姿勢を怠《おこた》らず、その組織解明のため党中枢の人間に近づき、スパイとして育成するというのが、われわれに課せられた使命であった〉

島袋は「赤旗」配達員の高校生に言葉巧みに近づき、みごと公安警察のスパイA―6に仕立てあげた。

〈私の公安警備警察官としての最大の仕事は、昭和五十六年、那覇市泊《とまり》港近くの前島《まえじま》二丁目のビルの三階にあった民青同盟県委員会の事務所に不法侵入し、内部資料を大量に持ち出したことであった。(中略)その民青同の事務所に、私はA―6の手引きで侵入した。彼が一人で事務所に宿直している夜を狙ったのである。そして内部資料を持ち出して全部コピーし、共産党の中央からの指示情報などを収集した。これは大変な戦果であった〉

島袋はこの功により、警察庁から推薦を受け、沖縄からただ一人、東京・中野《なかの》にある警察大学校の「警備専科教養講習」、彼が言うところの現代版中野学校スパイ養成講座の受講を許された。

ここで尾行、張り込み、隠し撮りなどのスパイ技術を徹底的にたたきこまれた島袋は、津野純次《つのじゅんじ》という変名を名乗り、あらゆるスパイ活動を行って日本共産党の破壊工作に没頭した。なかにはこんな三流スパイ映画もどきのエピソードも紹介されている。

〈共産党シンパである中堅企業の幹部社員とは桜坂《さくらざか》の酒場で知り合った。これも事前に徹底的に基礎調査し、尾行し、ある程度の成功率は予想していたが、それでもなかなか相手が落ちないため、ある夜、私のおごりで彼を酔わせ、当時那覇市でナンバーワンの盛り場だった桜坂のストリップ劇場に誘いこんだ。

この劇場では本番ショーも演じており、金のない若い黒人兵や自衛隊員などが無料のマナ板ショーのステージに上がり、性の捌《は》け口としていた。私も彼を酔わせ、「おい、沖縄男子の面子《めんつ》にかけても彼女を泣かせてこい。君は巨根の持主だと聞いたぞ」とおだてて、彼を舞台にあげて本番ショーをさせた。そしてすかさず、生々しい証拠写真をカメラで隠し撮りし、後日、その写真を見せてなかば脅迫《きようはく》めいたかたちで彼をひきずり、スパイ要員に仕立てあげたのである〉

　この本はなかなか刺激的だった。だが、惜しむらくは、そこに書かれていることが、共産党をはじめとする沖縄県警の対左翼諜報活動に限定されていることである。ここではCICやCIDなど米軍の対日スパイ活動の内情は、一切ふれられていない。

　知っていても本には書けないこともあったのではないか。そう思い、伝《つて》をたどって島袋に会った。

　島袋は一九八四（昭和五十九）年、警部補で沖縄県警を退職した。その後、興信所、芸能プロダクション、骨董《こっとう》品店経営などを経て、現在は沖縄本島中部の読谷村《よみたんそん》でスナックを経営している。薄暗いスナックで会った島袋の名刺には、「MSPプロダクション弾き語り」と書かれていた。

――「MSPプロダクション」って沖縄のタレントを抱えているんですか。

「いえ、タレントなんてとんでもない」

――じゃ、自分ひとり？

「そうそう」

――名刺に弾き語りとありますが、仕事のオファーはあるんですか？

「ありませんね（笑）」

――ない。じゃ、生活はなかなか大変じゃないですか。

「ええ、もう何でも屋です」

――島袋さんは対左翼の公安警察官だったわけですが、米軍のＣＩＣやＣＩＤに知り合いはいませんか。

「二世、三世の人たちですね。基地反対のデモがあると、確かにそういう人たちが必ず来とったですよ。彼らとは裏で飲み会をやりながら情報交換したこともあります」

――連絡はとれませんか。

「名刺が見つかったら、連絡します」

――頼みます。あの本には沖縄県警のダークサイドの部分も随分書かれていますね。

「私の上司なんかでも表帳簿と別に裏帳簿をもっていましたからね」

――それを使って飲み歩いたり、カラ出張したりする。

「大変な裏金です。警備部長や調査部長、補佐官ら二十数名が飲み歩いて一晩で三十万円ってこともあった。カラ領収書で三十万円ピンハネしたこともありました」

――日共以外にどんな左翼組織を内偵したんですか。

「革マル、中核、第四インター、革労協、沖縄解放同盟。極左勢力すべてです。そのときの資料は探せばあると思いますので、見つかったら送ります」

――助かります。ところで革マル派の拠点校は琉大だったんですか。

「それと沖縄国際大学が革マルでした。中核の拠点校は沖大」

──マスコミにも随分左翼勢力が入っていた。

「沖縄タイムスは民青、琉球新報は革マルと中核でした。私はどの記者がどんなセクトに入っているか全部つかんでいましたので、あの記者が来たら注意しろよって、警察のみんなに教えていました」

島袋は前掲書のなかで、自分が公安警察のスパイに仕立てあげた「赤旗」の元配達員A─6が、日共と警察の板挟みになって首吊《くびつ》り自殺したときの衝撃を記している。

〈彼の人生を狂わせたのは私であり、公安警察という化物である。私は罪の意識に苛《さいな》まれて、錯乱状態に陥《おちい》った〉

このとき島袋は読谷村の突端の残波岬《ざんぱみさき》から投身自殺を企てている。

公安警察官を辞めて二十年以上もたつというのに、島袋の私生活にはいまでもそれを引きずった荒れた様子が見てとれた。それは人の弱みにつけこんでスパイ行為を強いてきた公安警察官がたどる必然的宿命のようにも思えた。

後日、島袋から小包が届いた。なかには、インタビュー時に約束した極左関係の資料ひと綴《つづ》りが入っていた。

ガリ版刷り五十数ページの小冊子の表紙の上部には、「秘（無期限）」という赤い判子が押されている。表題は「当面の極左情勢について」である。対象となっているのは、中核派、革マル派、第四インター日本支部、革労協、游撃《ゆうげき》派、蜂起《ほうき》派、全国委員会派（烽火《ほうか》派）、共労党（プロ青同）の八つである。

それはそれで興味深かった。だが、残念ながら私が探していたCICやCID関係者の連絡先は書かれていなかった。

その後、沖縄県警OBに会う度、CICやCID関係者について尋ねたが、彼らの詳しい消息を知る者はいなかった。その取材の過程で、沖縄初の婦人警官として採用された女性に会うことができたのが、収穫といえば収穫だった。

彼女は新垣悦子《あらがきえつこ》といい、国際通りの路地裏で琉球舞踊衣装の店「てんぐ屋」を経営している。〇六年現在七十五歳になっていたが、健康そうな小太りの体と愛嬌《あいきょう》のある笑顔からは、とてもその年齢は想像できなかった。

新垣は狭い店内で昼食中だったが、弁当を食べる箸《はし》を休めて快く取材に応じてくれた。

――婦人警官になったのは何年頃ですか。

「昭和二十四年か二十五年頃だったと思います。はじめはコザ署の事務員だったんです。本当は基地の軍作業をやりたかったんですが、父がどうしても許してくれなくて。それでお隣に住んでいた警察官の紹介で、コザ署に書記として勤めはじめたんです」

――警察官になったきっかけは。

「ちょうどその頃、婦人警官第一号の募集があったんです」

――婦人警官第一号は全員で何名いたんですか。

「三十三名でした」

――まだ琉球警察の時代ですね。

「ええ、そうです。カーキ色のハロー帽をかぶってね」

――嫌な思い出はありませんか。

「軍で働いている女性の身体検査をするときは嫌だったですね。女性の身体検査は男の人にできないから、米軍に命じられて私たち婦人警官がやったんです。同じ沖縄人にやるわけです。まわりは全部外人が見張っている。あれは同じ沖縄の女として嫌だったですね。特にあの頃は何でも欲しい時代ですからね」

――米軍基地からものをくすねる〝戦果アギヤー〟が横行した時代ですね。

「ええ、それがわかっていたから、基地の身体検査だけは本当に嫌だったですね」

彼女はむろんCICやCIDではない。しかし、米軍の命令で〝戦果アギヤー〟を取り締まったという意味を広義に解釈するなら、彼女もまた意図に反して米軍の協力者にさせられたという見方ができないこともない。

CICやCIDの対日諜報《ちょうほう》活動に携わった関係者の身元は、ひょんなことから割れた。情報をもたらしてくれたのは奥茂治《おくしげはる》という男である。奄美《あまみ》大島生まれの奥は、政財界から暴力団、右翼団体まで、沖縄のアングラ世界に驚くほど通じた人物である。〇一年、防衛庁の機密システムを漏洩《ろうえい》したとしてそれを作成した富士通から犯人扱いされた奥は、海上自衛隊出身で沖縄隊友会の副会長をつとめる。いま海底油田をめぐって中国との間で国際的紛争の火種となっている尖閣諸島に本籍を移した生粋《きっすい》の民族派でもある。

CIDの話題が出たのは、沖縄における奄美出身者のコミュニティーの強さについて雑談中のときだった。

「沖縄市に奄美出身の酒井平八郎《さかいへいはちろう》という男がいます。彼は戦後間もなくCIDの活動を手伝っていました。酒井はその後、沖縄市の近くの北中城《きたなかぐすく》村に亜細亜《あじあ》興業という会社を設立して、東京トルコという、いまでいうソープランドをはじめたんです。ソープランド嬢は、売春で摘発された東京のトルコ嬢をみんなこっちに連れてきた」

――むちゃくちゃ面白い。そのトルコ風呂はいつ頃できたんですか。

「復帰前です。そのトルコには沖縄県警のOBも多数からんでいます」

――ますますすごい話になってきた。そのトルコ風呂の目的は何だったんですか。

「米軍の動向を探るためです。外事課の連中が中心でした。指揮したのは田中勇吉《たなかゆうきち》という警察関係の黒幕です。田中は東京から月に一度くらい沖縄に来ていた」

対日諜報活動に携わったＣＩＤの関係者が、沖縄の本土復帰を目前に沖縄県警ＯＢや警察関係の黒幕らとはからって、今度は逆にトルコ風呂を使って米軍の動向を探り出す。まさに謀略列島そのものではないか。

――そのトルコはいつ頃まであったんですか。

「いまでもありますよ」

――えっ！

「宜野湾市《ぎのわん》から沖縄市に向かう国道三三〇号線の右側です。ヒルトンホテルに向かう道をあがって行く途中にあります」

――いまでも東京トルコという名前なんですか。

「それはわかりません。経営者が当時とはかわっていますからね。当時の店には地下室があって、そこが情報分析室になっていた」

まるで沖縄版の「００７」か「ミッション・インポッシブル」シリーズのような話である。私は奥から聞いた元ＣＩＤの酒井平八郎に会う前に、とりあえず東京トルコを経営していた亜細亜興業の法人登記をとってみた。

商号＝亜細亜興業株式会社

本店＝沖縄県中頭郡《なかがみ》北中城村字屋宜原《やぎばる》×××番地

会社設立の年月日＝昭和四十五年五月二十三日
目的＝1　観光業　①ホテル　②レストラン　③レヂャーセンター／2　スチームバスの経営／3　前各号に附帯する一切の業務

旧役員陣を過去に遡《さかのぼ》ってとってみると、奥が名前を挙げた〝警察関係の黒幕〟の田中勇吉や、〝元ＣＩＤ〟の酒井平八郎、さらには監査役として伊佐義一《いさぎいち》という男が名前を連ねていた。伊佐は沖縄県警のＯＢで元那覇署長という大物である。

その店は後で取材することにして、亜細亜興業の代表取締役もつとめたことがある沖縄市在住の酒井平八郎をまず訪ねた。米軍のハウスを改造したという洋風の自宅で会った酒井は、質問が質問だけに最初警戒されると思ったが、受け答えは思いのほか率直だった。

「僕の名前を誰から聞きました？　ああ、奥ですか。でも僕はＣＩＤじゃありません。僕は元々満鉄の職員だったんです。奄美大島に引き揚げてきた後、奄美の軍政府で働き、マーティンというサージェントに可愛がられた。そのマーティンから、今度沖縄に移るからついてこいと言われて沖縄に移住してきた。僕が米軍とあんまりべったりの関係だったので、きっと奥はそれをＣＩＤと勘違いしたんでしょう。ちょうどよかった。この近くにＣＩＤで働いていた人がいますから、何だったらここに呼びましょうか」

酒井はそう言って、七十代の男を自宅に呼んだ。比嘉寛幸《ひがかんこう》と名乗る人物は、ラフな服装から想像した通り、初対面にもかかわらず、私の質問にフランクに答えてくれた。比嘉がＣＩＤの仕事に就いたのは一九五一（昭和二十六）年のことだという。

――まずＣＩＣとＣＩＤの違いを説明してもらえませんか。

「ＣＩＣは思想調査が専門です。私らＣＩＤは一般的な犯罪捜査が主な仕事でした。ＣＩＣはほとんど日系アメリカ二世でしたが、ＣＩＤは全部日本人でした」

――ＣＩＤではどんな犯罪捜査が多かったんですか。

「当時は軍需品の窃盗です。トラックを持ち出してガソリンを抜き取ったり」

――なるほど〝戦果アギヤー〟ですね。それに対してＣＩＣの思想調査は、具体的にはどう行われたんですか。

「選挙演説会場に潜りこんで、誰がどんなことを喋ったかを上に報告するんです」

――当然、支援者の思想傾向も内偵するんでしょうね。

「ええ、革新候補の演説会に集まったメンバーについては、どこの青年会やどの団体に所属しているかなどを一年に一回全部チェックしていました」

――ＣＩＤは沖縄復帰まではずっとあったんですか。

「いや、ＣＩＤに関する限り、つい最近まであったと思いますよ」

――えっ、そうなんですか。ＣＩＤと沖縄県警の関係はどうだったんですか。

「当時、軍は軍、民は民という捜査管轄権というのがありましたが、合同捜査というのを時々行っておりました。どこそこの基地に警察官を何名ほど送るからよろしくという情報交換をやってまして、結構うまくいってましたよ」

――ＣＩＤは捜査するとき拳銃などの武器は携行できたんですか。

「これは話していいかどうかわかりませんが、まあＣＩＤを統括していた米軍の憲兵司令官としては、仕事柄必要な場合があるということで、張り込みなんかのときには、許可証明書を発行した上で武器携行を許していましたね」

比嘉との話がひとまず終わったので、質問の矛先を酒井に向けた。酒井は自分はＣＩＤとは無関係だと言ったが、警察や米軍関係者と強いコネクションをもっていたことから見ても、ＣＩＤないしＣＩＣの周辺にいたことは間違いなさそうだった。

酒井はトルコ風呂の社長になったかと思えば、一旗揚げることを企てて南米のボリヴィアやパラグアイに移住したものの、失敗して帰ってきたりという、よくわけのわからない人物だった。ただし、こうした経歴から連想されがちな怪人物というわけではなく、案外、人に頼まれるといやとは言えない性格の好人物のようだった。

――酒井さんは、北中城村の屋宜原にあった東京トルコの社長をやってましたね。

「嫌だな。何でも知っている（笑）。ええ、雇われ社長をね」

――酒井さんを雇われ社長にした田中勇吉さんはどんな人ですか。警視庁の外事課出身ですか。

「いや、外事課というより、暴力団とか右翼関係の情報がとれる警視庁の〝便利屋さん〟だったんじゃないですか」

――なるほど、〝便利屋〟ですか。東京トルコは外人専用だったんですか。

「まあ、外人が多かったですね」

――それじゃ、料金も結構高い。

「そうです、高級です。内地から送られてきた女の子もみんな英語ができた」

――相当、はやったそうですね。

「すごかったですよ。特にベトナム戦争当時はね。外人の独占状態で日本人は入れなかった。CICの連中もよく遊びに来ていた」

――那覇署のOBの伊佐義一さんは監査役でしたね。

「彼は東京トルコの株を持っていたんじゃないかな。（やはり那覇署長だった）長嶺紀一《ながみねきいち》（故人）も株を持っていて、しょっちゅう飲みに来ていた。東京トルコには僕がつくったカラオケルームがあって、米軍関係者の溜《た》まり場になっていた。あそこに来れば米軍の情報がとれました」

後で伊佐義一に、彼が取締役相談役をつとめる宜野湾市の全島警備保障の事務所で会って確認をとると、東京トルコをつくった田中勇吉や酒井平八郎とはいまでも親交があることを認めた。

伊佐は映画「L．A．コンフィデンシャル」に悪徳刑事役で出たジェームズ・クロムウェル似の苦み走ったいい男である。その不敵な面構えは、この謎めいた諜報コネクションに登場するキャラクターとして、いかにもふさわしかった。

伊佐は沖縄県警を退職した一九八〇（昭和五十五）年、那覇市松山に伊佐義一調査事務所という探偵社をつくった。その法人登記をとると、監査役に武藤三男《むとうみつお》という人物の名があった。

武藤は、一九六八（昭和四十三）年十二月十日に発生した三億円事件の総指揮をとった警視庁の元捜査一課長である。

武藤は警視庁を退職した一九七五（昭和五十）年、東京都台東区《たいとう》根岸《ねぎし》に武藤三男調査事務所という探偵社を設立した。田中勇吉も創立メンバーの一人だった。武藤三男調査事務所はその後、エム・アイ・エスと改称され、現在は田中勇吉が同社の代表となっている。

酒井平八郎の自宅を辞去したあと、北中城村屋宜原の元東京トルコに行ってみた。その店は国道三三〇号線から狭い山裾《やますそ》の道を入った一番奥まったところにあった。店の看板は「ウィンディ」と書き換えられていた。昼間から車がひっきりなしに入ってくる。

かなり繁盛している店のようだった。

店から連絡を受けておっとり刀でやってきたパンチパーマの雇われ支配人の人相風体から推察すると、「ウィンディ」の現在の経営者は稼業関係者のようだった。

店の様子を一通り見た後、酒井平八郎から聞いた近くに住む元東京トルコ女性従業員の家を訪ねた。彼女は伊佐洋子《いさようこ》といい、亜細亜興業の代表取締役だった時期もある。

「私があそこに勤めたのは、昭和五十四年頃です。約十年間勤めました。偶然近所の方が掃除婦をしていて、その人の紹介でフロントをやるようになったんです」

――田中勇吉さんはよく来ていましたか。

「月に一度くらい集金に来ていました。平成元年に経営者はかわりました。新しい経営者は稼業関係の人？　いえ、水道工事屋さんだそうです。他に本当の経営者がいて、雇われだとも聞いていますが」

――給料はよかったんですか。

「ええ、よかったですね。月に二十四万円くらいもらっていましたから」

伊佐洋子が住む自宅は、元東京トルコの反対側の山腹に立つ三階建ての豪邸である。その豊かな暮らし向きからも、彼女が勤めていた東京トルコの繁盛ぶりがよくわかった。

沖縄から東京に戻って最初にやらなければならないことは、東京トルコをつくったエム・アイ・エス代表取締役の田中勇吉に会うことだった。

JR浅草橋《あさくさばし》駅近くの事務所で会った田中は、〇六年現在八十一歳になる。田中は想像していた男とはまったく違って、口八丁手八丁を絵にしたような快活な男だった。だが、肝心なところにくると何も喋らなくなるなかなかの曲者《くせもの》だった。

「えっ、酒井平八郎にも伊佐義一にも伊佐洋子にも会ってきたの。あははは。それじゃ、みんなわかっているんじゃない。僕が言うことは何もないじゃない」

――いや、そういうわけにはいきません（笑）。ズバリ聞きます。なぜ、返還前の沖縄にトルコ風呂をつくったんですか。酒井さんは米軍の情報を集めるためだと言ってましたが。もう歴史だから、正直に話されてもいいんじゃないですか。

「うん、確かに歴史だけど、まだ喋れないこともあるからね」

――田中さんは警視庁の外事課に関係していたんですか。

「それはあなたの想像にお任せしますよ」

――東京トルコでとった米軍情報は警視庁にあげていたんですか。

「いや、あげません」

――じゃ、どこにあげていたんですか。

「あるところ」

――警察庁ですか？

「まあ、そっちはいくらかね」

——外務省とか防衛庁にもあげていたんですか。

「いやあ、まあ、どうだかな、それは（笑）」

——まあ、そのあたりですね。

「うん」

田中が断片的に語った東京トルコ設立の経緯を整理すると、以下のようになる。

最初、米軍の情報収集の拠点は、小笠原《おがさわら》の父島《ちちじま》につくる計画だった。だが土地買収ができず、失敗に終わった。それを浅草署の署長で宮古島出身の狩俣恵長《かりまたけいちょう》という田中と親しい公安出身の男に話すと、「田中さん、それじゃ沖縄につくれよ」ということになった。

——そこでどんな情報を集めたんですか。

「韓国に駐留する米軍関係者は、みんな沖縄に来るんです。その情報がとれるってことなんです。その線から中国や台湾の情報もとれる。まあ、あんまりこんな話しちゃあまずいんだけどね」

——ざっくり言って、そういう話ですか。

「うん、ざっくり言ってね。詳しい中身は言えないけどね」

田中は最後まで尻尾《しっぽ》を出さなかった。後日、田中と一緒に調査事務所をはじめた元警視庁捜査一課長の武藤三男に会って尋ねても、田中の正体は最後までわからなかった。

東京トルコをはじめるにあたって田中の片腕となったのは、亜細亜興業の代表もっとめたことがある菅原宮子《すがわらみやこ》という女性である。田中によれば、菅原は調査事務所設立当時からの職員で、元々は中村扇雀《なかむらせんじやく》（その後、三代目中村鴈治郎《がんじろう》を経て現・四代目坂田藤十郎《さかたとうじゆうろう》）が銀座でやっていたクラブのホステスだったという。

「彼女は英語もなかなか達者でね。それでこれは使えると思って銀座《ぎんざ》のクラブから引っこ抜いて、マネージャーの勉強をさせるため、東京・吉原《よしわら》のトルコ風呂の経理の仕事に送り込んだ」

登記簿に記載された彼女の住所は、東京都台東区谷中《やなか》七丁目×番の×である。彼女に会いたいと思い、そこを訪ねると、谷中墓地に隣接した木造アパートだった。

墓地の敷地内といってもいい周辺の環境といい、化物屋敷然としたアパートの老朽《ろうきゆう》ぶりといい、その薄気味悪い雰囲気は、米軍の情報をとるため、沖縄のトルコ風呂に送り込まれた女スパイが棲息《せいそく》するには、いかにもふさわしいたたずまいだった。だが、そのアパートの大家の話では、菅原はかなり以前に引っ越しして、いまはここにいないという。

「彼女と沖縄の関係ですか？　そういえば、うちの子どもが〝シーサーアンダギー〟っていう沖縄のお菓子をお土産にもらったことがあるそうです」

大家が沖縄の魔除《まよ》けの獅子像のシーサーと、沖縄の代表的揚げ菓子のサーターアンダギーを一緒くたにして〝シーサーアンダギー〟と言ったのには、笑った。

大家は、菅原の消息は彼女が昔住んでいた部屋に現在住んでいるお婆さんに聞けばわかるかもしれない、と言った。そこで彼女の帰るのを待って話を聞いた。

「菅原さんねえ。もう大昔の話よ。生きていても九十歳くらいになるんじゃないかしら。沖縄ねえ。沖縄っていえば、池田大作《いけだだいさく》先生は『沖縄には幸せになってほしい』といつも仰《おつしや》っているのよ。私がこの年で働けるのも創価学会《そうかがっかい》のおかげよ。

このアパートの大家も昔は熱心な学会員だったからよかったんだけど、いまは全然ダメね。（突然声をひそめて）あの息子は共産党員なのよ。死んだお母さんはちゃんとした人だったのにね。創価学会は、そりゃあもうご利益《りやく》がすごくてね……」

老婆はそう言うと、創価学会と池田大作の大絶賛大会をはじめた。私は胸の内でやれやれと呟《つぶや》きながら、ここでまた振り出しに戻って共産党を蛇蝎《だかつ》の如く嫌う見方に出会ったことも、創価学会の常套《じょうとう》文句ではないが、それこそ何かのお導きだなと思うことにした。

その後の調べで、菅原宮子が千葉市稲毛《いなげ》区に住んでいることがわかった。ＪＲの稲毛駅から車で二十分ほど行ったそこを訪ね、「菅原さーん」と大声で来意を告げると、中から人の気配がし、しわぶきらしきものも聞こえた。だが、なぜかいつまでたっても返事はなかった。

返還前の沖縄のトルコ風呂に送り込まれ、米軍情報をとることを任務とした菅原宮子の数奇な人生には、書かれざる沖縄戦後史の貴重な一ページが刻まれているはずである。この年老いた元女スパイはその秘密を誰にも明かさぬまま、諜報員の掟《おきて》を頑《かたくな》に守って、ひとりひっそりと彼岸に渡ろうとしているのだろうか。

何度か声をかけるうち、室内から着物をひきずるような衣擦《きぬず》れの音が聞こえた。しかし、やはり応答はなかった。

その微《かす》かな物音は、老婆が大蛇にでも変身して座敷を這《は》いずり回る姿を妄想させた。そのあらぬ妄想に、日米のスパイたちがひそむ蛇のように細長い沖縄の地図の連想が重なった。

日本とアメリカは、それぞれ見えない地下茎で沖縄列島と繋《つな》がりあっている。私はこの取材で出会った沖縄と本土の謎めいた男たちを思い出し、首筋のあたりにうそ寒いものを感じた。

米軍現金輸送車強盗事件

沖縄県警の特色の一つは、退職した幹部たちが、在職中に担当した事件の回顧録をコンスタントに発表していることである。県警OBたちのメモワールがこれほど数多く出されているケースは、警視庁でも他県警でもあまり例を見ない。

その大きな理由として、沖縄県警が辿《たど》ってきた歴史の特殊性が挙げられる。沖縄県警が発足したのは、〝琉球処分〟が完了した一八七九（明治十二）年三月である。

前述したように、その後、他の県警と同様、内務省管轄の警察組織として推移してきたが、本土に先行した沖縄の敗戦で一九四五（昭和二十）年六月、沖縄県警は六十六年の歴史を閉じた。

戦後は、民間の警察官を囚人を含めて促成採用した沖縄民警察（シビリアンポリス＝CP）を経て、琉球警察となり、一九七二（昭和四十七）年五月十五日の本土復帰後、戦前の内務省にかわる警察庁管轄のもと、元の沖縄県警に戻った。

本土警察にはないこうした歴史的組織変遷が、おそらく沖縄の警察OBたちに強いノスタルジーを喚起《かんき》させ、過去に向かって筆をとらせる大きな動機となっている。

古くは大正年間に戦前の沖縄県警入りし、戦後、沖縄民警察の初代部長となった仲村兼信は『沖縄警察とともに』（一九八三年）を書き、CPから琉球警察、戦後の沖縄県警を経験して一九七八（昭和五十三）年に退職した比嘉清哲《ひがせいてつ》は、『沖縄警察50年の流れ』（一九九七年）という記録を残した。

やはりCPを皮切りに沖縄の警察官を三十二年間つとめ、那覇署長を最後に退職した太田利雄は『激動の警察回顧録』（〇一年）を出版した。〇五年には刑事畑一筋に約四十年歩いてきた嘉手苅福信《かでかるふくしん》が『波瀾《はらん》万丈の日々』という手記を発表した。

彼らの回顧録には、公的記録の『沖縄県警察史』（全三巻・一九九〇年～二〇〇二年）や新聞記事ではごく通り一遍にしか報じられていない事件が、ディテールをもって綴《つづ》られており、それらの記述よりずっと想像力を刺激される。

沖縄の戦後事件簿のなかで私がとりわけ強い関心をもったのは、一九五三（昭和二十八）年夏に発生した米軍現金輸送車強盗事件である。

一九五三年七月六日の午後七時頃、沖縄本島北部の大宜味村《おおぎみそん》で、米軍の給与が覆面をした四人組の沖縄人《ウチナーンチュ》によって奪われる事件が起きた。ライカム（Ryukyu Command＝琉球米陸軍司令部）から受け取ったB円（米軍発行の円表示軍票）約二百万円を米軍奥間《おくま》通信隊へ運搬中の出来事だった。

B円は日本から分離して沖縄を統治する米軍の重要政策のもと、一九四八（昭和二十三）年七月から一九五八（昭和三十三）年九月にドル通貨制に移行するまで使用された。

犯人らは大きな石を道路を封鎖する形で並べ、車を停めた。犯人の一人は持っていたコルト四五口径の拳銃を取り出し、驚いて車外に飛び出した米人会計係に向けいきなり発砲した。このため、白人会計係は右大腿部《だいたいぶ》を貫通する重傷を負った。

四人組は奪った車ごとその場から逃走した。琉球警察が組織をあげて捜査にあたった結果、事件発生から九日目に犯人四人が逮捕され、事件は解決をみた。

これが『沖縄警察史』や新聞記事に書かれたこの事件のすべてである。

その記述は、占領下の沖縄で米軍の現金輸送車をピストルで襲った大胆不敵な犯行の様態や、二百万円という被害額の大きさに比べると、拍子抜けするくらいあっさりしている。

事件当時の教員の給与は平均五千円程度だったから、二百万円という被害額は、現在の貨幣価値に換算すれば一億円近い。

この現金強盗事件は、一九五二（昭和二十七）年四月一日の琉球警察発足以来、沖縄で最大の凶悪事件だった。沖縄人がアメリカ人を銃撃して大ケガをさせたというだけでも、当時米軍の占領下にあったこの島では驚天動地の出来事だった。

この事件の深刻さは、四人の被告に下された判決の重さに表れている。

三人が懲役十二年、一人が懲役八年の実刑判決だった。これが、〝アンタッチャブル〞の米軍に無謀にも歯向かい、〝支配者〞の米国人に重傷を負わせた懲罰判決だったことは明らかだった。

『沖縄警察史』や新聞記事の記述に比べると、先に紹介した沖縄県警ＯＢの比嘉清哲が書いた『沖縄警察50年の流れ』は、副題に「犯罪実話物語」と銘打っているように、この事件をかなり細かく報じている。

　被疑者の四人組は当時〝エリート〞と見られた三中（現・名護《なご》高校）の出身者だった。うち二人は以前軍作業に従事しており、給料日が間近に迫っていたことを知っていた。犯人のひとりは捕まったとき、民家に寝転んで三味線を爪弾《つまび》きながら「山《やん》原節《ばる》」を口ずさんでいた……

　この記述には、事件を担当した捜査官でなければ絶対に書き得ない、底光りした真実が顔をのぞかせている。

　この事件は、沖縄県警ＯＢの嘉手苅福信が書いた最新刊メモワールの『波瀾万丈の日々』のなかにも取りあげられている。そのことは、嘉手苅から同書を贈呈されたばかりという琉球新報のベテラン記者を通じて後日知った。彼から借りた同書の記述は、事件そのものの経過より、この事件の奇妙な捜査過程に重点が置かれている。

〈聞き込みを続けているうちに、北部出身のグループらが関係しているとの情報が入った。一味の情報を得るため当時、那覇市栄町《さかえまち》の姫百合《ひめゆり》通りに店を出している北部出身で、私たち捜査員とも顔見知りのKに接触した。案の定Kは有力な情報を持っており、しかもその者たちは私たち捜査員とも顔見知りという。犯人と捜査員、情報提供者がお互いに顔見知りという妙な関係になった。夜半、密《ひそ》かにK宅を訪ねたが、もう情報の提供はできないという。理由は明確だ。お互いに顔がばれると、Kの身に危険が及ぶ。Kのこれまでの善意を無駄にはできない〉

嘉手苅は沖縄本島北部の中心都市、名護の出身である。名護は事件が起きた大宜味村ともごく近い。話し合いの結果、嘉手苅ら三人の名護出身警察官が捜査から外れることを条件に、Kに情報提供を頼むことにした。こうして事件は別の捜査員に引き継がれることになった。

〈やがて実行犯を含む一味全員が逮捕された。Kの情報が功を奏したことは言うまでもない。そして、私たち三人の捜査員は犯人一味と同じ地域の出身者なので、賞《しょう》詞《し》等の表彰申請は辞退した〉

嘉手苅は刑事警察一本槍《やり》でやってきた男である。それだけに、沖縄の暴力団に関しては生き字引的な存在だった。沖縄の暴力団について嘉手苅の意見を聞くため、宜野湾《ぎのわん》市の自宅を何度か訪ねたが、私の質問に的確に答えてくれる嘉手苅の物言いはいつも歯に衣《きぬ》着せずストレートだった。

そんな硬骨漢にしては、『波瀾万丈の日々』の記述は、奥歯にものが挟まったようなところがあり、気になった。

嘉手苅は事件の本質をわざとはぐらかしているのではないか。もっと言えば、知られては困る事実を何か隠しているのではないか。

嘉手苅に対する疑問を抱えたまま、彼が書いた『波瀾万丈の日々』を貸してくれた琉球新報のベテラン記者と会った。最初、雑談のつもりだったが、話題が大宜味村の現金強盗事件に及んで、思わず息を呑んだ。彼の話は想像を遥《はる》かに超えていた。

「復帰前の立法院時代に、中村晄兆《なかむらてるあき》という議員がいたんです。これが若くて将来を有望視されていたんですが、いろいろと悪い噂がありましてね。最後は変死しているんです。嘉手苅さんの本にも書かれている大宜味村の米軍現金輸送車強盗事件にも、中村晄兆が関わっていたという噂があるんです。彼は若い頃、米軍で働いてましてね。それで、現金輸送車の情報をつかんでいたという話なんです。

この事件では四人組の犯人が逮捕されたんですが、なぜか、中村晄兆は逮捕されていないんです。彼はその後、東京の大学に入って、司法試験にも受かり、沖縄に帰ってきて弁護士になり、立法院の議員にもなる。ところが、その立法院議員時代、東京に陳情に行っているときに謎の失踪《しっそう》をするんです。

みんな大騒ぎして捜したけれど、行方は一向にわからなかった。数日後、顔に大きなマスクをして、ひょっこり姿を現した。『歯槽膿漏《のうろう》の治療をしていた』というのが本人の弁でしたが、そんな話を信じる者はひとりもいなかった（笑）。

それから暫《しばら》くして、今度は摩文仁《まぶに》の崖《がけ》から落ちて、重傷を負う事件を起こすんです。本人は足を滑らせたと言っていましたが、周りはもっぱら、誰かに突き落とされたか、狂言の自殺未遂かと噂していました。真相は結局、わからずじまいでした。

その後、今度は福岡で変死体で見つかる。復帰から間もない昭和五十一、五十二年頃だったと思います」

上京中の謎の失踪事件といい、沖縄本島南端の摩文仁の崖からの転落といい、福岡で変死体で発見された最期といい、何から何まで耳が勃起《ぼっき》してくるような話だった。何よりもアドレナリンを刺激されたのは、それらの謎が、敗戦から八年後に起きた米軍現金輸送車強盗事件にからんでいるらしいことである。

大胆に推測すれば、米軍現金輸送車強盗事件に何らかの形で関与したといわれる中村は、逮捕を免れるかわりに仲間を密告し、その恨みからかつての仲間に復讐されたとも考えられる。

この推測が仮に当たっているとすれば、ストーリー的には、松本清張の『砂の器』とよく似ている。『砂の器』は、過去の忌まわしい出来事を消し去るため殺人を犯し、いまは高名な音楽家となって過去の殺人事件の記憶に苛まれる青年の物語である。中村はこの事件の犯人グループと同じ、名護高校のＯＢである。

ベテラン新聞記者から聞いた話の真偽《しんぎ》を確認するには、米軍現金輸送車強盗事件を担当した嘉手苅に会うのが一番正確で手っとり早い方法である。

だが、嘉手苅は病気療養中を理由に会うことを固辞した。仕方なく、電話での一問一答になった。

――大宜味村の米軍現金輸送車強盗事件についてうかがいたいのですが、嘉手苅さんの本を読みますと、あの事件の捜査のことが書かれていますね。

「あの事件は、捜査の途中で担当がかわってます。それを、ああいう形で表現したんです。なぜ、あれだけ大きな事件が別の捜査員に引き継がれたのか。解決すれば間違いなく長官賞ものの事件です。それを、担当者が途中でやめるということはふつうありえないわけです。それを察してください」

――私が知りたいのもそこです。なぜ担当者がかわったんですか。

「それは聞かないでください」

──元立法院議員の中村晄兆さんという方がいましたね。いろいろと奇行があった人で、最期は福岡で変死しています。その中村氏が大宜味村の事件に関わっていたという話を聞きました。それなのに逮捕されず、弁護士になり、立法院議員にもなった。その話は嘉手苅さんもご存じですよね。

そう質問すると、電話口から「ふ、ふ、ふ、ふ……」というしのび笑いの声が聞こえた。嘉手苅のその微苦笑が、すべてを物語っているような気がした。

「それを私の口から言えますか。実はこうだったという話は、あってもなくても言える事柄じゃないでしょう。関係のあるなしは、否定も肯定もしません。

八十になったボケ刑事が、こういう本を出した。その意味は何か。本では深くふれることができないこともあるんです。これだけは事実だということを、老人の放談と思って読んでいただければいいんです。琉球政府時代の事実をすべてそのまま書いたら、多くの人に迷惑をかけることになります。適当にアレして書かないと……。これ以上は、もう勘弁してください」

それだけ言うと、電話は切れた。中村と事件に関連があるともないともとれる含みがありすぎる発言だった。

私は嘉手苅の意味深な発言を聞いて、中村晄兆という男に、なおさら強い興味を覚えた。

現金強盗事件と中村晄兆の関係を初めて教えてくれたベテラン記者は最後に、この件に関しては福地曠昭《ふくちひろあき》さんが詳しいはずです、と言った。

福地曠昭は、沖縄の革新勢力を代表する元沖縄教職員会の政経部長である。

嘉手苅から謎めいた言葉を聞いてから数日後、福地に会った。福地は事件が起きた大宜味村の出身である。

福地が中村の人となりについて詳しいのは、福地らの尽力により沖縄で初の人権協会ができたとき、その理事のひとりに弁護士の中村になってもらった過去があるためである。福地の話は最初からミステリー小説じみていた。

「中村晄兆は旧三中時代、仲村渠馨《なかんだかりかおる》といったんです。沖縄から内地の大学に行っているときに、中村晄兆に改名した」

初めて聞く話だった。もし米軍現金輸送車強盗事件が改名のきっかけになったとすれば、水上勉《みずかみつとむ》の『飢餓海峡《きがかいきょう》』そっくりである。『飢餓海峡』は、北海道・岩内《いわない》の大火と青《せい》函《かん》連絡船・洞爺丸《とうやまる》の海難事故をヒントにして書かれた推理小説である。この小説の主人公の犬飼《いぬかい》太吉《たきち》は、大火と遭難事故を利用して他人の戸籍を詐取し、いまは樽《たる》見京《みきょう》一郎《いちろう》と名乗って立派な実業家になりすましている。それを老刑事が執念で解明し、最後は犯人が青函連絡船から投身自殺に追い込まれるやりきれない物語である。

中村が内地留学したのは明治大学である。そこを卒業後、東大の大学院に進んだ。一九三〇（昭和五）年生まれの中村は、事件当時は捕まった四人組と同じ二十三歳だった。

――事件があったのは明治大学に在学中ですか。

「そうだと思います。彼は夏休みによく故郷に帰ってきていましたから。あの事件は新聞に大きく載ったから、よく覚えています」

この事件を報じた琉球新報を見ると、確かに六段抜きの大きな扱いである。見出しは「二百万円の拳銃強盗」「大宜味訛《なまり》の四人組」である。

――中村晄兆はあの事件と関係していたとも言われていますが。

「宜野湾署の宮城《みやぎ》という刑事が、彼を一味の仲間と睨《にら》んで厳しく尋問したと言っていました。彼は戦後、軍作業の責任者をやっていたから、米軍の内情には詳しいと見られていた。警察の取り調べを受けたとき、中村は『僕が東大の大学院を出て司法試験に合格したら、きみたちを死刑にするから覚えておけ』って言ったそうです」

福地の話は聞けば聞くほど謎だった。

中村はその言葉通り、東大の大学院を修了後、弁護士資格をとっている。

沖縄では、復帰前に米国民政府や琉球政府の弁護士法で資格をとり、復帰後も特別移行措置でその資格が維持された〝布令弁護士〟が多かった。だが、日本の司法試験に正式に合格した中村は、沖縄社会では彼らに比べ一段上に見られる存在だった。

「彼は弁は立つし、若くて元気もあるし、学歴も東大の大学院だし、色も白くて長身だったので、モテにモテた。立法院議員時代は、沖縄のプリンスと言われてね。味の素の顧問弁護士をやっていたから、金もあったし。立法院議員の給料なんて小遣いだと言っていた。高級車を乗り回していたから、酒場の女にゃ余計モテた」

元沖縄タイムス記者の当山正喜《とうやませいき》が立法院時代の沖縄の政治裏面史を書いた『政治の舞台裏』（沖縄あき書房・一九八七年）という本のなかに、中村をよく知る元県教育長で、復帰後三代目の西銘順治《にしめじゅんじ》知事時代に副知事をつとめた翁長助裕《おながすけひろ》のこんな談話が紹介されている。

〈中村という人物は、どこにいっても会場がどよめくほどのスターだった。今まで彼ほど人気のあった政治家は見たことがない〉

――立法院議員時代に東京に陳情に行って、失踪するという謎の事件がありましたね。

そう質問すると、福地は言った。

「ええ、あの事件では暴力団に追われていたんじゃないかという話もありました」

――暴力団にアイスピックで顔を傷つけられたという噂もあったそうですね。大きなマスクはそれを隠すためだった。

「中村はあの現金輸送車強盗事件で分け前をもらって日本に高飛びをした。そんな古証文をネタにされて脅された。真偽のほどはわかりませんが、そんな噂もありました」

この事件は「姿くらます中村議員」の見出しで琉球新報にも大きく報じられた。

中村が失踪したのは、上京中の一九六六（昭和四十一）年七月五日の深夜のことである。この日は、奇《く》しきことに大宜味村の現金輸送車強盗事件からちょうど十三年目にあたっていた。

この当時、沖縄民主党のホープと目されていた中村が、立法院議長の長嶺秋夫《ながみねあきお》、社会大衆党委員長の安里積千代《あさとつみちよ》とともに上京したのは、裁判移送命令問題について本土政府関係者と折衝するためだった。

裁判移送問題とは、琉球政府の裁判所に審査権はないとして、〝沖縄の帝王〟といわれた米高等弁務官が、係争中の裁判を米国民政府裁判所に強制的に移送を命じたことを指している。折からの自治権拡大運動のなかで、移送撤回を求める県民大会が開かれるなど、沖縄では大きな反対運動のうねりが起きていた。

三人は七月三日に上京して、佐藤栄作《さとうえいさく》首相ら本土政府関係者と折衝を始めた。五日も三人揃《そろ》って行動し、宿泊先の「新橋《しんばし》第一ホテル」に戻った。

ところが、六日朝、帰っていたはずの中村の姿は部屋のどこにもなかった。中村の失踪から三日後の七月九日、長嶺立法院議長は、警視庁に捜索願いを出した。

〈警視庁は九日午後十時、捜査初日の成果を持ちより協議したが、当面、五日夜、赤坂《あかさか》のナイトクラブ「コパカバーナ」を出て乗ったタクシーの発見に全力をそそぐとともに琉球警察本部に中村議員の身辺にかんして手がかりとなる資料の提供を求めている〉（「琉球新報」一九六六年七月十日付）

中村から突然連絡があったのは、失踪から五日後の七月十一日だった。歯痛のため、渋谷《しぶや》区並木橋《なみきばし》の歯科医院に入院していたという。この無責任きわまる中村の態度に沖縄県民は激怒した。

同年七月十二日付の琉球新報のコラムは「あきれた中村議員の歯痛」と題して中村を痛烈に批判している。

同紙は同じ日に「中村失踪事件の裏表」という東京総局記者座談会を載せている。そこで記者から挙げられた失踪の理由は、裁判移送問題にまつわる米側の謀略説、暴力団脅迫説、女性問題トラブル説など、キナ臭いものばかりだった。

前掲の『政治の舞台裏』は、失踪事件についてこう述べている。

〈失踪の原因は、表面上歯痛となっていた。事実中村は東京渋谷区の並木橋歯科医院に入院していたが、真相は、暴力団による傷害だった――との説も政界の一部ではささやかれた。その証拠に中村は入院直後、当時警察本部長だった新垣淑重《あらがきしゆくじゆう》(前県議)に「ヤッチー、やられた」と電話をしてきたという。(中略)

この失踪事件で心身とも苦労させられた長嶺秋夫は「朝日新聞の記者から渋谷の歯科医院にいると聞いたので飛んでいった。顔を見るなり何もいわずビンタをはってやった。痛いようでもなかった。彼は覚悟を決めていたようで、辞表を用意していた。私は何もいわずにそれを受け取った」〉

同書は、中村のその後の数奇な運命についても言及している。

〈六月十八日、民主党幹事長・桑江《くわえ》朝幸《ちようこう》は、中村の議員辞職と党籍離脱を発表した。六二年十一月立法院議員に当選、保守界の次代を担うホープと騒がれた中村も三年半の短い政治生命であった。それどころか、その後中村は摩文仁《まぶに》で自殺未遂(それも暴力団絡みとの説が政界一部にはある)したあとついに福岡で非業の死を遂げ、若き人生にピリオドを打つ〉

中村の議員辞職と党籍離脱が失踪事件前の六月十八日になっているのは、おそらく失踪事件に遡って引責を求めたからである。ちなみに『沖縄県議会史』に記載された正式の記録では、中村の議員辞職は六月三日となっている。

話を福地のインタビューに戻す。

――摩文仁の崖から転落したのも、自殺未遂ではなく、実は暴力団に突き落とされたらしいですね。

「実際に見たわけじゃないが、そういう話もありました。政界の輝けるプリンスが、どうしてあんなことになったのかって、私らみんな不審に思ったものです」

福地の話は最初から最後まで疑問符の連続だった。

というより、中村の四十六年の短い生涯そのものが、大いなる謎だった。

中村の死を伝えた沖縄の新聞は沖縄タイムスだけだった。

記事はごく短く、その扱いの小ささに、かつて沖縄政界のスターといわれた男の零落《れいらく》ぶりが読みとれる。

〈読売新聞二十八日付九州版によると、二十二日福岡県糸島《いとしま》郡二丈《にじょう》町福井《ふくい》大入《おおいり》の旧国鉄宿舎内でみつかった変死体は、地元警察の調べの結果、東京都港《みなと》区青山《あおやま》三―

四―一五竹中マンションA―5弁護士・中村晄兆《てるあき》氏（四六）であることが判明した。死後七日から十日ほどたっていた。現場には睡眠薬の空びんがあり、黒のコートに背広。黒カバンをまくらにしていた。警察では、自殺とみている。二十九日検死する。中村氏は、昭和五年生まれ今帰仁《なきじん》村出身。明治大学法学部卒業後、弁護士を開業。一九六二年から琉球政府立法院議員を二期つとめた〉（一九七六年四月二十九日付）

沖縄タイムスの記事は文中にもある通り、読売新聞西部版の前日の記事の配信を受けて書かれたものである。

読売新聞西部版の記事は沖縄タイムスの記事に比べてかなり詳しい。少し長くなるが、中村の謎めいた最期を知るため、沖縄タイムスと重複する中村の発見場所や中村の住所などは省略して、全文引用しておこう。

〈さる二十二日、（中略）見つかった男の変死体は、福岡県警前原署の二十七日までの調べで、（中略）弁護士中村晄兆さん（四六）とわかり、同日、実兄が確認して遺骨を引き取った。他殺の疑いはないと断定されたが、自殺に結びつくような動機もはっきりせず「ミステリーだ」と刑事は首をひねっている。（中略）

死体は洗面道具の入った黒革カバンをマクラに両手を胸に組んで横たわっており

死後約一週間。同署では、真新しい背広にぬいこまれた「中村」と「東京・銀座《ぎんざ》、英國屋」のネームを手がかりに、身元を調べたところ、二十六日になって、英國屋の注文書から中村さんの住所、電話番号がわかった。また、九大病院で解剖した結果、他殺の疑いはなかったが、死因ははっきりしなかった。

中村さんは十年前に離婚、現在、法律事務所の手伝いをしているメイの神谷《かみや》サト子さん（二五）と同居しており、三月十四日「沖縄に行く」と自宅を出たまま。

恭典《きょうてん》さん、神谷さんの話によると、中村さんは、三十一年に明治大学法学部を卒業、四十四年六月、弁護士を開業して東京第一弁護士会に所属。開業後は弁護士のかたわら、経営コンサルタントの仕事もしていた。

中村さんはことし一月三日、脳血センで倒れ、二週間入院。自殺とすれば原因はこれだけ。しかし恭典さんは「それを苦に自殺するような性格ではない」と否定的だ〉

意味がよくとれない箇所や、誤りも多い記事である。その後の調べで、記事中にある恭典さんとは、死体を確認した中村の実兄だということがわかった。また、記事には中村が十年前に離婚とあるが、その事実がなかったことも判明した。

この変死事件を担当したのは、『激動の警察回顧録』を出した元那覇署長の太田利雄である。当時太田は沖縄県警の刑事部長だった。

――中村氏の変死の連絡がきたのは福岡県警からですか。

「ええ、そうです。連絡は私が受けました。私は刑事部長になる前、九州管区警察局刑事課長をやっていましたので、福岡県警の幹部を全部知っていました」

――知らせを聞いたとき、どう思われましたか。

「そりゃ、びっくりしました。なんでテルアキがあんな死に方をしなきゃならないんだって。行路病死人扱いですからね」

――ということは、中村氏の変死は最初から事件扱いではなかったんですね。

「ええ、事件扱いではありませんでした」

――過去の事件でも暴力団に脅されたという見方がありましたね。

「そういう噂は確かにありました。だけどそれを裏づけるものは何もない。暴力団の関与説は、福岡のときもありました」

――ほお、福岡のときもあったんですか。

「本当にテルアキの死因は謎だと思いました。でもきちんと検死が入りましたから、疑問を差し挟む余地はなかった。

もし暴力団がそれらの事件に関係していたとしたら、沖縄以外の組織でしょうね。それにしても残念です。われわれとしては、テルアキは前途ある政治家だと思っていたんですがね」

――福地曠昭さんも、彼が生きていたら沖縄の政治はひょっとすると変わっていたかもしれない、と言っていました。

「ま、そんなに持ち上げることはないと思いますが（笑）。でも有望株だったことだけは確かです」

――もう半世紀以上も前の現金強盗事件にも絡んでいたという話もありますね。

「あの事件にはテルアキはまったく関係なかったと思います。あの事件の犯人は検挙され徹底的に取り調べられましたからね」

中村晄兆は追えば追うほど謎が深まる男だった。

それは喩《たと》えて言えば、疑問の投網《とあみ》を投げても投げても、まったく手応《てごた》えがない南国の陽炎《かげろう》のゆらめきのようだった。

琉球新報元社長の宮里昭也《みやざとあきや》は、中村が失踪したとき同紙東京総局の第一線記者だった。その宮里によれば、中村がある筋から追われていたのはたぶん間違いないだろうという。

「中村に資金的な援助をしていたグループがあったらしいんです。ところが段々と羽振りがよくなって、政界でもホープ扱いされてくるうちに、彼らの思い通りにはいかなくなった。つまり政治的配慮をしてくれなくなった。

それを恨んで拉致《らち》されたり、摩文仁の崖から突き落とされたんじゃないか。そんな話があったことは聞いています」

――中村ってどんな男だったんですか。

「軽い感じの男でした。付き合いは非常にうまくやるんだけど、深く付き合う男じゃなかった。うわべはいいんだけど、あんまり人から信用されるタイプではなかった」

前に紹介した『政治の舞台裏』に、立法院の政権党だった沖縄自民党の内紛騒動と、これにつづく保守政党のクーデター劇が取りあげられている。

沖縄自民党総裁で行政主席だった大田政作《おおたせいさく》批判の急先鋒《せんぽう》が、立法院議員に初当選間もない中村だった。中村は自民党集団脱藩組の首謀者となり、沖縄民主党の旗揚げをした。

ところが、この政変劇の立役者だった中村は新たに結成された沖縄民主党の人事に不満を募らせ、同党の総裁に選出された松岡政保《まつおかせいほ》の追い落としにかかった。

中村は反松岡派の稲嶺一郎に近づき、造反劇を仕掛けた。だが中村は保守陣営の西銘順治など大物への根回しを怠ったため、クーデター計画は未遂に終わった。

――脱藩騒動を起こしたり、クーデターを画策してみたり、たしかに中村というのは信が置けないくせに、自分を恃《たの》むところだけは強烈にあった男らしいですね。その昔、自民党を集団脱党して新自由クラブを旗揚げした山口《やまぐち》チンネン（敏夫《としお》）みたいに。

「ああ、山口敏夫。そうです、そうです。まさにあんな感じがしました」

中村の挫折《ざせつ》は過信のせいだったのか、それとも過去の罪に躓《つまず》いたせいだったのか。東大の後輩でやはり弁護士になった金城睦《きんじようちかし》は、中村には金銭的にいつも困っているような雰囲気があったと言う。

「中村さんから、小銭を貸してくれと言われたことがあります。僕にはちゃんと返してくれましたが、踏み倒された人が多かったという話を耳にしたことはありました」

金城にも大宜味村の米軍現金輸送車強盗事件にまつわる話を聞いてみた。

――その事件に中村氏が絡んでいたという話がありますよね。犯人の四人組は捕まって服役するんですが、服役中に中村氏はすっかり偉くなってしまった。オレたちだけが臭いメシを食ったのに、何であいつだけがいい思いをしているんだ。

それが後の失踪事件や、摩文仁の転落事件を惹起《じやつき》する心理的引き金になった。これはあくまで私の〝見立て〟です。ただ、中村氏が若い頃、四人組と一緒に〝戦果アギヤー〟をやっていたことだけは間違いないようです。

そう質問すると、金城は、「僕もそういう噂は聞いたことがあるような気がします」と答えたあと、自分の方から宮里松正《みやざとまつしよう》という男の名前を持ち出した。

そして「宮里さんが生きていたらなあ」と、さも残念そうに呟いた。

中村や金城と同じ弁護士仲間の宮里は、中村の三中時代の先輩にもあたっていた。

金城によると、宮里は若い頃〝戦果アギヤー〟の親玉として知られており、数々の武勇伝の持ち主だったという。

「宮里さんは中村さんと同じ今帰仁の出身ですし、米軍現金輸送車強盗事件のことも詳しく知っていたんじゃないかと思うんです。宮里松正というのは、いかにも貴公子然とした中村さんとは違って豪快な男でした。

これは宮里さんにごく近い人から聞いた話ですが、〝戦果アギヤー〟に行って検問にひっかかりそうになったことがあるそうです。そのとき乗っていたのが、何と基地から盗んだアンブランス（ambulance＝救急車）だったと言うんです。松正さんは検問を見ても動じず、『よっしゃ、鳴らせ』と言ってサイレンをウー、ウー鳴らしながら、車をバーッとぶっ飛ばして、堂々と検問を突破しちゃった（笑）」

〝戦果アギヤー〟あがりの宮里は、本土復帰当時の沖縄県副知事である。

天皇皇后御臨席のもと日本武道館で行われた復帰記念式典には、佐藤栄作総理、福田《ふくだ》赳夫《たけお》外相、竹下登《たけしたのぼる》官房長官、アグニュー米国副大統領という錚々《そうそう》たるメンバーと並んで沖縄県代表として列席した。

いまから半世紀以上前の米軍現金輸送車強盗事件への興味から、中村晄兆という男への関心が呼び覚まされた。

そしてその取材の過程で、天皇皇后御臨席の式典に列席する栄誉に浴した元〝戦果アギャー〟の沖縄県副知事がいたという意外な事実を知ることができた。

その後、中村と同郷出身の弁護士や、中村の未亡人、中村と親交があった米軍キャンプあがりの実業家、そして故郷に残る中村の近親者たちに会って、これまでまったく知らなかった沖縄の現実をさらに深々と覗《のぞ》き込まされることになった。

いまとなっては中村晄兆の名を知る沖縄人はほとんどいないだろう。

だが私にとって中村晄兆は、どんな本にも書かれていない沖縄戦後史の扉を静かに開き、知られざる世界に誘《いざな》ってくれる、古代沖縄の巫女《ノロ》にも似た不気味な存在にいつしかなっていた。

エリート議員の失踪と怪死

那覇港からそう遠くない那覇市西《にし》一丁目のマンションに事務所を開く西平守儀《にしひらしゅぎ》は、沖縄戦後史の光と影を散乱させて怪死した中村晄兆《てるあき》と最も親しかった弁護士である。

西平に会ったのは、同郷で同じ弁護士仲間の西平なら謎めいた中村の失踪事件や摩文《ま》仁《に》の崖からの転落事件、そして最期の変死について、何か知っていることがあるだろうと思ったからである。

——西平さんは中村氏とは三中（現・名護高校）の同級生だったと聞きましたが。

「いや、三中は違います。小学校と琉大（琉球大学）で一緒でした」

琉球大学は一九五〇（昭和二十五）年、アメリカの民主教育の高度普及という文教政策のもと、米施政権下にあった当時の沖縄で唯一の総合大学として創設された。

——彼は三中から琉大に行ったんですか。

「ええ、彼は三中から琉大に入った。私と彼は琉大の一期生です」

——すると、琉大から明治大学に行き、そこから東大の大学院に進んだんですか。

「そうです。彼は口を開けば、東大、東大って言っていましたね（笑）」

西平によれば、中村が弁護士を開業したのは一九六二（昭和三十七）年の春だったという。

「僕と二人で事務所を開いたんです。ところが、それから暫くしたら立法院議員に立候補するという話になった。彼はやる気満々でね。対立候補のない信任投票で当選しちゃった。それからが大変でした。彼が議員になったので、二人分の仕事をしなくちゃならなくなりましたからね。それで彼が議員になって一年ほどして、事務所を別々にしたんです」

中村が立法院議員に初当選したのは、一九六二年十一月に投票が行われた第六回立法院総選挙である。弁護士事務所を西平と一緒に始めて約半年後のことだった。

「でも、次の選挙のときは最初の選挙のときとはすっかり人が変わっていました」

中村にとって二期目にあたる第七回立法院総選挙が行われたのは、一九六五（昭和四十）年十一月である。中村はその任期中の一九六六年七月に東京で失踪事件を起こした。

――人が変わったというと？

「二期目の選挙のときは、同期生がみんな離れたんです。私も離れたし、一番のスポンサーだった島《しま》産業不動産のオーナーの島繁勇《しまはんゆう》も距離をとるようになった」

島は中村と同じ三中のＯＢである。島にはすでに連絡をとっていた。だが電話をすると、少し前に脳梗塞《のうこうそく》で倒れたため、会うのは勘弁してほしいとの返事だった。このため、西平と会った時点ではまだ島本人の話は聞けていなかった。

「そのとき島は、政治資金集めの責任者が西平ならば、自分がいくらでも金をつくるが、そうでなければもう出さん、と僕に言ったんです。結局、僕は責任者にならなかった。そのとき彼はもう、僕らのわからん世界に行っていたんです」

――つまり、最初の選挙のときに応援した同じ山原《やんばる》出身の西平さんも島さんも、わけのわからん連中と付き合いはじめた中村から離れたというわけですね。

「はい。亡くなった人を悪く言いたくはないけれど、彼は立法院議員になって、俺のものは俺のもの、人のものは俺のもの、という人間に変わってしまった。(那覇の飲み屋街の) 桜坂《さくらざか》で飲んでいても、カウンターのなかに入りシェーカーを振って、ジョニ黒をボンボン空ける。そのツケが全部、事務所に回ってくる。若い頃は、みんなの期待を一身に集めた沖縄の希望の星だったんですけどねぇ……」

――女性関係もハデだったようですね。

「噂はいっぱいありました。それはモテましたからね。背も高いし、顔もハンサムだし、歌もうまいし。キサス、キサスなんていう歌を原語で歌うんです」

――鼻持《はなも》ちならないヤツですね。

「でも会っているときは本当にいいヤツなんです。彼を悪く言う人はいなかった。幼い頃は、カオルと呼ばれて可愛がられるナヨナヨした少年だったんです」

――カオルというのは、中村晄兆に改名する前の仲村渠《なかんだかり》馨《かおる》の馨のことですね。

「ええ。それからすぐ例の失踪事件が起きた。政治の世界に深入りするに従って金銭的な問題が出てきたんだと思います。摩文仁の崖から転落したときも、いろいろな噂が飛び交いましてね」

――どんな噂ですか。

「あんなところから間違っても落ちるはずがない、もし間違って落ちたなら命がないだろう、と。崖の下に隠れていたんじゃないかという話もありました」

――自殺未遂の狂言というわけですね。

「ええ、ちょうどその頃、タクシー業界の汚職事件が発覚したんです」

タクシー汚職事件は、一九六八（昭和四十三）年に発覚した疑獄《ぎごく》事件である。個人タクシーの免許取得を巡り金品の授受があったとして、当時副主席だった小渡三郎《おどさぶろう》を含め琉球政府の幹部約百二十名が逮捕された。

――タクシーといえば、中村の実兄もタクシー会社をやっていましたね。その事件には彼も絡んでいたんですか。

「絡んでいたどころか、そのお兄さんにあげたんですよ。タクシー会社を」

――エッ、晄兆自身がですか。それじゃ完全に利権目的の〝政治屋〟だ。

「そうです。彼自身がタクシーの営業免許をとってやって、何十台かの車を持つタクシ

―会社をお兄さんのためにつくってやった。すべて彼の采配《さいはい》でした」

――ところで、中村は一九七六（昭和五十一）年四月に、福岡の片田舎《いなか》で変死体で見つかりますね。

「死体の確認には、東大の大先輩の真喜屋実男《まきやさねお》先生が行きました。先生は『中村は凍死したんだ』と言ってました」

――凍死？

「その晩は、福岡にたまたま何十年ぶりの寒波がきたんだそうです。で、睡眠薬を少し飲んで酒をやっているうち、寝込んでしまったらしい。所持金は十数円しかなかったそうです。僕は先生に『原因は何ですか』と聞きましたが、先生は『いや、それはもう、僕は聞かなかった』と仰ってました。結果がそうだというだけで、もう十分だと」

西平に会って一番聞きたかったのは、一九五三（昭和二十八）年に大宜味村で起きた米軍現金輸送車強盗事件のことだった。

――中村がその事件に絡んでいたというんです。聞いたことはありませんか。

「聞いていません。ただ、軍作業をやっていたとき、悪さはしていましたね。彼はチェッカーをしておったんです」

――チェッカー？

「配車係のことです。それでトラック一、二台分のビールをチェックしたことにして、金武《きん》湾の料亭に持って行って転売するんだそうです。それを米軍の憲兵に知られたので、改名したという話は聞いたことがあります」

これは注目すべき発言だった。元沖縄教職員会政経部長の福地曠昭は、大宜味村の事件を担当した宜野湾《ぎのわん》署の宮城という刑事から、中村をあの事件の犯人一味と睨《にら》んで取り調べたという話を聞いている。この二つの話を重ねると、こんな想像が浮かぶ。

中村は〝戦果アギヤー〟仲間だった顔見知りの犯人たちから脅されて、米軍現金輸送車の運搬時間と運行ルートを教えた。米軍のチェッカー経験がある中村なら、それを調べるのはたやすかったはずである。若い頃の中村は女のようにおとなしかったというから、彼らの要求を無下《むげ》には断れなかったという想像も働く。

私は西平と別れた後、事件に絡んで中村を調べたという宜野湾署元刑事の宮城義和《よしかず》に会おうと思った。宮城の自宅は沖縄本島中部の北中城《きたなかぐすく》村屋宜原《やぎばる》にあり、前述した元「東京トルコ」に近い。

そこを訪ねると、門は閉まっており、留守のようだった。

諦めて帰りかけると、夫人らしい女性が家に入っていくのが見えた。

入院中の夫を見舞って、いま帰宅したところだと言う。用件を伝えると、夫人は気をきかせて、「それでは、病院に電話して夫に聞いてみましょう」と言って、質疑内容がこちらに聞こえるようにする配慮からか、ドアを開けたまま玄関先に置いてある電話をかけはじめた。

「お父さん、いま東京の雑誌社の人が来て、お父さんが担当した事件について聞きたいって言っているんだけど。昭和二十八年に大宜味村であった米軍の現金輸送車の強盗事件に、元立法院議員の中村晄兆さんっていう人が関わってたんじゃないかって……」

夫人の説明は元刑事の妻らしく、要領を得たものだった。暫くやりとりがつづき、電話を切った夫人は、夫から聞いた伝言内容を簡潔に説明してくれた。

「その事件については、申し訳ありませんがお会いしてお話しすることも、電話口でお話しすることもできないと申しております。お役に立てず本当に申し訳ありません」

それだけ聞けば十分だった。もし、大宜味村の事件と中村がまったく無関係だったとすれば、わざわざそんな丁寧な答えをする必要がない。宮城の含みのある答えそれ自体が、事件と中村の間に何らかの関係があったことを言外に認めていた。

沖縄県警OBの嘉手苅福信が書いた『波瀾万丈の日々』には、大宜味村事件の担当者として、福地が事件と中村の関係を聞いた宮城とは別に、四人の刑事の実名が出てくる。三人は物故しているが、平田直正《ひらたなおまさ》という元刑事が健在だということがわかった。零細な飲食店が密集し、低い家並みが連なる那覇市大道《だいどう》の奥にある平田の自宅を訪ね、来意を告げると、夫人らしき初老の女性が出てきた。

——その昔、ご主人が捜査に関わった大宜味村の米軍現金輸送車強盗事件のことをお聞きしたいんですが。

そう切り出すと、普段着の女性は、さもすまなさそうに答えた。

「主人は緑内障で失明して、目が見えません。それ以来臥《ふ》せっております。事件はもう過去のことですし、逮捕された方も罪を償って社会に出てきています。そんなわけで、せっかく遠い所を来ていただいて申し訳ありませんが、お役に立てないと申しております」

——そうですか。では、あの事件の資料などはお持ちじゃないでしょうか。

「以前には少しあったんですが、二年ほど前に全部焼却してしまいました」

嘉手苅はじめあの事件を担当した刑事から、事件と中村の関係を聞き出すのは、これ以上はもう無理だった。あとは中村の未亡人や、故郷の今帰仁に残る中村の親類、それに若い頃中村と親しかった友人を探して話を聞くほかなかった。

中村の未亡人の中村よねは、税理士事務所を兼ねた那覇市中心部の久茂地《くもじ》のマンションに住んでいた。そこに連絡すると、よねは案外簡単に会うことを約束してくれた。

國場組《こくばぐみ》の本社近くのホテルで会ったよねは、ゴマ塩の髪をひっつめにした、いかにもキャリアウーマン風の初老の女性だった。聞きたいことは山ほどあった。

――ご主人と知り合ったきっかけは何だったんですか。

「明治大学の法学部で同じ研究室だったんです。弁護士資格ですか？　その時代はまだです。私はその後、明治の大学院で税理士の免許を取り、あちらは東大の大学院で弁護士資格を取ったんです」

――お生まれは福島県で旧姓は小針《こばり》と聞きました。東北の〝政商〟として有名な元福島交通社長の故小針暦二《れきじ》氏とは親戚《しんせき》になるんですか。

「ええ、出身は福島です。旧姓は小針ですが、小針暦二さんとは関係ありません」

――なるほど。結婚は何年ですか。

「それは聞かれると思ったんですが、戸籍を見ないとわかんないなぁ（笑）。えーっとね、大学院を卒業してまもなくですから、私が二十四くらいのときです」

よねは一九三三（昭和八）年の生まれだから、結婚は一九五七（昭和三十二）年頃ということになる。

「テルアキは私より三つ年上でした。彼は琉大を二～三年やってから、潜水艦で沖縄からやってきたと言ってました」

――えぇっ、潜水艦ですか。

「まだ留学ができないというか、本土には正式に行けなかった時代です」

中村が一九五〇年に開学された琉大に二、三年行ってから日本に来たということは、

一九五二、三年頃に本土に渡航したことになる。もし本土への渡航が五三年ならば、大宜味村の事件と同じ年である。

よねが言うように、中村がその年に潜水艦で本土にやってきたとするなら、その潜水艦は当時の状況から考えて、米軍の潜水艦と考えるのが自然である。

ここから自然に浮かんでくるのは、こんなミステリー小説じみた連想である。

大宜味村の事件で警察に疑いをかけられた中村は、かつてチェッカーとして働いた米軍に、捜査協力することを条件に救いを求めた。米軍は英語が堪能な中村を高く評価し、利用価値があると考えた。

想像をさらにたくましくすれば、米軍はＣＩＣ（米軍対防諜部隊）の要員になることを条件に、この取引に応じた可能性も否定できない。そして、米軍の潜水艦で日本に逃がした。

東大の大学院を修了し、弁護士から立法院議員になる沖縄のエリートコースを歩んだ中村は、アメリカにとってきわめて重宝な存在だったに違いない。

その後の失踪事件や摩文仁の崖からの転落事故、そして最期の怪死も、ＣＩＣの謀略がらみの事件だったとすれば、それなりに納得がいく。

だが、これはほとんど根拠らしい根拠がない勝手な推測に過ぎない。

それはそれとして、中村の周辺には、なぜ潜水艦での本土渡航といった謎めいた話ばかりが渦巻いているのだろうか。

彼女の話でもう一つ興味深かったのは、中村家の先祖に関する話だった。

——中村さんの旧姓は仲村渠ですね。どんな家柄だったんですか。

「私の聞いた範囲で言えば、琉球王室の落とし胤《だね》だったそうです（笑）。首里城に仕える士族だったんですが、明治の廃藩置県で左遷され、都落ちして今帰仁に行った（笑）。廃藩置県のときは、大和《やまと》につく方と清国《しん》につく方に分かれて、清国につく方に回ったらしい。つまり〝負け組〟に入っちゃった（笑）。だから私に言わせると、最初から政治的に不運なDNAを持った人だったんですね」

——それじゃ、家がものすごく貧しかったというわけじゃないんですね。

「家柄はよかったんでしょうが、私が知り合った頃は、もうどん底だったですね。兄弟はみな頭がよかったんですが、テルアキ以外は大学に行っていないはずです。お父さんは戦時中、サイパンに出稼ぎに行って家に仕送りしていたという話です」

——中村さんは立法院議員の二期目の途中に東京で失踪事件を起こします。あの事件について何かご主人から聞いていることはありませんか。

「いえ、何も言いませんでした。私にもあの事件はよくわからないんです。本人は学生時代から、放浪癖《ほうろうへき》がありましたから、その癖が出たんじゃないかと思ってますが……。大体、私らは普通の夫婦と違って、お互い相手のやることに無頓着《むとんちゃく》なんです」

――それじゃ摩文仁の崖から転落した理由も、ご主人に聞かなかったんですね。

「はい、聞いても説明するような人じゃありませんから」

よねは中村が福岡で変死体で見つかったときも、現場には行かなかったという。

「検死してくれたお医者さんのところには、だいぶたってお礼の挨拶には行きましたが。脳血栓の発作が突然起きたんじゃないか、というのがお医者さんの説明でした」

――お子さんはいなかったんですか。

「はい。いなかったから、両方とも勝手なことをやっていたんでしょうね（笑）」

そろそろ、大宜味村の米軍現金輸送車強盗事件について切り出す潮時だった。

――あの事件に若き日のご主人が絡んでいたという話があるんです。

よねはこの質問を全否定すると思った。だが、返ってきたのはむしろ肯定気味の意外な答えだった。

「もし絡んでいたとすれば、ジミーベーカリーの社長さんとか、スカリーさんていう不動産屋の社長さんなんかに聞いた方が早いんじゃないですか。その二人とは仲がよかったから」

――えっ、ジミーベーカリーの社長さんと、スカリーさんですか。初めて聞く名前です。彼らは二世なんですか。

「いいえ、若い頃進駐軍で働いて、事業で成功した人です」

よねに二人の連絡先を聞いたが、知らないという。彼らの連絡先は後で調べることにして、質問の矛先を中村の親族関係に変えた。

——中村さんの変死を報じた新聞によると、遺体の確認に行ったのは実兄の恭典さんだったそうですね。ご健在ですか。

「いいえ、もう亡くなりました」

——その新聞記事には、中村さんは十年前に奥さんと離婚し、当時は姪《めい》にあたる神谷サト子さんという方と同居していたとも書いてあるんですが。

「離婚はしていません。だから亡くなった後、相続放棄したんです。サト子さんというのは、お姉さんの子どもです。あの頃、テルアキは東京と沖縄を行ったり来たりしていましたから、東京のマンションで一緒に住んでいたんです」

妻と離婚しないまま、姪と同居する。中村のやることは聞けば聞くほど謎だった。

よねは、最後にこんなことを言った。

「テルアキは皆さんが寄ってたかって食い殺したな、という気はしますね。親戚じゅうが、能力ある者に皆でぶら下がってね。美空《みそら》ひばりと同じですよ（笑）」

——沖縄の門中意識の悪いところですね。

「ええ、別の見方をすれば、あの戦争で生き残れただけでもよかったのかもしれませんが……。戦争中は斥候兵《せっこうへい》として使われたみたいですよ。人が死んでいるのも随分見たり。

だから家のなかには赤いものを置いてくれるな、と言ってました。赤い色は血を思い出すんでしょう。沖縄観光のお客さまが来てもひめゆりの塔に案内するなんてことはとてもできない、と言ってました。案内役はいつも私にさせていました」

よねの話は大宜味村の事件や、その後の謎めいた事件を解明する直接の手がかりにはならなかった。だが、中村晄兆という人物の内面を知る上では、大きなヒントになった。

明治の琉球処分が名門の仲村渠家の没落の始まりだったこと、家が貧しく親戚じゅうで優秀な中村に頼ったこと、沖縄戦で幼い中村の精神が深く傷ついたこと……。それらのことを考えあわせると、中村の謎に満ちた四十六年の短い生涯そのものが、戦後沖縄の治癒不能なトラウマの軌跡だったといえなくもなかった。

よねに会った翌日、中村の故郷の今帰仁村を訪ねた。

今帰仁村は、沖縄本島北部の本部《もとぶ》半島の突端にあり、那覇から車で三時間近くかかる。隣の本部町は、沖縄海洋博会場跡地につくられた美ら海《ちゅらうみ》水族館などを訪れる観光客で賑《にぎ》わっていたが、今帰仁村に人影はほとんど見当たらなかった。

眩《まぶ》しいほどの常緑樹に覆われた集落は、道に落ちる木々の影ばかりが濃い、南国の田舎の雰囲気を強くにじませていた。あたりの風景はどれも濃淡がくっきりして、目に痛いようだった。

沖縄の難読地名として、勢理客《じっちゃく》（浦添市《うらそえ》）、大工廻《だくじゃく》（沖縄市）などと並んで必ず例に挙げられる今帰仁は、糸満、宮古とともに沖縄三大美人の産地といわれる。

中村のことを知っていそうな関係者を探すため、まず役場に行った。玄関先にハイビスカスの花が咲く木造の役場は土曜のため、当直の女性が一人いるだけだった。役場の建物はセピア色の古きよき時代を感じさせて、沖縄映画のセットのようだった。当直の女性は、親切に心あたりのところに電話連絡してくれた。その結果、村には中村の従兄弟《いとこ》、実妹、それに中村と一緒に軍作業をやった人物がいることがわかった。

最初に中村の従兄弟の家を訪ねることにした。白い一本道の両側にパイナップル畑が広がるだけの単純な風景は、初めてこの村を訪ねた者の方向感覚をかえって狂わせた。

ある民家で道を尋ねると、庭で立ち小便の途中だった六十年配の男が、そのままの恰好で振り返り、目的の家を教えてくれた。そんな田舎者丸出しのふるまいとは対照的に、振り向いた顔だちはハッとするほど彫りが深く、スペイン人を思わせた。

東シナ海に臨んで異国人の渡来が容易な今帰仁は、やはり混血の美男美女の特産地らしかった。日本人離れしたイケ面老人から聞いた家を訪ねると、従兄弟は野良仕事に出ているらしく留守だった。仕方なく近所の南欧風リゾートホテルに勤める従兄弟の息子を訪ねた。だが彼が言うには、早くに東京に出た中村についてはほとんど何も知らないとのことだった。

同じ集落に住む中村の実妹にも会ったが、近所の畑で作ったウコンを仕分け作業中の実妹夫婦からも、同じ理由でこれといった話は出なかった。

中村の幼なじみからも、中村家は土地がなかったため、海に潜って蛸《たこ》捕りをして生計を立てていた、といった程度の話が出ただけで、中村にまつわる一連の事件については何も知らなかった。

そんななかで、渡久山祐弘《とくやまゆうこう》という村会議員だけは、中村がらみの謎の事件の一端を知っていた。

渡久山は「摩文仁の崖の下の方から人のうめき声が聞こえて、救出されたと聞いています。何でも崖の途中の木にひっかかっていたとのことでした」と言った。

中村とは竹馬《ちくば》の友で、軍作業も一緒にやったことがあるという渡久山は、そう言う一方で、大宜味村の事件で逮捕された四人組は、中村と同じ今帰仁の運天《うんてん》地区の生まれだが、彼らと幼なじみだった中村は、あの事件には絶対絡んでいない、と断定した。

「私はあの事件で捕まった犯人四人を知っています。全員この近所に住んでいました。主犯格の男はいかにも強盗をやりそうな雰囲気のやつでした。非常におとなしかったテルアキとは、まったくタイプが違っていたし、親しくもありませんでした」

――では立法院議員時代の上京中の失跡事件や、摩文仁の崖からの転落事故、そして最期の変死は、どう理解されますか。私には中村氏が大宜味村の事件に何らかの関係を持っていて、それが影を落としているような気がしてならないんです。

南国の光が眩《まばゆ》い庭先で取材に応じた渡久山は、私の見方をきっぱりと否定した。

「あれは沖縄の政治の世界に若くして入り、急速に伸びて行くのを、出る杭《くい》は打たれるの喩《たと》え通り、寄ってたかって潰《つぶ》されたんだと思います。失踪事件も摩文仁の事件も最期の変死も、大宜味村の強盗事件と関係があったとは思いません」

結局、今帰仁では中村と事件の関係を窺《うかが》わせるこれといった情報は得られなかった。紺碧《こんぺき》の海と白砂がきらめくこの村で聞こえてきたのは、むしろ否定的な意見ばかりだった。

今帰仁から那覇までの帰路、浦添《うらそえ》に立ち寄った。中村の親類から、浦添に中村晄兆の実兄の恭典の未亡人が住んでいると聞いたためである。そこに当たれば、中村が変死したとき、中村と同居していたと新聞に書かれた姪の神谷サト子の手がかりがつかめるかもしれない。

浦添市の密集住宅地にある家を訪ね、中村恭典の未亡人に神谷サト子の消息について尋ねると、思わぬ答えが返ってきた。サト子は息子の嫁だという。ということは甥《おい》と姪が従兄弟同士で結婚したことになる。サト子は近所の弁当屋に仕事に出かけているという。

そこに案内してもらい、サト子に会った。サト子はもう五十五歳になるはずだが、沖縄出身の女性らしく、年齢よりはずっと若く見えた。

――神谷さんは中村さんの事務所で働き、同居もしていたそうですが。

「働いたといっても電話番みたいなもんです。同じ所には住んでいましたが……」

エプロン姿のサト子は働く手を休め、沖縄名物の香片茶《さんぴんちゃ》でもてなしてくれた。だが、不意の客からの不躾《ぶしつけ》な質問を迷惑がっているのは明らかだった。

サト子は大宜味村の事件も上京中の失踪事件も知らないと言った。とはいえ、彼女が真実を語っているかどうかは最後まで疑問だった。沖縄の門中意識の強さが、そう答えさせただけなのかもしれなかった。中村の妻のよねは、その門中意識に排除された被害者だったのかもしれない。サト子に会ってそんな感想も浮かんだ。

親友の弁護士と未亡人に会い、故郷を訪ねて親類の話も聞いた。後に残された手がかりは、よねが言ったジミーベーカリーの創業者とスカリーなる男に会うことだった。

現在、沖縄県内に十八店舗の食品惣菜《そうざい》専門スーパーを構え、年商二十八億円をあげるジミーベーカリーは一九五六（昭和三十一）年に創業された。同社を興した稲嶺盛保《いなみねせいほ》は本土ではほとんど知られていないが、沖縄戦後史のなかでは隠れた立志伝中の人物となっている。

一号店は沖縄本島を南北に結ぶ大動脈の国道五八（ごっぱち）号線沿いの宜野湾市大山《おおやま》にあり、本社を兼ねている。食欲をそそるアップルパイやローストビーフが整然と並べられた店内は、「アメリカ世《ゆー》」時代の活力ある沖縄を感じさせ、六〇年代のアメリカの若者の青春を描いた映画「アメリカン・グラフィティ」の世界にまぎれこんだようだった。

一九三〇（昭和五）年那覇生まれの稲嶺は、沖縄敗戦の直前、食料欲しさのため、名護近くの羽地《はねじ》の米軍基地で食器洗いのボーイとして働いた。郷土防衛の「護郷隊《ごきょうたい》」の連中からは米軍のスパイ視され、自分の死体を埋める穴まで掘られて殺されかかったこともあった。

戦後はそのまま米軍基地に残り、ドライバーとして働いた。ジミーというニックネームは、この時代につけられた。

最初、車を使った雑貨の移動販売は、店を構えてデリカテッセン（惣菜）を扱うようになり、ジミーの店の手づくりアップルパイはやがて沖縄に欠かせない味と評判になった。業績は順調に伸び、ジミーベーカリーは、いまや戦後沖縄の一つの食文化を代表するシンボル的存在にまでなっている。

思わぬ付加価値もジミーベーカリーのブランド化に一役買った。ジミーの店の近所には芸能界入りする前の南沙織《みなみさおり》が住んでおり、愛称シンシアの彼女がハイスクール時代よく通った店だった。この話は、南沙織フリークの間では神格化されたエピソードとして都市伝説化している。

テンガロンハット姿の稲嶺とはジミー店内のコーヒーショップでのインタビューとなった。少し英語訛りのあるイントネーションが、稲嶺のこれまでの人生を語っていた。

――亡くなった中村晄兆さんと親しかったそうですね。

そう尋ねると、稲嶺は「よく知っているよ。ただ私の仕事と彼を結び付けてほしくないな。触らぬ神に祟《たた》りなしだよ」と言って笑った。

稲嶺は明らかに何かを知っている口ぶりだった。案の定、中村の周辺で起きたさまざまな謎めいた事件と、これに対する私の見解を述べると、稲嶺は一々《いちいち》頷《うなず》いた。

稲嶺の意味深な態度は、大宜味村の事件を扱った嘉手苅らの元刑事たちが、事件と中村の関係を匂《にお》わせた思わせぶりな言動と共通する印象があった。

しかし、稲嶺が中村とはもう関わり合いになりたくないと言っている以上、中村に関する質問をこれ以上つづけるわけにはいかなかった。

稲嶺は中村について、最後に「あれはあんまりいい印象の人間じゃなかった」とまた含みのあることを言った。

――ところで、スカリーさんという人をご存じですか。やはり中村晄兆さんと親しかった人で、ジミーの店の前にあったピザハウスでよく会っていたそうですが。

「スカリー？　ああ島繁勇のことね。うちの店の前のピザハウスは彼の貸家だった。彼は今帰仁の近くの屋我地島《やがじ》の生まれで、中村とは三中で一緒じゃなかったかな。彼はジュークボックスを何百台と持っていて、いろんな店に貸していた」

中村よねから聞いたスカリーが、弁護士の西平から話が出た中村の政治的スポンサーの島繁勇と同一人物だったとは、ジミーの話を聞くまで想像すらしなかった。

——島さんも米軍で働いていたんですか。

「そうです。でも彼に会っても喋らんでしょうね。あまりいい話じゃないし」

そんな気になる台詞を聞いた以上、よけい島に会わないわけにはいかなかった。稲嶺と別れた後、島が経営する島産業不動産がある那覇市安里《あさと》の高級住宅街に向かった。だが、事務所は見当たらず、かわりに立派な邸宅の前に、元外務大臣の中山太郎《なかやまたろう》によく似た顔だちの老人が太いステッキをついて人待ち顔で立っていた。

それがスカリーこと島繁勇だった。私の訪問を予期していたような島の唐突な出現に、私は妖術《ようじゅつ》でもかけられたように、その場に立ちすくんだ。数日前の電話では、脳梗塞で療養中だと言っていたが、病みあがりには見えず、口舌《くぜつ》もはっきりしていた。人品卑しからぬ風貌といい、仕立てのいい背広といい、私が来るのを物陰からじっと窺ってい たような風情《ふぜい》といい、どこか現実離れしていて、白昼夢でも見るようだった。

島はアップルパイで成功した稲嶺と同様、ジュークボックスで大儲けし、戦後オキナワンドリームの主人公になった。だが島の周囲には、そんな型通りのサクセスストーリーとはおよそ不釣り合いの、どこか秘密めいた雰囲気が漂っていた。中村より二歳年上の島は、中村と同じ三中に通い、軍作業では、配車係の中村と勝連《かつれん》半島突端のホワイトビーチの米軍施設で一緒に働いた仲だった。

――へんなことを聞きますが、なぜ島さんはスカリーっていうんですか。

島はこの質問に付随して「本名も島袋《しまぶくろ》の係官が付けてくれたんです」

「軍作業時代、スコットランド出身の係官が付けてくれたんです」

島はこの質問に付随して「本名も島袋《しまぶくろ》から島に変えたんです」と言った。

島にも稲嶺と同様、大宜味村の強盗事件から失踪事件、摩文仁の崖からの転落事故、そして最期の変死についてひと通り尋ねた。だが、答えは聞く前から大体想像がついていた。島の答えはどれも、私の疑問を満足させるものではなかった。

私は中村の疑惑を追求するあまり、とんでもない勘違いをしていたのだろうか。それとも逆に、中村の関係者は全員口裏を合わせて中村の潔白を証明したのだろうか。思いは千々《ちぢ》に乱れた。

だが、それ以上問おうという気持ちには、正直もうなれなかった。中村の謎めいた人生を追って浮かび上がった矛盾自体が戦後沖縄が辿った道筋の困難さをありのままに語っているような気がした。

中村晄兆の人生には、琉球処分後の沖縄の歴史と、戦後沖縄がもたらした精神的荒廃がそのまま語られていた。中村の友人のジミー稲嶺とスカリー島の人生には、それとは対照的に「アメリカ世」の幸福感が、一瞬の輝きとなって照り返していた。

中村よねは沖縄の門中意識の前に躓き、姪の神谷サト子は門中意識の前に沈黙した。すべて、沖縄について書かれた本では知ることができない世界だった。

中村晄兆の謎めいた人生を追って沖縄じゅうを走り回ったこの取材で、私はもう一つの沖縄を、この目で見、この耳で聞いた。それ以上の事実を知る必要がどこにあるだろう。

謎は謎として残った。だが、このファクトファインディング（事実探索）行は不思議な充実感があった。私にとってそれは中村の謎を追求する以上に、その行程自体が知られざる沖縄を全身で実感できたかけがえのない旅となった。

II

沖縄アンダーグラウンド

エ德洋服店

花街・映画・沖縄空手

沖縄は空手の島である。沖縄で空手が発達を遂げたのは、島津《しまづ》藩の徹底的な禁武《きんぶ》政策のためだった。一六〇九（慶長十四）年、三千の兵力で琉球王国を制圧した島津藩は、琉球《りゅうきゅう》の反乱を恐れ、琉球人たちが武器を持つことを許さなかった。

銃剣にかわる自衛手段として、朝貢《ちょうこう》国の中国で生まれた拳法を取り入れて完成した琉球独自の武術が、沖縄空手だった。沖縄空手は島津藩の藩兵に洩《も》れぬよう、一子相伝《いっしそうでん》の秘術とされた。その伝統は現在も受け継がれ、沖縄各地の空手道場では小林《しょうりん》流、剛柔《ごうじゅう》流、少林寺《しょうりんじ》流など多くの流派が技を磨いて競い合っている。

古来琉球武士のたしなみとされた空手は、全島焦土と化し、人心が荒廃した戦後の沖縄にあって、失われたアイデンティティーを取り戻す恰好《かっこう》の武器となった。

腕に覚えのある若者たちは、争って空手道場に通い、街頭で不良米兵らと喧嘩《けんか》を繰り返すことで、さらに腕に磨きをかけた。こうして「男」をあげていったストリートファイター系の不良少年グループが、〝戦果《せんか》アギヤー〟をルーツとする「コザ派」とは別系統のヤクザ集団の「那覇《なは》派」を発生させる揺籃《ようらん》となった。

米軍基地の略奪を稼業とする〝戦果アギヤー〟と、わがもの顔の島津藩士にかわり戦後沖縄を蹂躙《じゅうりん》した不良米兵から身を護《まも》るための「実戦空手」。沖縄ヤクザの二つのルーツには、この島の不幸な歴史が脈々と受け継がれている。

沖縄空手について語るとき、必ず引き合いに出される伝説めいた人物がいる。〇一年六月、八十九歳で死去した宮城嗣吉《みやぎしきち》という男である。首里《しゅり》で生まれたことから、別名スヤー（首里）サブローと呼ばれた宮城は、沖縄史上最強の空手家といわれた。

彼の人となりについては、『スヤーサブロー　宮城嗣吉物語』（船越義彰《ふなこしぎしょう》著・沖縄タイムス社）という評伝に詳しい。この本は、全編空手修行と喧嘩の明け暮れしか書かれていない〝空手バカ一代〟ともいうべき奇書である。

同書のなかに、二十代の頃に空手のポーズをつけた宮城の半裸姿の写真が載っている。胸板は厚く、腕は筋骨隆々として丸太のように太い。全身は鋼《はがね》のように鍛えあげられている。

宮城嗣吉の人生に興味を持った私は、那覇市内で宮城嗣吉の息子に会った。腹違《はらちが》いの兄も一緒だった。二人とも宮城の血を引いたのか、男でも惚《ほ》れ惚《ぼ》れするほどの美丈夫《びじょうふ》である。

兄弟二人がこもごも語る宮城嗣吉像は、聞きしに勝る怪物ぶりだった。

——沖縄史上最も喧嘩が強かったそうですが、女性関係も派手だったようですね。

兄 すごかったですね（笑）。東京に行くと、赤坂の東急ホテルを一年間借り切って、毎晩、女をとっかえひっかえしていたと聞いてます。

——失礼ですが、お二人はご兄弟ですけれども、お母さんは違うわけですか。

兄 はい、七名とも違います。全員、沖縄人《ウチナーンチュ》です。

——えっ、七名？　お母さんが七人いたということですか。

兄 私ら兄弟は七名の腹からみんな別々に出てるんです。

——はあ、それはすごい。で、お子さんは何人生まれたんですか。

兄 戸籍に入っているだけで、十三人です。

——その十三人の子どもたちはそれぞれ七人の女性から生まれたんですか。

兄弟 そうです（爆笑）。

兄 やりたい放題のことをやって死にました（笑）。

——羨《うらや》ましい限りの人生です。精力絶倫の秘訣《ひけつ》は何だったんですか（笑）。

弟 うふふふ。それはわからんです。本人でないと（笑）。

——あははは。ところで、喧嘩の現場は見たことがありますか。

兄 ありません。ただ、鍛錬しているところは何度も見ています。二十五キロのバーベルを人さし指と中指ではさんで持ちあげるんです。

――えっ、人さし指と中指でですか。

兄　ええ、われわれがやっても、絶対に持ちあがりません。

――そうでしょうね。それは、結構年をとられてからもやっていたんですか。

兄　若いときですね。六十代の頃です。

――ちっとも若くない（笑）。

兄　海軍に入ったとき、上官に「この艦隊でいちばん力の強い男を出してください。で、私の首を曲げてみてください」と言ったそうです。

――えっ、首を？

兄　いくらやっても親父の首は曲がらなかった。すると今度は「いちばん体重の重い人を出してください」と言って、うつぶせになり、ふくらはぎの上にその体重のいちばん重い人を乗せ、足と腰の力だけで持ちあげたそうです。

――すごい！　まさに化け物だ。

兄　戦時中、波之上《なみのうえ》にも大砲があったんですが、三人がかりでも持てない大砲を、親父はひとりで持ちあげたそうです。

戦時中、要塞《ようさい》が築かれた波之上は、那覇で最も早く開けた盛り場である。隣接する旧辻遊廓《つじゆうかく》は、女だけの自治で運営された世界にも類のない花街だった。辻にはかつては三千人もの美妓《びぎ》が住み込み、通りには三線《さんしん》の音色と脂粉《しふん》の匂《にお》いが絶えなかった。戦前の沖縄風俗を象徴する文化財といわれた辻遊廓には、宮城も若い頃よく出入りした。

辻の遊女は、尾類《ジュリ》の名で呼ばれた。語源は、女郎《じょろう》がなまったものとも、敵娼《あいかた》が「這いずりまわる」ところからきたものともいわれるが、尾類という語感は妙に艶《なま》めかしい。

波之上と辻一帯は、いまはソープランド街にすっかり変貌《へんぼう》してしまった。だが、往時の遊廓の名残《なごり》をとどめる料亭が、いまも辻に一軒だけある。琉球舞踊のショーを楽しみながら本格的琉球料理が味わえる高級料亭の「松乃下《まつのした》」は、米軍統治下の一九五六（昭和三十一）年に公開されたマーロン・ブランド主演のハリウッド映画「八月十五夜の茶屋」のモデルになったことでも知られる。先頃他界した根上淳《ねがみじゅん》も、この映画に出演している。

その店の女将《おかみ》だった上原栄子《うえはらえいこ》は、すでに亡い。「八月十五夜の茶屋」では京《きょう》マチ子が演じた彼女についてここでふれるのは、本土ではほとんど知られていない宮城と同様、沖縄現代史を語る上で欠かせない存在だからである。

那覇空港が開港した戦前の一九三五（昭和十）年、辻を代表して記念式典に招かれた上原は、この島の景色を上空から眺めた初の沖縄女性となった。

一九三三（昭和八）年、十八歳の上原栄子を撮った木村伊兵衛《きむらいへい》の写真がある。沖縄風に結った髷《まげ》は匂い立つばかりで、浅黒い肌、濃い眉《まゆ》の下のつぶらな瞳《ひとみ》は、男心を誘ってやまない。野生動物を思わせる官能的なまなざしには、危険と蠱惑《こわく》が同居している。宮城嗣吉が〝男をあげる〟ため空手に没頭した沖縄男の代表なら、辻遊女の上原栄子は〝女の性《さが》〟に身も心もゆだねた沖縄女性の代表だった。上原には、『辻の華―くるわのおんなたち』（時事通信社）というベストセラーになった自伝がある。

私は四歳のとき、「尾類ぬクーガー（遊女の卵）」として、辻遊廓に売られました。病気の母の治療費に困り果てた父が、私を仔豚《ウーグワー》のようにモッコに入れて、一楼の主である抱親《アンマー》様のもとへ担いで行ったのです……

彼女は戦時中、辻では御法度《ごはっと》とされていた道ならぬ恋に溺《おぼ》れた。相手は沖縄に派遣中の日本軍将校だった。その煽情《せんじよう》的な交情のくだりは、異色の映画俳優として知られた殿山泰司《とのやまたいじ》が『日本女地図』のなかに書いた沖縄女編の「ちょっと息を吹きかけただけですぐにもう昂憤《こうふん》する、沖縄女の世界一の感受性」を目の当たりにするようである。

自分の楼で逢《あ》うこともできない不義者の男と女は、糸満《いとまん》の宿屋で落ち合い、密通を重ねることになりました。太陽が燃えたぎり、石粉《イシブー》を敷いた白い道が目に痛い沖縄の夏、私は二人で食べる重箱を持って、糸満に通いました。

目立たぬよう白粉《おしろい》もつけない顔でしたが、目は輝き、唇は紅《あか》く濡《ぬ》れておりました。きびしい辻の義理、恥を忘れ、辻姐の品位も失ってしまいました。

三日三晩、初めて知る性の境地に、私は絶叫し、悶絶《もんぜつ》しました。背が高く、コリコリした筋肉質の男に、本当の性愛がどんなに熱く烈《はげ》しいものかを教えられたのです。三日目の晩、空っぽになった自分の身体をひきずるようにして、私は辻へ戻りました……

彼女は戦後、米国民政府の高官と結婚し、「松乃下」は沖縄で初のAサイン証書授与の店となった。Aサインとは、米軍御用達というお墨付きの印である。遊女あがりの上原はこれ以降、女実業家として扱われるようになった。

この経歴は、宮城の戦後の足取りとよく似ている。

——宮城さんは辻遊廓でも艶福家《えんぷくか》として有名だったようですね。

兄　ええ、艶聞《えんぶん》だらけです。なにしろ破天荒な人でしたから。

——それで、家族がバラバラになっていないところが、またすごい。

弟　親父は子どもに関してまったくわけへだてしませんでした。

——戦後は映画の世界に入り、興行許可の第一号を受けている。映画興行の世界は特殊ですから、当然、アウトローの人たちとの付き合いもあったんでしょうね。

兄　それはありましたね。

――沖縄には沖縄旭琉会《きょくりゅうかい》と三代目旭琉会という二つの指定暴力団があります。前者の会長は富永清《とみながきよし》、後者の会長は翁長良宏《おながりようこう》です。彼らとも親交があったんですか。

兄　ありました。

――暴力団ではもう一つ、東声会《とうせいかい》の沖縄支部があります。会長は〇五年二月に八十三歳で亡くなった宜保俊夫《ぎぼとしお》です。宜保と宮城さんには、多くの共通点があります。まず空手がメチャクチャに強かったこと。戦後、「沖縄四天王」のひとりに数えられる立志伝中の人物の大城鎌吉《おおしろかまきち》がつくった琉球映画貿易（琉映貿）に入り、同社の社長になったことも、宮城さんと瓜《うり》二つです。宜保とも親交があったんでしょうね。

兄　ありましたね。

――東声会の沖縄支部に所属していた暴力団幹部から直接聞いた話ですが、彼が宜保の子分になる親子固めの儀式は、首里の宮城さんの家でやったそうです。

兄　はいはい、そうです。

――首里の家はもうないんですか。

兄　バブルでいろいろありまして（笑）。もう売却しました。二千五百坪ありました。

あとで宮城嗣吉が住んでいた首里の邸宅跡地を訪ねると、敷地には雑草が生い茂り、マンション建設予定の看板が立っていた。那覇市内が一望できる素晴らしい立地だった。

——二千五百坪！　はあ。ところで、宮城さんはどこかの組から盃《さかずき》をもらったことはなかったんですか。

兄　それはありません。トラブルを回避させるため、仲介したということはありましたが。うちの親父は、たいてい仲裁役でした。

伝説の空手家にして、希代《きたい》の色事師。男冥利《みょうり》に尽きる人生をまっとうして瞑目《めいもく》した宮城嗣吉が米軍から注目され、実業界入りするチャンスをつかんだのは、沖縄戦末期の米軍捕虜時代だった。

沖縄タイムスに連載された「私の戦後史」のなかで、宮城は糸満市の壕《ごう》から投降して米軍の捕虜になったときのことを次のように回想している。

〈壕は、すでに米兵に包囲されている。四、五台のトラックからドラムかんをつぎつぎと降ろす。わけを聞くと壕内にガソリンを流し、攻撃してくる日本兵を焼殺するという。（中略）「その攻撃は待ってくれ、壕の中には川が流れ、下流には千数百人の避難民がいる。非戦闘員が焼殺されるから、攻撃をやめてほしい」と懇願した〉

事情を聞き入れた米軍の中尉は、宮城らに「壕へ入って投降勧告する勇気ある者はいないか」と尋ねた。宮城が志願すると、中尉は「殺されても米軍は関知しない」と念を押した。宮城はそれを承知で「覚悟の上です」と言って、その仕事を引き受けた。

この決死の救出作戦はみごと成功し、沖縄戦末期の米軍の宣撫《せんぶ》工作隊を買って出た宮城嗣吉の名前は、勇気ある沖縄人として米軍内にまたたくまに広がっていった。

捕虜収容所から解放後、宮城が米軍政副長官の身の回りの世話をするハウス・マネージャーに抜擢《ばってき》されたのは、アメリカ人を感激させるそんな印象的な出来事があったためだった。

米軍からトラックを無償貸与され、全島フリーパスという最高の待遇を受けた宮城は、その好機を見逃さなかった。

宮城は捕虜収容所時代に見たアメリカ映画が忘れられず、映画興行に興味を持つようになっていた。上司の副長官に早く映画事業を許可するようにと陳情すると、思わぬOKが出て、十六ミリの映写機とフィルムが貸与されることになった。

宮城はそれを担いで沖縄各地の難民収容所の慰問《いもん》に回った。この巡回上映が、戦後沖縄の映画上映の黎明《れいめい》となった。

宮城はアウトロー世界の住人ではなかったが、息子たちの証言からみて、その周辺にいたことは間違いない。このグレイゾーンともいうべき独特の立ち位置は、沖縄の空手界で、強さでは宮城と双璧《そうへき》といわれた前述の冝保俊夫が置かれた立場と酷似している。

宜保は戦後、東声会《とうせいかい》（東亜友愛《とうあゆうあい》事業組合）会長で、山口組《やまぐちぐみ》三代目組長の田岡一雄《たおかかずお》と義兄弟の契《ちぎ》りを交わした町井久之《まちいひさゆき》こと鄭建永《チョンゴンヨン》の盃を受け、同会の沖縄支部をつくって会長のポストに就いた。

その一方で、映画興行会社の琉映貿《りゅうえいぼう》（現・琉映）社長となり、沖縄の玄関口の那覇空港ターミナルの相談役として同社を死ぬまで牛耳《ぎゅうじ》った。那覇商工会議所の監事でもあった宜保が沖縄県民に見せたのは、もっぱら実業家としての顔だった。

宜保については、「緋牡丹博徒《ひぼたんばくと》」や「仁義なき戦い」など数々のヤクザ映画の脚本を手がけた笠原和夫《かさはらかずお》の『昭和の劇』（太田出版）のなかでも、鮮烈な印象を残す人物として語られている。

笠原は、インタビュアーの荒井晴彦《あらいはるひこ》（シナリオライター）とのやりとりのなかで、宜保に会ったときの印象を次のように語っている。

〈荒井　宜保さんという人は、ホンでは小波本《こはもと》という役名ですね。愛国同盟沖縄支部長で空手道場の主という設定になっていますけど。

笠原　この人に会ったんですけど、凄いですよ。そんなに体はでかい人じゃないんだけど、何人か空手で殺しているんですよ。人を殺した人間っていうのは目の色が鉛色なんですね。睨《にら》んでいるんじゃないんだけど、人の顔をジーッと見てるんで

す。その目つきの怖さといったらね、震えあがりますよ〉

　人を殺した人間の目は鉛色になる。本当かどうかわからないが、いかにも本当らしいと思わせるところが、ミソである。さすが数多くの東映ヤクザ映画の脚本を手がけてきた笠原ならではのアドレナリンを噴出させる台詞《せりふ》である。

　ここで話題となっているホンとは沖縄ヤクザ抗争を実録タッチで描いた「沖縄進撃作戦」のことである。この作品は当時東映の社長だった岡田茂《おかだしげる》の「このホンは映画にできんぞ」というツルの一声で製作中止となった。

　しかし翌年、笠原の脚本をほとんど換骨奪胎《かんこつだったい》し、中島貞夫《なかじまさだお》の監督、松方弘樹《まつかたひろき》、千葉真一《ちばしんいち》、梅宮辰夫《うめみやたつお》らの出演で「沖縄やくざ戦争」としてリメイクされた。

　ただしこの映画も、宜保が置かれた沖縄での微妙な立場に配慮して、沖縄での公開は見送られた。一度ボツになった後、再製作された作品まで現地公開を控えた映画は、恐らくこの「沖縄やくざ戦争」くらいのものだろう。

　この挿話に、沖縄の裏社会における宜保の隠然たる支配力が、端なくもあぶりだされている。ちなみに、笠原の脚本を〝政治的判断〟でボツにした岡田茂は、宜保の葬儀で友人代表をつとめた。

　宜保の空手の師匠となったのは、沖縄民警（ＣＰ）の空手教官、那覇市議会議長などを歴任し、一九九四年に八十四歳で鬼籍《きせき》に入《い》った比嘉佑直《ひがゆうちょく》という男だった。

比嘉が沖縄空手界の重鎮《じゅうちん》として君臨していた頃、〝牛殺し〟で有名な極真空手の大山倍達《おおやまますたつ》が訪ねてきたことがある。

「ためし割りを見せてほしい」という大山の要請に、比嘉は数枚の杉板を門弟に持たせて後ろ向きに立ち、左足を引いて振り向きざま真っ二つに割った。そのすさまじい破壊力に、大山は色を失ったという。

比嘉の三回忌を記念して刊行された『究道無限』という本のなかに、宜保が寄せた一文がある。

〈私が先生に入門を許されたのは、昭和十八年、國場組《こくばぐみ》の小禄《おろく》飛行場（現在の那覇空港）工事現場事務所勤務で、有給休暇中のことである〉

戦時下の緊迫した空気のなかで、宜保があえて「有給休暇」を申し渡されたのは、國場組の工事現場で、気の荒い労務者相手に喧嘩三昧《ざんまい》を繰り返していたためだった。

〈それが現場中の問題となり、私が現場に姿を見せると落ち着いて作業ができないので、辞めさせるようにと苦情や要求が支配人に寄せられ、その結果、支配人公認

で給料は払うからと自宅待機を命ぜられ、出勤禁止となったのである〉

この時代、宜保は宮城嗣吉の謦咳《けいがい》にもふれている。宮城はこの当時、小禄飛行場海軍施設部に勤務していた。

宜保は前掲の文章のなかで、空手の達人の宮城先生は少年の頃から憧《あこが》れの的で、いまでも尊敬する大先輩としてお付き合いさせていただいている、と述べている。

スヤーサブローの名前は那覇では戦前から鳴り響いていた。あるとき宜保は、波之上の遊興場から、三人の青年と口論しながら出てきた宮城を見かけたことがある。喧嘩になった瞬間、宮城は目にもとまらぬ速さで三人を打ちのめした。その一部始終を目撃した宜保は、後に「こんなに強い人がいたのかと驚嘆した」と周囲に語っている。

「有給休暇」で時間を持て余した宜保は、辻遊廓を徘徊《はいかい》し、毎晩のように「カキエー」を重ねた。「カキエー」とは理由もなく喧嘩を売ることである。

当時は、素手の喧嘩に関しては警察もかなり寛容だった。これはと思う相手を見つけては喧嘩を売って、〝戦歴〟をあげる宜保の名前は、いつしか恐怖をもって語られるようになった。

〈しかし、同時に悩みも出てきた。それは戦歴を重ねる度に増してくる仕返しの恐怖である。私は護身のため、自己流ではあるが暇があれば仮想敵を想像して攻防の動作運動をする謂《いわ》ゆる「シャドウボクシング」に明け暮れた〉

宜保が比嘉佑直道場に晴れて入門が叶《かな》ったのは、その頃だった。最初「辻の不良は入門させせない」と言っていた比嘉が折れたのは、宜保と親しい門下生が説得を重ねたためだった。宜保はその日から比嘉道場に泊まり込み、猛練習に励んだ。

〈その間、私は辻町を徘徊しながら沖縄青年、軍人、軍属の差別なく相手を物色し、挑戦した。先生から「一日一回は必ず喧嘩をするように」と言われていたのである〉

宜保の父親は那覇署に勤める警察官だったが、酒に酔ってドブ川にはまり、若くして亡くなった。宜保は、戦争中は輸送船に乗り、南方戦線への補給活動をつづけた。ソロモン諸島沖を航海中、米潜水艦の魚雷攻撃を受けて撃沈され、東シナ海を漂流しているところを友軍の船に救助され九死に一生を得た。

台湾で終戦を迎えた宜保は、復員後、大城組を創業した大城鎌吉の運転手となり、大城が興した映画興行会社の琉映貿内でめきめき頭角を現していった。

その頃から行動右翼を自認していた宜保はそれとは別に、沖縄初の民族派団体「誠《まこと》会《かい》」を旗揚げした。

その結成の過程で「死に場所を求めて」面会した児玉誉士夫《こだまよしお》から紹介されたのが、東声会会長の町井久之だった。児玉は親交の証として宜保に日本刀をひとふり贈るとともに、町井と宜保に縁組の盃を交わさせた。

だが、宜保の表の顔はあくまでも〝実業家〟だった。仕事の合間には自家用クルーザーで沖縄の県魚グルクン釣りを楽しむ宜保に、そんな優雅さからは想像できない裏の顔があることを知る者は少なかった。

ひとり息子にも稼業は継がせず、軍人志望の韓国やタイの留学生らと一緒に、パスポートがまだ必要な復帰前の沖縄から開校したばかりの防衛大学を受験させ、卒業後は海上自衛隊に進ませた。

こうした経歴を知るにつけ、宜保への興味はいやでも募った。宜保俊夫を中心とした宜保家三代の歴史は、まさに沖縄版ゴッドファーザーの物語である。

沖縄の本当の戦後史を書くには、沖縄社会の裏も表も知り尽くした宜保の証言は不可欠だった。その旨を認《したた》めた手紙を送ったが、すぐさま配達証明付きで断りの返事がきた。和紙に筆文字のワープロで打たれた手紙には、こう書かれていた。

〈冠省《かんしょう》　さて、此《こ》の度貴殿《きでん》申し越しの主題については社会的には既に忘却された過去の事象であり、記憶も定かでなく、且《か》つ私自身及び子や孫の名誉や社会的信用にも影響を及ぼす懸念もあり、面談願いの件、誠に恐縮ですが堅く御断り申し上げます〉

それでも諦《あきら》めきれず、那覇の国際通りから少し奥に入った桜坂の琉映本社や、辻に隣接する若狭《わかさ》の自宅を訪ねたが、いずれも入院治療中を理由に面会は叶《かな》わなかった。

宜保は手紙を出してから約一年後の二〇〇五年二月一日、膵臓《すいぞう》ガンで死去した。享年は八十一歳だった。それから約ひと月後、若狭の自宅に花を持って訪ね、せめてお線香くらいあげさせてくださいと告げると、年配の未亡人が現れ、意外なほど簡単に家のなかに入れてくれた。ちなみに宜保夫人は沖縄電電公社初の女性管理職となった元祖キャリアウーマンである。部屋は几帳面《きちょうめん》な宜保の性格を表すようにきちんと片づき、稼業関係者が暮らした居室の雰囲気はまったくなかった。

遺影にも、幾多の修羅場をかいくぐってきた男の名残のようなものは感じられなかった。未亡人によれば、晩年の宜保は孫と遊ぶのが唯一の楽しみだったという。腕に覚えのある男たちを震えあがらせてきた宜保も、最期はすっかり好々爺《こうこうや》になったということなのか。

その足で桜坂の琉映本社に向かい、宜保の息子で同社社長の勝《まさる》に会うこともできた。しかし、勝はいくら水を向けても父親の宜保については一切語ろうとしなかった。収穫らしきものといえば、防衛大学時代の思い出が聞けたくらいのものだった。

それ以上に印象的だったのは、勝が宜保の息子と思えないほどおとなしいことだった。勝の立ち居振る舞いは、おとなしいというよりおどおどしていた。いまにして思えば、血をわけた息子の勝もまた、いや血をわけた息子だからこそ、父親の宜保を本能的に畏《い》怖《ふ》していたのかもしれない。

宜保の死後、『追想　宜保俊夫』（セイケイ出版）という本が刊行された。約百五十ページの小冊子ながら、宜保の数奇《すうき》な生涯が包み隠すことなく綴《つづ》られている。同書のなかに、宜保と那覇商業で同級生だった男たちの座談会が組まれている。

宜保は幼い頃「トシー」と呼ばれていた。喧嘩の回数ではたぶん「トシー」が世界一だろう。あんな百戦錬磨の実戦空手家はもう二度と生まれない。戦時中は兵隊が「トシー」を心底恐れていた。まるで勝新太郎《かつしんたろう》主演の「兵隊やくざ」のような男だった……

圧巻は、戦後の混乱期に起きた二度の殺傷事件の顚末《てんまつ》である。

宜保は戦後、那覇軍港の整備や荷役作業を任された國場組から腕っぷしと度胸を買われ、血の気の多い連中を現場監督する仕事に就いた。ある夜、不良米兵が女を求めて民間地域を徘徊しているとの情報が入ってきた。宜保が自警団と手分けして米兵を探していると、暗闇のなかでばったり米兵と鉢合わせになった。

米兵は無言のまま隠し持っていたサバイバルナイフで宜保に襲いかかった。宜保は突然の攻撃を左腕で咄嗟《とっさ》に受け、激しい痛みを感じながらも反撃に出た。気がつくと左腕から鮮血が噴き出し、左側頭部の皮膚はナイフの傷で耳の上までめくれあがって血がとまらなかった。米兵はぐったりとなって地面に倒れていた。生死は不明だった。

宜保と四十年近い親交をもち、その聞き取りをもとに同書をまとめた久高則夫《くだかのりお》によれば、米兵のナイフを受けたとき、さすがアメリカのパンチは強烈だと思ったという。

「頭がパカッとあいて、頭の皮が顔までベロッと落ちたそうです。ずっと素手の勝負だけで、凶器を持った相手と喧嘩したことは一度もなかったから、本当にパンチを受けたと思ったという話でした」

宜保はこのときMPに連行され裁判も受けた。結局、正当防衛と判断され、三千円の罰金を払っただけで保釈された。

二度目の事件の喧嘩相手は、酒に酔った沖縄の労務者だった。男はいきなり宜保に襲いかかってきた。宜保がその攻撃をかわして足蹴りにすると、労務者は後ろにふっとび、そのまま動かなくなった。宜保はその場で殺人容疑で逮捕された。

「取り調べのいちばんのポイントは、〝正当防衛か否か〟ということだったそうです。宜保さんは〝蹴り〟よりも〝正拳突き〟の方が攻撃力が強い、従って足蹴りに殺意はなかったと主張して、正当防衛が認められたと言ってました」

後年の宜保の右翼活動については、前述した沖縄県警捜査二課長時代の竹花豊《たけはなゆたか》が書いた〝沖縄暴力団レポート〟の中にも一項が割かれている。

そこには、宜保の呼びかけで結成された「誠会《まことかい》」は、当時激化する教職員組合らの本土復帰、反基地の大衆運動に対抗する目的をもって組織化された行動右翼団体で、同団体は、教職員組合幹部の殺人未遂事件をひき起こした、といった内容が詳しく報告されている。

沖縄教職員組合幹部の殺人未遂事件についてはあとで詳しくふれる。これは本土復帰直前の沖縄社会を激しく震撼《しんかん》させた沖縄初の「右翼テロ」事件だった。右翼団体を立ちあげた宜保は琉球新報と沖縄タイムスという左翼系二大紙に割って入る形で、沖縄第三の新聞社も立ち上げている。これについてもあとで詳しく述べたい。

中村晄兆《なかむらてるあき》という将来を嘱望《しょくぼう》された立法院議員が、東京で謎の失踪《しっそう》をし、沖縄本島南部の摩文仁《まぶに》の崖《がけ》から何者かに突き落とされて瀕死《ひんし》の重傷を負った事件については、前に詳しくふれた。沖縄出身の元国会議員秘書で、沖縄のアングラ世界に最も詳しいといわれる人物によれば、この事件にも宜保がからんでいたという。

「宜保さんは元々、〝沖縄四天王〟の一人の大城鎌吉さんに取り入って頭角を現した経済ヤクザでしたから、復帰前から、東芝や石川島播磨《いしかわじまはりま》、川崎《かわさき》造船など本土の有力企業の誘致に熱心でした。本土の企業誘致には東京と沖縄を頻繁に行き来していた弁護士の中村さんもからんでおり、その問題で中村さんは宜保さんの息がかかったヤクザから追い込みをかけられていた。そして、最後は福岡で死を選ぶほかなかったんです」

宜保の修羅の人生は、まさに沖縄の戦後裏面史そのままだといってよい。

宜保が若い頃〝用心棒〟として雇われた國場組は、米軍基地建設や港湾整備事業で「原資蓄積」した沖縄最大のゼネコンである。

その國場組も、宮城嗣吉が興した沖縄映画興行（沖映）や、國場組と並ぶ大手土建業者の大城組が創業した琉映貿などにつづいて國映興行株式会社を興し、映画興行の世界に進出している。

沖縄の戦後史は、基地建設を成長のバネとした土建屋と、空手を武器とした宮城や宜保ら強面《こわもて》のアウトローたちが結集して立ちあげた露天の映画小屋からはじまった。

インフラも資金も日本からの援助も乏しい沖縄の人間がてっとり早く稼ぐには、暴力と映画と米軍の請け負い仕事、あとは辻遊廓などの売春くらいしかなかった。

宮城と宜保は、陰徳《いんとく》を積んだ点でも共通している。宮城は名護《なご》郊外のハンセン病施設「愛楽園《あいらくえん》」で、毎週無料の二本立て映画の上映会をつづけた。

宜保は「ナビィの恋」で知られる沖縄在住の映画監督・中江裕司《なかえゆうじ》のデビュー作に気前よく二千万円の製作費をポンと提供した。宮城も宜保も、ビジネスライク一辺倒ではない昔気質《むかしかたぎ》な映画人の一面をもっていた。

沖縄ヤクザを描いて最高傑作との呼び声が高い「博徒外人部隊」という東映映画がある。深作欣二《ふかさくきんじ》の監督で、コザ暴動が起きた翌年の一九七一（昭和四十六）年に公開されたこの映画のタイトルバックに、協力＝琉球映画貿易株式会社というクレジットが記されている。

宜保がこの映画にどんな〝協力〟をしたかはわからない。ただ確実に言えるのは、その画面からすさまじいまでの暴力を背景とした、沖縄ナショナリズムへの過激なアジテーションが鮮烈に伝わってくることである。

山口組を連想させる大組織に組を潰《つぶ》された横浜のヤクザ一家が、新天地を求めて、復帰直前の沖縄にやってくる。はじめ、凶暴さをもって鳴る地元沖縄の兄弟ヤクザに敵対されるが、両者はやがて〝男の友情〟を結び、横浜のヤクザ一家を追って本土から乗り込んだ大組織の幹部らと決闘して、最後は双方とも血まみれになって息絶える。

横浜のヤクザ一家の幹部を演じる鶴田浩二《つるたこうじ》の渋い二枚目ぶりや、鶴田に従う暴力団員に扮《ふん》した安藤昇《あんどうのぼる》、小池朝雄《こいけあさお》、室田日出男《むろたひでお》らのふてぶてしい面構えの魅力もさることながら、何よりも素晴らしいのは、地元兄弟ヤクザを演じる若山富三郎《わかやまとみさぶろう》、今井健二《いまいけんじ》の狂気を感じさせる迫真の演技である。

与那原大人《よなばるターリー》の若山も、その弟の狂犬次郎《ジールー》の今井も、口を開けば、「くるすんどー（殺すぞ）」「たっくるせー（たたき殺せ）」と喚《わめ》き立てる。

ここで沖縄は、明らかに本土の支配を容易に許さない反抗と暴力の島として描かれている。冝保は登場人物の誰かに思いを託したというより、この映画製作に協力することで、復帰直前の沖縄から本土に強烈なメッセージを叩きつけたというべきだろう。

冝保が長年根城にしてきた琉映直営の桜坂劇場は、かなりユニークな映画館である。冝保の命令で、無声映画から最新作まで日本の全映画の上映を計画したこともあり、現在は三ホールを擁するシネコンとなっている。上映作品は、東京の映画館でもめったにお目にかかれないディープな映画ばかりである。

冝保を訪ねて最初にそこに行ったのは、まだ本格的なシネコンに衣替えする前だった。小便の臭いが建物全体をうっすら包んだうらぶれた場末の小屋には、主演女優のユマ・サーマンが〝オカナワ〟と発音する日本最南端の島を舞台としたクエンティン・タランティーノの怪作「キル・ビル」がかかっていた。

着流し姿の女博徒に扮《ふん》した中国人女優のルーシー・リューが怪しげな日本語で「やっ

ちまいな」と叫ぶと、梶芽衣子《かじめいこ》が唄う思い入れたっぷりの「怨《うら》み節」をバックに、美少女時代の栗山千明《くりやまちあき》が女忍者に扮して鎖つきの鉄球をぶん回し、正体不明の武道家らが入り乱れての派手な立ち回りがはじまる。

鈴木清順《すずきせいじゅん》と深作欣二の作品をつきまぜて、アメリカB級映画の下品さをまぶしたような〝純日本風〟味付けの無国籍任侠《にんきょう》映画である。

薄暗い路地に小さな飲み屋が軒を連ね、そちこちに暴力団事務所の看板を見かける桜坂界隈《かいわい》は、相当にいかがわしいところである。小屋の表にかかった「キル・ビル」の安っぽい泥絵具看板は、猥雑《わいざつ》なこの街の雰囲気とひどくなじんでいた。

周囲のたたずまいに映画館が違和感なく溶け込んだその風景は、ストリートファイター の宮城嗣吉や宜保俊夫が暴れまくり、熟《う》れて女盛りの上原栄子が切り盛りする辻遊廓に耽溺《たんでき》した時代に記憶をフラッシュバックさせて、戦後沖縄の原風景をいまにそのまま伝えているようだった。

沖縄ヤクザのルーツ〝戦果アギヤー〟

戦後沖縄ヤクザの元祖は、ターリーこと喜舎場朝信《きしやばちょうしん》という男である。ターリーは漢字をあてれば「大人」となり、目下の者が親方や一家の長などを呼ぶとき、沖縄で昔から使われてきた中国風の尊称《そんしょう》である。

喜舎場は、米軍基地から盗み出した衣類、薬品、金属製品といった重要物資を、台湾、香港などを相手に密貿易して稼ぎあげた〝戦果アギヤー〟あがりだった。

米軍の取り締まりが強化され、〝戦果アギヤー〟での生計が成り立たなくなると、喜舎場は、早くから米軍基地が建設されたコザ（現・沖縄市）の米兵向け特飲街を主なしのぎの場として、アウトロー世界で頭角を現していった。

喜舎場の周りには不良少年が自然とたむろしはじめ、米軍御用達《ごようたし》のAサインバーが不心得者《ふこころえもの》の外人撃退用などに雇う用心棒の調達機関として重宝《ちょうほう》がられるようになった。

喜舎場のグループはこうして、誰いうともなく「コザ派」と呼ばれる集団を形成していった。これが戦後沖縄ヤクザの最初のルーツとなった。

「コザ派」が結成されたのは、一九五二（昭和二十七）年頃とみられる。その構成員は二百五十名あまりを数えた。

「コザ派」を率いた喜舎場は、一九二六年の生まれで軍隊経験もあり、戦後生まれの不良少年たちからみれば、かなりの年配だった。どっしりとした雰囲気をもつ喜舎場は、牛のような温厚な人柄もあって、若い衆たちに人望があったという。

一九五六（昭和三十一）年に沖縄県警の前身の琉球警察入りし、マル暴担当の捜査二課畑を長く歩いてきた三島義定《みしまよしさだ》は、後述する「那覇派」と「コザ派」の第一次抗争時、喜舎場を取り調べたことがある。

「そのとき、喜舎場に二万ドルの保釈金を積ませたんです。当時は、百ドルでも大金でしたが、喜舎場は一晩で二万ドルを用意した。あれにはびっくりした」

千ドルもあれば家が建つといわれた時代である。このとき喜舎場が取引していた銀行は金庫が空になったという。

喜舎場は〝戦果アギヤー〟時代に稼いだ金をコザの遊技場などに投資して成功をおさめ、愛人にコザ市内で焼肉屋もやらせる堅実な男だった。三島によれば、喜舎場には、それとは別の資金源もあったという。

「那覇にも進出して、大島グループが調達した女をパンパンにして仕切っていた時期もありました。その女のひとりが身ごもったのを殺害した事件で、刑務所に入ったことももあります」

ここで出てきた大島グループとは、奄美《あまみ》大島出身の不良グループのことである。一次から五次にわたる沖縄ヤクザ戦争では、斧《おの》からヌンチャク、カービン銃まで登場し、ペンチで相手組員の性器をねじ切る陰惨《いんさん》なリンチまで行われた。殺された組員は二十五名にものぼった。

その発火点となる「コザ派」と「那覇派」の抗争を語るのは少し後回しにして、ここで奄美問題に少しふれたい。なぜなら、沖縄戦後史のなかで奄美人脈が重要な役割を果たしながら、なぜか、彼らの存在がずっと見過ごしにされてきたからである。

戦後、奄美諸島は沖縄と同様、米軍の統治下におかれた。敗戦直後の奄美の状況は、沖縄以上に悲惨だった。食糧《しょくりょう》危機は日増しに深刻化し、貧困《ひんこん》救済よりもまず飢餓《きが》防止運動から取り組まなければならなかった。その上、本土鹿児島への渡航にもパスポートが必要だったため、勢い米軍基地景気に沸《わ》きはじめた沖縄への出稼ぎが日を追うごとに増えていった。

『奄美復帰史』（村山家國《むらやまいえくに》著・南海日日《なんかいにちにち》新聞社）は、述べている。

〈女は身売り、男は盗みなどに転落する者が多く、政庁は臨時保護措置《そち》として、たしかな雇用契約のない者の渡沖を抑えた〉

奄美の出身で、尖閣《せんかく》諸島に本籍地を移すなど本格的に民族派運動に挺身《ていしん》している前出の奥茂治（南西諸島安全保障研究所・副理事長）は、沖縄の表社会にも裏社会にも驚くほど通じた人物である。奥の評価には毀誉褒貶《きよほうへん》があるが、この種の人物にありがちな鬼面《きめん》人《ひと》を驚かせるハッタリは少なく、証言の信憑《しんぴょう》性は相当に高い。

その奥によれば、表であれ裏であれ、戦後沖縄復興の礎《いしずえ》となったのは、多くは奄美出身者だったという。

「沖縄には奄美出身者が十万人もいます。けれど表立って奄美出身者だと口にできない。奄美出身者の苗字《みょうじ》はほとんど一文字ですが、沖縄風に名前を変えている人までいます。戦後、奄美出身者たちは沖縄人からずっと差別されてきた」

前掲の『奄美復帰史』に、一九五二年四月一日に琉球政府が公布した公務員給与についてふれた、こんな記述がある。

〈あきらかになった公務員の給与ベースは、沖縄三、六一二円、奄美二、八九〇円で沖縄奄美のあいだには七二二円の格差がついた〉

『奄美復帰史』はこれにつづけて、この報告を受けた公務員大会の会場には、「われわれは日本復帰もできず、やむなく統合された琉球ではこの差別だ」という怒号が渦巻いた、と述べている。そして、公平の原則を侵《おか》したこの「植民地的差別待遇」の裏には、政府の安易な〝沖縄優先主義〟があった、と批判している。

〈これを職員構成にみると、七千名といわれた本庁関係職員のうち奄美出身者はわずか五三名、その身分は局長一四名のうち二名、課長六三名のうち六名、係長にいたってはたった一名という状態。(中略)「植民地的差別待遇」が単なるヒガミでなかったことは、琉球政府の統合人事において、奄美の警察官に限って一階級降等するという奇妙な提案がなされた事実がよくこれを証明するであろう〉

一九五三(昭和二十八)年十二月、奄美諸島は沖縄に先駆けて本土復帰を果たした。それから本格的な奄美差別がはじまった、と奥はいう。

「奄美の本土復帰をきっかけにして、銀行や電力会社の要職に就いていた奄美出身者たちが全員解雇され、奄美に戻されたんです」

――奄美が復帰したから、沖縄から出て行けというわけですか。

「その通りです。一種の公職追放です。沖縄は地上戦でたくさんの戦死者が出ましたが、奄美には労働力になる成年男子がいっぱい残っていた。そこに目をつけた代表が、國場《こくば》組《ぐみ》を興した國場幸太郎さんです。奄美の人たちを安価な労働力として雇って米軍基地の建設をさせた」

――なるほど、そういう構造なのか。

「それで基地のインフラが整備されたら奄美の人間は」

――もう用済みだと。

「そうです。奄美の人たちは戦後沖縄復興の捨て石になった」

虐《しいた》げられた者が、虐げる者をつくりだす。ここから透かし見えるのは、果てしない差別の連鎖構造である。

戦争にしろ米軍基地にしろ、沖縄はほとんど被害者の島という文脈で語られてきた。だが、奄美出身者の立場からすれば、自分らを収奪するだけ収奪して、あとは弊履《へいり》のごとく捨て去って一向に顧みない加害者の島だった。

「沖縄に残って職を失った奄美出身者のなかには、稼業の世界で生計をたてようと考える人が少なくなかった。ある時期、沖縄はもちろん、本土でも奄美の人たちがまとまってヤクザの世界に入っていった。田岡（一雄）さんが首領《ドン》だった時代には、山口組のヒットマンといわれたのはみんな奄美出身者でした。

奄美出身者は口が堅く、団結心が強い。沖縄でも奄美出身者は警察官になるか、自衛官になるか、暴力団になるしかないといわれた時代があったんです」

奄美差別と奄美出身のヤクザについてはまた後で詳しく述べたい。

話を「コザ派」と「那覇派」の抗争に戻す。「戦果アギヤー」をルーツとする「コザ派」に対し、「那覇派」の多くは空手道場で腕を磨いたストリートファイター系の暴れん坊たちで占められた。

三代目旭琉会幹事長で、桜一家総長の中村實《なかむらみのる》は、「那覇派」のかなり初期からのメンバーである。中学を卒業してすぐに港湾荷役の肉体労働に就いた中村は、数年で班長となり、三十～四十名の部下を引き連れて歩く身分になった。

「那覇ではかなりいい顔だったんです。酒飲んで喧嘩したり、結構ぶいぶい言わせていた（笑）。部下といっても、みんな子どもです。まだ中学生の子どももいた」

――エッ、中学に行きながら沖仲仕《おきなかし》をやっていたんですか。

「学校はみんな行かないわけですよ」

――なるほど。でもついこの間までランドセルしょって小学校に行っていたのが、肩で風きっていっぱしの不良ぶっていたんですね（笑）。

「そうです（笑）。その頃、『那覇派』と元『コザ派』の『山原派《やんばる》』連合が、『那覇派』から分裂した『普天間派《ふてんま》』と抗争をはじめた。私たち不良少年グループは『那覇派』から目をつけられ、『普天間派』との抗争に兵隊として駆り出されたんです」

「那覇派」「山原派」連合と「普天間派」の抗争の発端は、「那覇派」と「コザ派」の第一次抗争から五年あまり経過した一九六六（昭和四十一）年十月に起きた。これは「那覇派」内部の分裂に端を発した抗争で、第三次抗争と呼ばれる。

沖縄のヤクザ抗争は第一次から第五次まであり、それぞれかなり複雑な経緯をたどっている（二一五ページの「沖縄ヤクザの歴史と相関図」参照）。そのため、各抗争の詳細について話を進める前に、ここで最初にその発生時期と抗争の概要だけでも紹介しておいた方がいいだろう。

①第一次抗争＝「那覇派」VS「コザ派」（一九六一年九月）

②第二次抗争＝「那覇派」「山原派」「普天間派」連合VS「泡瀬派《あわせ》」（一九六四年十一月。「コザ派」が「山原派」と「泡瀬派」に分裂。その主導権争いをめぐる内部抗争が発端）

③第三次抗争＝「那覇派」「山原派」連合VS「普天間派」（一九六六年十月）

これが、一九七二（昭和四十七）年五月の本土復帰前に起きた沖縄ヤクザ抗争史の、いわば前史である。本土復帰後に起きた第四次以降の抗争と、新たな暴力団の興亡については、またおいおい述べていく。

「コザ派」と対立した一方の旗頭の「那覇派」を率いたのは、通称スターと呼ばれた又《また》吉世喜《よしせいき》という男だった。又吉に憧れてこの稼業に入ったという前出の中村は言う。

「スターさんは空手の達人でした。先輩方に聞くと非常に地味な人で、夜はどこにも出かけず、一升瓶《いっしょうびん》をそばに置いて、三線《さんしん》を弾《か》いていたそうです」

又吉は賭け事も女遊びもせず、取り巻きを連れて飲み歩くようなことも好まず、車で出かけるときには、若い者を助手席に座らせ自分でハンドルを握ったという。

一九三三（昭和八）年生まれの又吉は、「コザ派」との第一次抗争のときはまだ二十代後半の青年といってもいい年齢だった。その年齢で一家を束ね、対立する暴力団との抗争に体を張って突っ込んでいったのだから、又吉の空手の実力が、空手道場育ちの腕自慢たちがたむろする「那覇派」のなかでも、いかに抜きんでていたかがわかる。
七、八歳の頃から剛柔流の空手道場に通った又吉は、将来の沖縄空手界を担う逸材《いつざい》と期待されていた。だが家が貧しかったため、空手道場をやめ、十四歳の頃から奄美大島に出稼ぎに行かされた。そこで井戸掘りなどの重労働に従事した又吉は実家への送金を欠かさなかったという。
十七歳で那覇に戻った又吉は、再び空手道場に通う傍《かたわ》ら、用心棒に生活の糧を求めてアウトローの世界に身を投じていった。

那覇ではその頃、「もみくじ」と呼ばれるインチキ街頭賭博《とばく》や、「コロコロ」と呼ばれる露天のラッキーボール場が、澎湃《ほうはい》として誕生しており、その営業には見張り役やサクラ役も兼ねた強面《こわもて》の用心棒が欠かせなかった。

アウトロー世界の住人たちの耳目を集め、あわや一触即発の事態となる出来事が起きたのは、ちょうどその頃だった。この幻の事件は、その名もおどろおどろしく、「残波《ざんぱ》岬《みさき》の決闘」と呼ばれる。一方の当事者は又吉世喜、もう一方の当事者は前に紹介した宜《ぎ》保《ぼ》俊夫である。やはり前に紹介した『追想　宜保俊夫』は述べている。

〈この頃、「残波岬の決闘」と話題になった出来事もあった。比嘉佑直空手道場の門下生（宜保が中心）と宮里《みやざと》栄一空手道場の門下生（又吉世喜が中心）が対立、恩納村《おんなそん》の「残波岬で決着をつけよう」と、それぞれトラック四、五台に分乗、残波岬でにらみあい一触即発の状況だった。

この時、宜保は十歳年下の又吉（昭和八年生まれ）に対して「ここでケンカをしたら死人が出るがよいのか」と念をおしたという。結局、双方が和解し、「決闘」には至らなかった〉

又吉を頭目とする不良少年グループが反社会集団の「那覇派」として陣容を整えるのは、「コザ派」と同じ一九五二年頃である。

「那覇派」と「コザ派」は、縄張りとする地域が離れていたこともあって、結成から十年あまりは、幹部同士が定期的に親睦会を開くなど友好的関係にあった。

又吉スター自身も、「コザ派」の頭目の喜舎場ターリーから一目置かれ、可愛がられる存在だった。それが反目するようになったのは、両派がそれぞれの勢力圏内での縄張りを拡張し終え、新しい利権を求めるようになったためである。

特に、資金や組員数で優勢となった「コザ派」は、敗戦後の混乱が一応終息《しゅうそく》し、沖縄の社会が相対的安定期に入ると、基地の町のコザにかわって暴力団のおいしい市場に変貌しはじめた那覇に縄張りを拡張しようとする動きを見せはじめた。

この当時、コザ市内を完全制圧した「コザ派」は、具志川、石川、名護など沖縄北部をほぼ手中におさめていた。これに対し「那覇派」は、浦添《うらそえ》、宜野湾《ぎのわん》、普天間など沖縄南部に勢力を広げつつあった。

抗争のきっかけは些細《ささい》なことだった。元東京都副知事の竹花豊が沖縄県警捜査二課長時代に書いた〝沖縄暴力団レポート〟に、抗争の発端となった出来事が手短に述べられている。

〈昭和三六年の八月、那覇市内某料亭で開催された親睦会の席上、那覇派首領の又吉世喜に非礼があったとしてコザ派が責任を追及し始めたところから、一気にこの動きが表面化した。同年九月九日、コザ派幹部の新城 喜史《しんじょうよしふみ》らが又吉を旧日本軍飛行

場跡に連れ出し、集団暴行を加え、瀕死の重傷を負わせて、又吉のコザ派服従を強要する事件が発生した〉

ここに登場する「コザ派」幹部の新城喜史は、「那覇派」頭領の又吉世喜と並び称される沖縄ヤクザ世界の人気スターである。新城は目がギョロリとして大きいところから〝ミンタミー（大目玉）ヨシフミ〟と呼ばれた。

新城は「コザ派」幹部のなかでも、親分の喜舎場ターリーから特に目をかけられる若手のホープだった。宿敵関係となった又吉とは反対に遊び好きで社交性があり、人柄は気さくで陽性だった。欲しければ何でもくれてやる気前のよさと面倒見のよさから、若い衆たちの間での人気は抜群だった。

だが、敵の頭を拉致《らち》し、半殺しの目にあわせたことからもわかるように、凶暴さも人一倍で、一朝事あるときはすぐに凶器を持って飛び出す行動隊長としては打ってつけの男だった。

「那覇派」首領の又吉スターに対する「コザ派」の攻撃は執拗《しつよう》だった。石や棍棒《こんぼう》でめった打ちにされ、死ななかったのが奇跡といわれたほどの重傷を負った又吉がどうにか退院し、「コザ派」への報復戦を布告して全面戦争に突入すると、「コザ派」は再び又吉暗殺計画をたてた。

前掲の竹花レポートは、このときのもようを次のように述べている。

〈コザ派は、本土から山口組系石井組《いしいぐみ》、酒梅組《さかうめぐみ》系衣川組《きぬがわぐみ》、小桜一家《こざくらいっか》などの組員を殺し屋として雇い入れ、又吉殺害の計画をたて、同年（引用者注・昭和三十七年）一一月路上で又吉をそ撃したが、急所をはずれて未遂に終わるなどの事件を起こした。事件は事件を呼び、両派は組員でない街の不良グループも加えて、昼夜を問わず、相手の攻撃に備え、あるいは行動隊を編成して相手陣営に殴り込むという抗争状態を約二年間続けた。この抗争で使用された武器は、拳銃、日本刀のほか、主に棍棒《こんぼう》、ケイ、ヌンチャク、手製の槍《やり》などであった〉

竹花は抗争に使用された武器の一つを「ケイ」と書いているが、これは恐らく「サイ」の誤りである。「サイ」とは三叉十手《みつまたじって》状の沖縄独特の武具である。

又吉が沖縄のヤクザ世界でいまでも〝スター〟とあがめられ、不死身伝説が語り継がれているのは、二度もテロ襲撃にあいながらその都度奇跡の回復を果たし、敵への闘争心を絶やさなかったからである。殺し屋の撃った銃弾は又吉の左肩から入って腹に抜けたものの、急所は外れ一命だけはとりとめた。

抗争が鎮静化したのは、両派の雌雄が決したからではなく、琉球警察が米国民政府と協議して暴力団徹底壊滅の方針で臨んだためだった。

その結果、両派の幹部組員百人以上が検挙され、〝いくさ世〟のはじまりといわれた第一次抗争は、勃発《ぼっぱつ》から二年後の一九六三（昭和三十八）年秋に終息した。

しかし、平穏は長くつづかなかった。第一次抗争は各派の組織分裂を招く起爆剤となった。長期間に及ぶ闘いで何の報酬も与えられなかった組員は、幹部への不満を爆発させ、組織は統制を失った。

最初に内紛が起きたのは「那覇派」だった。一九六四（昭和三十九）年四月、幹部の田場盛孝《たばせいこう》が組員約七十人を引き連れて分裂し、宜野湾市普天間に本拠地を構えて「普天間派」を名乗った。

空手の世界から稼業入りした田場は、人に仕えることができない一匹狼《おおかみ》タイプだった。米軍トラックの運転手時代には〝戦果アギヤー〟のリーダー格として鳴らし、その資金を元に遊戯場などを経営していた。〝戦果アギヤー〟あがりという出自からすれば「コザ派」に近かったが、喜舎場ターリーとも新城ミンタミーとも折り合いが悪く、第一次抗争では「那覇派」に加わった。

同じ年の七月、今度は「コザ派」で内紛が起きた。大幹部の喜屋武盛一《きゃんせいいち》が、喜舎場に重用される若手の新城喜史（ミンタミー）への敵愾心《てきがいしん》から、コザに近い東海岸の泡瀬出身者たちを中核に約百五十人の「泡瀬派」を結成して分裂した。「コザ派」はこれを機に「山原派」と名を改め、喜舎場にかわる新しいリーダーには新城が選ばれた。

山原とは、沖縄本島の北部山岳地帯を総称する地名である。

那覇を中心とする本島南部に比べ、山ばかり多く耕地が少ない山原は、昔から〝枯木山原〟と呼ばれる後進地区だった。その厳しい自然環境ゆえに、山原出身者たちの連帯意識と団結心は、きわめて強固といわれた。

「山原派」の名前は、新城の出身地であるその山原からとられた。「山原派」の構成員は約二百人だった。

こうして第一次抗争の終息からまだ一年もたたない一九六四年夏には、那覇派、普天間派、泡瀬派、山原派という四つの暴力団が乱立する状況となり、縄張り争いをめぐって第二次抗争が起きるのは必至と見られていた。

抗争の火ぶたを切ったのは、「泡瀬派」だった。一九六四年十一月、「コザ派」の前首領で「山原派」最高顧問の喜舎場の車に銃弾が撃ちこまれた。「泡瀬派」リーダーの喜屋武の指令による狙撃テロだった。

新城ミンタミーを首領とする「山原派」はただちに反撃に転じ、「泡瀬派」の組員を無差別に襲った。その抗争中、一般市民が誤って殺される事態も発生した。第二次抗争が一段と激化したのは、「泡瀬派」の組員が些細なことから「那覇派」の組員を殺害するという事件を引き起こしたためだった。

この結果、「泡瀬派」は「山原派」だけでなく、又吉スター率いる「那覇派」まで敵に回すことになった。又吉に対する競争心から「那覇派」を抜けて「普天間派」を旗揚げした田場もこの動きに同調して、喜屋武の「泡瀬派」壊滅作戦に加わった。「山原派」「那覇派」「普天間派」の三派連合から攻撃対象とされ、窮地に追い詰められた「泡瀬派」は、一九六六（昭和四十一）年四月、窮鼠猫《きゆうそねこ》を嚙《か》むように、沖縄ヤクザ界を束ねてきたドンともいうべき喜舎場ターリーを再び襲撃した。

当時、喜舎場はすでに稼業を引退しており、ボディーガードは連れていなかった。喜舎場の運転する車が北中城《きたなかぐすく》の米軍司令部付近にさしかかったとき、追走してきた車につかまり、ピストルをつきつけられた。喜舎場は近くのアメリカンスクールに逃げ込み、またも命拾いをした。ドンといわれた男がアメリカンスクールに逃げ込むというあたりが、いかにも沖縄ヤクザらしい。

この事件で三派連合の怒りは頂点に達した。三派連合の攻撃は、東映ヤクザ映画「仁義なき戦い」さながらだった。

「泡瀬派」の幹部と親交があるという理由だけで、その男が経営するコザ市内のパチンコ屋にタクシーに分乗した約三十人の組員が覆面姿で押し入り、梶棒《かじぼう》やハンマーで百八十台のパチンコ台すべてを叩《たた》き壊すという無軌道ぶりだった。

一九六六年六月、二度にわたって喜舎場殺害を企てた「泡瀬派」首領の喜屋武盛一が逮捕されたことにより、約三年間に及ぶ第二次抗争は終わった。翌年一月、頭を失った「泡瀬派」はついに解散に追い込まれた。第二次抗争の検挙者は四百八十二名を数え、押収された武器弾薬は六百三十点に達した。

第二次抗争の余燼《よじん》がまだくすぶる一九六六年十月、第三次抗争が勃発した。火種となったのは、潰された「泡瀬派」が残した縄張りだった。「那覇派」「山原派」連合は、この抗争を口実に「普天間派」を一気に潰しにかかった。

第三次抗争は、文字通り血で血を洗う殺戮《さつりく》の修羅場となった。元沖縄県警捜査二課長の竹花豊の〝沖縄暴力団レポート〟は、その凄惨《せいさん》さをよく伝えている。

〈この抗争は昭和四二年一〇月までの約一年間にわたり、連日昼夜の別なく、拳銃、手榴弾《しゆりゆうだん》、日本刀等を所携して八十数件の殴り込み等の事件が敢行された。双方の勢力に優劣の差が著しく、那覇派、山原派の一方的攻撃に終始し、普天間派の本拠地である宜野湾市普天間を中心とする同派首領、幹部宅及びアジト等は、集中攻撃を受けた。

使用された武器は主として、拳銃や手榴弾であった。普天間派は、引くに引けず、遂に四二年一〇月一九日早朝、同派首領田場盛孝が寝込みを襲われて頭部に銃弾二発を受けて即死するまでし烈な闘いが続いた〉

沖縄のヤクザ抗争がこれほどの流血の事態となったのは、本土暴力団と違って歴史が浅く、二次団体などを持たない野合集団だったため、衝突すると、いきなり〝頭《かしら》〟同士の命の取り合いという状況になったからである。

沖縄独自の門中意識の強さも、抗争を拡大させた大きな理由に挙げられる。結束の固さはひとたび割れるとすさまじい敵愾心《てきがいしん》に変わる。

太平洋戦争において日本で唯一地上戦が行われた土地柄や、ベトナム戦争下の殺伐《さつばつ》とした雰囲気、逃げ場のない離島という環境、そして殺しても自首すれば懲役刑で済むという南国ならではの倫理観の希薄さもこうした傾向に拍車をかけた。

後述するようにHit ＆ Away《ヒット・アンド・アウェイ》ならぬHit ＆ Surrender《ヒット・アンド・サレンダー》（自首）というスタイルが、沖縄ヤクザ風の流儀だった。

「普天間派」の田場はその前にも「那覇派」の組員に事務所を襲撃され、あわやのところで一命をとりとめている。

田場殺害を企てた元「那覇派」の組員に会い、そのときの様子を詳しく聞いた。

――「那覇派」の頭領だった又吉スターも、その後の第四次抗争で殺されます。スターさんには会ったことがありますか。

「わしはそのとき刑務所に入ってました」

――ああそうなんですか。はぁ。

「スターさんが殺される八年ほど前、『那覇派』『山原派』連合と『普天間派』の第三次抗争があったんです。それでわしら五名で『普天間派』に殴り込んだわけです。日本刀三本に拳銃三挺《ちょう》持ってね」

――結果はどうでしたか。

「結果ですか？　ひとり死んで、十二名くらいは重軽傷。でも計算違いでした。実ははじめから自首覚悟で殴り込んだんですが、いくらたっても警察が来ない」

――はぁ？

「で、そないこないしているうちにひとり殺された。まあ、わしらが殺したんですけど。本当は警察がすぐ来たら、そんなことにはならんかったと思うんです。交番は『普天間派』の事務所から五十メートルと離れてないのに、いくらドンパチやってても来ないいんです」

――怖かったんじゃないですか（笑）。

「いや、来れなかった理由があるんです。あの当時、沖縄は教公二法案《きょうこうにほうあん》反対のデモで、警察はその警戒ばかりに投入されていたんです」

教公二法とは、教職員の政治活動を厳しく制約した「地方教育区公務員法」と「教育公務員特例法」のことである。強行採決が間近に迫った一九六七（昭和四十二）年二月二十四日には、教職員を中心に約二万人が沖縄立法院の議会前で座り込みデモを行い、廃案に追い込んだ。

同年三月には、教公二法案阻止闘争の急先鋒《せんぽう》だった沖教組政経部長の福地曠昭《ふくちひろあき》が、宜保俊夫の息がかかった右翼団体員によって刺されるテロ事件も起きている。このテロ事件については、後で詳しく述べる。

——なるほど、教公二法の対応で警察は手いっぱいだったんですね。

「正直言って交番が近かったから殴り込んだんです。元々、誰も殺すつもりはなかった。撃つとしても下半身を撃てよ、と。それで親分の田場盛孝を痛めつけて」

——自首しようと。

「ところが警察は来ない。そのうち相手から逆襲です。みんな槍を投げたりして必死で追ってくる。で、パンと撃ったら相手に当たって死んでしまった。本土に逃げて大阪の組関係にしばらく潜伏していたんですが、捕まって懲役八年を打たれました」

——そうか、教公二法が臭いメシを食わせたというわけですね。

「はははは。そうとも言えますね」

壊滅状態となった「普天間派」は一九六七（昭和四十二）年十月に解散し、第三次抗争は終結した。この抗争で検挙された暴力団員は四百七十五名にのぼり押収された凶器類は九百七十四点を数えた。

沖縄ヤクザの抗争事件はこれで終わったわけではない。三次にわたる抗争で「コザ派」から分裂した「泡瀬派」と、「那覇派」から分裂した「普天間派」は消滅し、結局のところ一九五二年当時に逆戻りして、「那覇派」と「コザ派」の後身の「山原派」の二派に統合された。

一九六九（昭和四十四）年十一月、佐藤・ニクソンの日米首脳会談で、沖縄の日本復帰が一九七二（昭和四十七）年中に実施されることが決まると、山口組を中心とした本土の暴力団の沖縄進出が囁《ささや》かれるようになった。

両派はこれを迎えうつため過去の抗争事件は水に流して手を結び、一九七〇（昭和四十五）年十二月に沖縄連合旭琉会が結成された。「那覇派」首領《ドン》の又吉スターと「山原派」首領の新城ミンタミーを理事長とする沖縄連合旭琉会は、系列下に四十二の二次団体を抱える組員約八百人の大組織だった。

これとは別に、山口組と気脈を通じた東声会子飼いの冝保俊夫が、第三の勢力として台頭してきたことから、沖縄ヤクザ戦争はかつてない戦闘状態に突入していった。

そして熾烈《しれつ》な抗争の果てに、新城ミンタミーと又吉スターという二人の実力者が相次いで暗殺される未曾有《みぞう》の事態に至るのである。

山口組の影

「那覇派」首領の又吉世喜（スター）は、沖縄ヤクザ史上最大のカリスマといわれる。又吉は「コザ派」の後身の「山原派」首領の新城喜史（ミンタミー）から二度殺されかけ、その都度、不死鳥のように蘇《よみがえ》った。

一度目は旧日本軍の西原《にしはら》飛行場跡に連行され、石や棍棒でメッタ打ちにされて半殺しの目にあい、二度目は自宅を出たところを背後からいきなりピストルで撃たれ、瀕死の重傷を負った。常識的に考えれば、又吉は自分を殺しにきた新城を死んでも許せなかったはずである。

ところが、絶対に相容れることができないその宿命のライバルが、本土復帰を目前に控えた一九七〇（昭和四十五）年十二月、山口組沖縄上陸作戦のキナ臭い噂《うわさ》が流れるなかで手を結び、沖縄連合旭琉会を旗揚げして大同団結をやってのけた。

沖縄の古手ヤクザの間では、この例を挙げ、スターさんの器はとてつもなく大きかった、スターさんは我慢の人だった、と手放しで称賛する声がいまも根強い。

又吉は沖縄連合旭琉会が結成されたとき、腹心《ふくしん》の部下にこう言ったという。

「これからは沖縄人同士がいがみ合っている場合じゃない。俺とミンタミーが手を結ばなかったら、沖縄は本土ヤクザのものになってしまう。本当の敵は他にいるんだ」

ヤクザ映画なら、さしずめ大向こうを唸《うな》らせる名場面である。しかし、これが攻守立場を変えると、百八十度違った見方になる。

前東京都副知事の竹花豊が沖縄県警捜査二課長時代にまとめた〝沖縄暴力団レポート〟はすでに何度か紹介した。竹花はそのなかで、沖縄連合旭琉会が結成され、又吉と新城が同組織の理事長におさまった背景をヤクザ映画以上の劇画タッチで鼻息荒くこう解説している。

〈思えば、この新城と又吉という二人の実力者こそが、前述した三次にわたる抗争事件の究極の原因を作ったのであった。昭和三六年九月の飛行場跡地での集団リンチ事件である。善良な市民まで含め多くの死傷者を出し、県民に多大の不安を与えた両当事者が、線香の香りもさめやらぬ間に彼らの世界における栄光の座をともに分けあっているとは！

暴力団の標榜《ひょうぼう》する仁義や義理人情なるものが虚飾にすぎず、ただ自己の利益のためならばどのようにも動くという彼らの本質を見事に見せつけている〉

沖縄に本土の暴力団の影がチラつきはじめたのは、本土復帰二年前のことである。最初に楔《くさび》を打ち込んだのは山口組だった。一九七〇年四月、山口組系小西一家《こにしいっか》親琉会《しんりゅうかい》の会長以下数名の幹部が来沖して、那覇市内に事務所を構え「国琉会」の看板を揚げた。しかし、「国琉会」は地元の「那覇派」と「山原派」の猛反発にあい、琉球警察の厳重な取り締まりもあって、わずか一カ月で撤退を余儀《よぎ》なくされた。

沖縄にはこれとは別に、親山口組系の有力組織が存在していた。すでに何度か紹介してきた宜保俊夫が支部長をつとめる東亜友愛事業組合（東声会）沖縄支部である。同組合本部会長の町井久之は山口組三代目組長の田岡一雄と盃を交わし、宜保とも盃を交わした仲だった。宜保は沖縄が本土復帰した一九七二（昭和四十七）年五月発行の山口組系の機関誌上で同支部が山口組傘下の団体であることを自ら明言している。

東亜友愛事業組合沖縄支部は、一九六四（昭和三十九）年七月、本土復帰を前に激化の一途をたどる教職員組合や労組団体らの反基地の大衆運動に対抗する行動右翼を標榜して結成された「誠会」が発展したものである。「誠会」は一九六七（昭和四十二）年三月には、沖教組幹部に瀕死の重傷を負わせる沖縄初のテロ事件も起こしている。

宜保の死後まとめられた『追想　宜保俊夫』によれば、「誠会」は宜保の呼びかけで、沖縄史上最強の空手家といわれた宮城嗣吉宅や、小料理店など、那覇市内三カ所に約三百人を集めて結成されたという。

筋金入りの民族派として知られる「地縛《じしば》りの会」代表の山崎市太郎《やまざきいちたろう》は、昭和三十四、五年頃、宜保から面会を求められたことがある。

山崎は戦後まもなく、右翼の大立者として知られた頭山満《とうやまみつる》の三男の頭山秀三《ひでぞう》の遺志を継いで「殉国青年隊《じゅんこくせいねんたい》」を結成していたが、一九五七（昭和三十二）年に都下の小平《こだいら》に土地を買い、そこに「桜魂塾《おうこんじゅく》」という私塾を開いた。それをきっかけに「殉国青年隊」は「日本青年連盟」と改称された。

「その『日本青年連盟』の沖縄支部をつくらせてほしい、と言ってきたのが、宜保俊夫です。連れてきたのは、『日本青年連盟』熊本支部長の浦田勝《うらたまさる》という男でした。そのとき私は彼には直接会わず、『殉国青年隊』からずっと一緒にやってきた豊田一夫《とよだかずお》という男が、私にかわって応対した。

豊田はその要請を受け入れて『いいんじゃないか』と言ったんですが、私が後でちょっと調べてみると、宜保はその筋の人間だということがわかった。私は、その筋が嫌いなんですよ。それで沖縄の支部づくりをやらせなかったんです。

その後、宜保は東声会の町井のところに行ったらしいんですね。で、町井の舎弟《しゃてい》になって、沖縄に東声会の沖縄支部をつくった。その後、『日思会《にっしかい》』という組織もつくったようですね。表向きは民族派の団体ですが、実際は東声会です。二枚看板でやっていたということでしょう」

これに少し補足すれば、宜保と町井の間を取りもったのは、〝昭和の黒幕〟と恐れられた児玉誉士夫《こだまよしお》である。また「日思会」（正式には「日本民族思想普及会」）は、前身の「誠会」を改称したもので、一九六八（昭和四十三）年三月三日に結成された。

いま私の手元に「日思会」の機関誌の「民族」が数冊ある。題字の〝民族〟は、宜保が「私の死に場所を探してください」と土下座して面会した児玉誉士夫の揮毫《きごう》になるものである。毎号の巻頭には、宜保が座右の銘にした次の三教訓が掲げられている。

一、國の為には血を流せ
一、友の為には涙を流せ
一、家族の為には汗を流せ

また、「日本民族思想普及会」創立十周年を記念して刊行された私家本の『民族』には、最高名誉顧問の宜保が寄稿した〝憂国の至情〟あふれる所感が載っている。

そうした主義主張とは別に、東声会の傘下に入った宜保は右翼というより山口組系列の暴力団幹部と見られていた。

指定暴力団の沖縄旭琉会に所属する、ある現役暴力団幹部が言う。

「東声会が沖縄に上陸するまでは、沖縄のヤクザは暴力団というより、愚連隊《ぐれんたい》だったんです。アロハシャツ姿で町を出歩いたり、フィリピン風の服で粋《いき》がってみたり。

そこにびしっとした黒服を着た東声会の幹部が現れた。はじめて見るホンモノのヤクザでした。『那覇派』と『山原派』が連合して沖縄連合旭琉会ができたのは、いわば東声会のおかげなんです」

山口組系列の「国琉会《こくりゅうかい》」は撤退したものの、沖縄の本土復帰が近づくにつれ、山口組幹部の来沖は頻度を増した。本土復帰が二カ月後に迫った一九七二年三月、山口組若頭補佐の小田秀臣《おだひでおみ》が機関紙「山口組時報」の取材のため来沖した。出迎えたのは東亜友愛事業組合沖縄支部の面々だった。

ここで少しの間、私事にまつわる思い出話におつきあいいただきたい。

沖縄に本土暴力団の影が濃厚になりはじめたちょうどその頃、私は東声会関連の小さな新聞社にいた。新宿歌舞伎町のど真ん中にあるその新聞社は、「新宿れぽーと」というブランケット版の旬刊タウン新聞を発行しており、オーナーは東声会系列の暴力団を率いて歌舞伎町一帯を仕切るれっきとした本職のヤクザだった。

もっぱら水商売相手の新聞が出るたび、組員の運転する純白のリンカーンコンチネンタルに乗せられ、歌舞伎町中のキャバレーやらホストクラブやらを一軒一軒配達させられたのにはいささか閉口したが、手首まで倶利伽羅紋紋《くりからもんもん》の入れ墨を彫り込んだオーナーは編集方針には一切口出しせず、好き放題やらせてくれたのは有り難かった。

私はその職場で、拝もうと思ってもめったに拝めない怪しげな連中と毎日のように顔をあわせた。そこには手形のパクリ屋、総会屋、政治ゴロ、十一《といち》の高利貸し、台湾人の絵画ブローカーからホンモノの殺し屋まで出入りして、随分と人間観察の勉強をさせてもらった。

あるときオーナーと親しい山口組の関係者が、あらたまった顔で私に言った。

「今日はあんたの腕を見込んで頼みがあるんだ。組の新聞をまかしていたヤツが死んだ。あんたその仕事をやってみる気はないか」

そう言って見せたのが「山口組時報」だった。その新聞はいわば山口組の〝社内報〟ともいうべきもので、構成員たちの「出所・入所」情報が毎号載っていた。歳末になると「今年も全員揃《そろ》って餅つき大会」などといった〝福利・厚生〟方面に心をくだいた記事も載る。

正直、心はかなり動いたが、神戸に行くことが条件だったので、残念ながら断った。もしあのとき断っていなければ、私も山口組若頭補佐の小田秀臣に同行して復帰直前の沖縄ヤクザ事情の取材旅行に行っていたかもしれない。

私と沖縄は、新宿歌舞伎町のタウン新聞—東声会—「山口組時報」という青春時代のほろ苦い思い出でつながっている。むろん、その当時は宜保俊夫の存在など知る由もなかった。だが、いまにして思えば、宜保はその連鎖の中心にいる陰の重要人物だった。

宜保はすでにふれたように、残念ながら〇五年二月に死去した。私が彼に会いたいと執拗《しつよう》に粘ったのは、そんな個人的事情も抱えていたからである。

那覇市若狭《わかさ》の宜保の自宅から百メートルと離れていないところに、元沖縄県警本部刑事部長の太田利雄《おおたとしお》が住んでいる。太田は一九四七（昭和二十二）年に沖縄民警入りし、琉球警察、沖縄県警とキャリアを積んだ最古参の警察ＯＢである。

――驚きました。取り締まる方の親分と、取り締まられる方の親分が、同じ町内に住んでいたんですから（笑）。

「そうなんです。隣組と言ってもいいでしょう。でも、彼ははじめから暴力団というわけじゃないんです。もともと一匹狼的なところがありましたが」

――そうです。最初は「誠会」を立ちあげて、行動右翼を名乗っていた。

「『誠会』で若い連中を教育するんだと言っていた。それに対して私は隣近所で年齢も近いので『やめてくれんか』と言ったんです。『青少年の問題に関心を持っているのは有り難いけど、へたをすると予備軍になるぞ』と」

――あぁ、暴力団の予備軍になると。

「少なくとも、周囲からそういう目では見られる。ところが、彼の考えは違うんです。『警察は悪い連中を捕まえることはできるけど、そういう連中を教育することはできないじゃないか』と言うんです」

——なるほど、彼なりの理屈はあるわけですね。

「ええ、でも私は言いましたよ。『暴力団のように見えるようなことはするな。解散しなさい』って」

——そこまで言ったんですか。

「『（上部団体と）縁を切れ』とも言いました。けれど、彼の返事は『切ることはできない』でした。『町井と盃もしたし、児玉誉士夫さんとの関係もあるので、そう簡単には切れない』と」

　宜保は良くも悪くも一本気な男だった。町井や児玉と交わした〝男の約束〟を果たそうと、周囲に東声会（「誠会」）入りを強く迫った。とりわけ、自分が所属する比嘉佑直道場の空手の後輩たちは恰好の勧誘対象だった。


　那覇の壺屋《つぼや》通りは、焼き物の店が立ち並ぶ沖縄観光の人気スポットである。その通りを少し入った路地裏に空手道場をもつ嘉手川重夫《かでがわしげお》は、沖縄空手の型に琉球舞踊を取り入れた空手舞踊の第一人者として知られている。比嘉佑直道場で宜保の後輩だった嘉手川は、若い頃の宜保について最もよく知る人物である。

　嘉手川は〇五年九月に八十一歳で亡くなったが、生前、私のインタビューにこう答えている。

――嘉手川さんは宜保さんから東声会入りを勧められませんでしたか。

「宜保さんの部下から勧められました。でも僕は自分の信念を通して断りました。『僕は比嘉佑直先生の門下生でもあるし、宜保さんは兄弟弟子で先輩にあたるけど、それだけはどうしてもできません』と言って断ったんです」

――その信念というのは？

「僕のうちはみんなジャーナリストなんです。長兄は沖縄タイムス、次兄は琉球新報にいました。僕も沖縄ヘラルドの記者でした。東声会は思想を売り物にしていました。ふつうのヤクザとは違うんです。それで『兄たちのためにも入れない』と言って断ったんです」

沖縄ヘラルドは後に沖縄県知事となる西銘順治《にしめじゅんじ》が、戦後間もない一九四九（昭和二十四）年に創業した硬派の新聞である。米国民政府の発行停止命令を気にしながら、人民党そこのけの論陣を張り、日本復帰論を最初に主張した勇気ある新聞だった。

――ジャーナリストである以上、偏った思想に与《くみ》することはできませんからね。比嘉佑直さんは、宜保さんが東声会に入ったとき何か言っていませんでしたか。

「反対してました。『何でお前、力があるのに、そんなことをやるんだ』と言ってました。でも宜保さんも周囲との約束があるので、やめられなかったんでしょう」

――勧誘は相当執拗だったようですね。

「意志の弱い人はみんな入ってます。金で入った人もいますよ。親が泣いて謝って許してもらった人もいました。うちはキリスト教なので許してもらえたんですか。

——嘉手川さんは簡単に許してもらえたんですか。

「包丁で許してもらったんです。仁義上、そうしなければいけないから」

嘉手川はそう言うと、手の甲を突き出して見せた。引き攣《つ》れたような傷痕《きずあと》があった。指をつめるかわりに、包丁で手の甲を刺したという。

「冬はいまでも痛いんです」

——あ、まだ痛い。

「痛いですね。やっぱり、生《なま》でやったもんですから」

嘉手川と別れて壺屋通りの石畳の路を歩きながら、いまでも疼《うず》くという手の甲の傷痕と、「生でやったもんですから」というしわがれた声が何度も甦《よみがえ》ってきた。それはそのまま、戦後沖縄が体験しなければならなかった傷痕の痛みのようにも思えた。


一九七二（昭和四十七）年五月十五日、沖縄は本土に復帰して、沖縄県となり、琉球警察も沖縄県警と改められた。復帰前には連日反米基地の闘争デモの喧騒《けんそう》に包まれた沖縄も、復帰三年後の夏に開催が予定されていた沖縄国際海洋博に向け、徐々に落ち着きを取り戻していた。

その事情は稼業の世界も変わらなかった。かつて抗争に明け暮れた沖縄の暴力団は山口組の侵攻に備え、すでに沖縄連合旭琉会を結成して大同団結を終えており、県内に親山口組系の東亜友愛事業組合沖縄支部という爆弾は内包していたものの、山口組との全面戦争になるような火種は当面見当たらなかった。

第四次抗争は、組合員八百人を抱える沖縄連合旭琉会の足元から起きた。紛争の口火となったのは、一九七四(昭和四十九)年十月、元「山原派」幹部で、沖縄連合旭琉会理事の上原勇吉《うえはらゆうきち》が沖縄連合旭琉会を突然脱退し、上原一家を旗揚げしたことだった。

原因は、過去の抗争事件をめぐる処遇への不満だった。組員数わずか五十名の集団(上原一家)が八百名の大組織(沖縄連合旭琉会)に挑む無謀な謀叛《むほん》劇は、過去の三次にわたる抗争以上の流血の惨事を生んだ。大型ダンプカーを乗りつけて相手の組事務所を踏み潰し、手榴弾《しゅりゅうだん》を投げ込んで大量殺戮《さつりく》を図るといった手段を選ばぬ凶暴な攻撃が、日夜繰り返された。

少数で大組織と五分に闘うには、敵のタマをとるしかない。上原が最初のターゲットに定めたのは、元「山原派」の首領で沖縄連合旭琉会理事長の新城喜史だった。上原は沖縄市知花《ちばな》のトランプ賭博場を新城につぶされた過去をもっており、新城には格別の恨みを抱いていた。

一九七四年十月二十四日午後十時頃、新城は宜野湾市のクラブ「ユートピア」で知り合いと談笑中、上原一家の組員二人に至近距離から拳銃を発射され、頭部と胸部を撃ち抜かれて即死した。

その生々しい現場を目撃した人物が愛知県にいる。この人物は大山誠一《おおやませいいち》といい、沖縄とは何かと縁の深い奄美大島の出身である。大山はいまはすっかり堅気だが、若い頃は沖縄の裏世界人脈の先駆け的供給源となった（奄美）大島グループに所属し、その後本土に渡って、事件当時は大島グループとの縁から山口組系の組織に所属していた。

名古屋市内のホテルで会った大山は挨拶《あいさつ》が済むと、もってきた茶封筒の裏に「ユートピア」の見取り図を描きはじめた。

――かなり大きな店だったんですね。

「ええ、内地資本の店でしたからね。沖縄資本の店はアメリカンスタイルを真似てみんな前払いでした。そんな店だとケチくさいと思ったんでしょうね、内地から来た私を新城さんがわざわざ『ユートピア』に接待してくれたんです。生バンドが入って、ホステスさんも百人近くおったんじゃないですかね」

沖縄一の武闘派と恐れられた新城は、ウナギの養殖や不動産、風俗営業と手広く事業を展開し、その資産は数億円に上るといわれた。金離れもよく、「ユートピア」では一万円札を気に入りのホステスのドレスの胸元に挟むお大尽遊《だいじんあそ》びで人気を集めていた。

――ところで、大山さんはなぜ沖縄に行ったんですか。

「私とも縁がある山口組の関係者が沖縄に競艇場をつくる話があったんです。それで私が新城さんのところに挨拶に行ったんです」

——「ユートピア」には何人くらいで行ったんですか。

「コザの吉原《よしわら》にあった新城さんの自宅から車五台くらいで行きましたから、二十人はいたと思います」

——「ユートピア」では上原一家の組員が発射した銃弾が、大山さんの目の前を飛んできたという話も聞きましたが。

「いや、それはありません。私はしばらく新城さんと同じボックスで飲んでいたんです。しばらくすると奥のボックスで飲んでいた新城さんの舎弟分が挨拶にやってきた。新城さんは『奥で飲んどる知り合いの弁護士と医者にちょっと挨拶に行ってくるから、大山さんゆっくり飲んどってね』と言って、席を離れたんです。

私は奥の席に移る新城さんを目で追っていたんですが、大きな柱に隠れて見えなくなった瞬間、パン、パン、パンって音がしたんです。すぐに駆けつけようと思ったんですが、ボックス席の背が高くて抜け出すのに手間どりました。必死で走って最初に駆けつけたのは、新城さんのボディーガードを兼ねた側近の富永《とみなが》（清《きよし》）さんでした」

富永は現在、指定暴力団「沖縄旭琉会」の会長である。

——店に入ってから、銃声がするまでどれくらいの時間だったんですか。

「二十分か三十分くらいですかね」

——撃たれた直後の新城さんの様子はどうでしたか。

「仰向けに寝て頭から血がちょっと出てました。体はまだ温かったですね。新城さんと知り合いの店の女性が、新城さんのジャンパーを持ってそばにうずくまっていた。あれだけはいまも忘れられないですね」

——犯人らしき男の姿は目撃できませんでしたか。

「人相まではわかりませんが、人影がさーっと逃げて行くのは見えました。あの頃の沖縄の店は暗かったですからね。ただ服装がちょっと派手だったので、組関係者という感じはしました。新城さんの組の者がその男に飛びついたんですが、男はもう一発撃って腕を撃ち抜かれた」

沖縄ヤクザ界の頂点に立つ超大物の新城ミンタミーを即死させ、子分に重傷を負わせた派手な服装の男は、事件直後に自首して逮捕された。

その後、このヒットマンを探し当ててじっくり話を聞いた。フィリピン人軍属と沖縄女性の間に混血児として生まれ、暴力の世界に自己証明《アイデンティティー》を求めていった彼の半生は、戦後沖縄の足取りそのものだった。この島の悲惨な歴史を自分の肉体に刻み込み、その存在自体が戦後の沖縄ともいえる彼の話は、後で詳しく述べたい。

首領の新城を上原一家の組員に射殺された旧「山原派」の怒りはすさまじかった。彼らは「上原勇吉のクビは必ず取る」と言い放ち、すぐさま報復戦に出た。

一九七五（昭和五十）年二月十四日夜、旧「山原派」の七人の男は甘言を弄《ろう》して上原一家の組員三人をおびき出し、ワゴン車で沖縄本島北端の国頭村楚洲《くにがみそんそす》の林道まで拉致《らち》した。七人組は、三人にピストルを突きつけ、上原の居場所を問いつめた。答えないとみた七人組は、三人に穴を掘れと命じた。

四時間かかって深さ一・八メートルの穴が掘りあがると、三人をその穴のなかに蹴落とし、もう一度、上原の居所を聞いた。三人が黙っていると、リーダー格の男がピストルの発射を命じた。三人は自分らの掘った穴のなかに、折り重なるように倒れた。

二人は即死状態だったが、一人は奇跡的に命をとりとめた。七人組は穴の上に土をかけはじめていたが、必死の形相で埋めかけの穴からはいあがろうとする男を見つけると、その男の胸をナイフでめった刺しにした。

ヤクザ抗争史上例を見ない残忍なこの楚洲山中殺人、死体遺棄事件は、その行為のあまりの残虐《ざんぎゃく》さゆえに、マスコミが大きく取りあげ、映画や小説の素材にまでなった。

新城ミンタミー亡き後、沖縄連合旭琉会の実権を握ったのは、又吉スターだった。三人の組員を惨殺《ざんさつ》された上原一家の暗殺目標は、その又吉スターひとりに絞られた。

一九七五年十月十六日早朝、又吉スターは土佐《とさ》犬の訓練のため那覇市内の自宅を出た。

百二十五ccの単車にまたがりロープにつないだ土佐犬を走らせるのが、又吉の日課だった。後ろには三人のボディーガードを乗せた車がついていた。

又吉のオートバイが、首里城近くの琉球庭園で知られる識名《しきな》園敷地内にある霊園に入ったとき、隠れて追走してきた三人乗りのワゴン車がフルスピードでボディーガードの車を追い越しざま、又吉を銃撃した。四五口径の拳銃から発射された五発の銃弾は四発が又吉の胸に命中し、又吉はオートバイを横転させてその場に倒れた。即死だった。

宜野湾の「ユートピア」殺害事件、那覇の「識名園」殺害事件と、沖縄連合旭琉会はわずか一年の間に、ふたりの理事長を相次いで失ったのである。

上原一家と沖縄連合旭琉会の内部抗争による死者は六人にのぼった。検挙された組員は百人を超え、押収された凶器類はライフル銃、自動小銃、手榴弾など八百点以上にのぼった。これらのなかには米軍がベトナム戦争で使用していた武器類も多く、軍隊の一個中隊が組織化できるほどの重装備だった。

抗争はこれだけでは終わらなかった。台風の目となったのは、宜保俊夫率いる第三の勢力の東亜友愛事業組合沖縄支部だった。設立時、支部長の椅子にあった宜保は、東亜友愛事業組合本部の理事に就任したのを機に、支部長のポストを腹心の平良長裕《たいらちょうゆう》に譲った。前述した空手舞踊家の嘉手川に強く組織入りを迫ったのが、この平良だった。

平良は上原一家と沖縄連合旭琉会が内部対立しはじめた一九七四（昭和四十九）年春

頃、組織決定も経ずに、上原一家の頭目の上原勇吉と五分の盃を交わした。
この独断専行に怒った宜保は平良を除名処分とした。だが、沖縄連合旭琉会の立場からすれば、平良と上原の兄弟盃は、東亜友愛事業組合沖縄支部と上原一家の握手にほかならなかった。こうして東亜友愛事業組合沖縄支部は、沖縄連合旭琉会と真っ向から対立する敵対関係に入った。平良の自宅に銃弾が撃ち込まれ、宜保の自宅には若い者が当番制で泊まり込んで、宜保の身辺警護に当たった。

沖縄連合旭琉会が放った刺客を恐れた平良は本土に高飛びし、最後は南米のアルゼンチンまで逃走した。平良は後年、空手指導のためアルゼンチンを訪問したかつての空手の師匠の比嘉佑直に「沖縄に帰りたい」と苦しい胸の内を打ち明けた。平良はその思いを果たせぬまま異郷の地で病没《びょうぼつ》したという。

東亜友愛事業組合沖縄支部は、もうひとり厄介《やっかい》者を生んだ。以前から執行部と反目《はんもく》していた幹部の仲本政弘《なかもとまさひろ》は、一九七七（昭和五十二）年一月、同支部を脱退し、山口組系大平組《おおひらぐみ》内古川組《ふるかわぐみ》組長の舎弟となり、那覇市内に「古川興行沖縄本部琉真会《りゅうしんかい》」の看板を掲げた。

これは、平良がかねてから同調的だった上原一家の動きと呼応する旗揚げだった。上原一家首領の上原勇吉は一九七六（昭和五十一）年十一月、山口組系大平組組長の舎弟となり、実弟の上原秀吉《ひできち》も大平組組長と盃を交わし、山口組傘下の上原組を結成した。

こうして沖縄の暴力団地図は、山口組系の上原組（構成員約三十人）・琉真会（同約二十人）VS沖縄連合旭琉会（同約八百人）という構図に塗りかえられた。

これまで沖縄のヤクザ抗争は、いわば〝内ゲバ〟だった。だが、日本最大の暴力組織の山口組が参入することによって、沖縄ヤクザ抗争は本当の〝いくさ〟になった。戦闘には米軍のカービン銃が使われ、対峙《たいじ》する機動隊に正面から銃撃戦で挑んだ。

機動隊員がカービン銃で銃撃される非常事態に、沖縄県警本部長は「今後は暴力団の発砲に対して射殺もやむなし」という異例の見解を示した。沖縄県警元刑事部長の稲嶺《いなみね》勇《いさむ》が、その当時を振り返る。

「あれは〝戦争〟でした。米軍の手榴弾まで使われましたからね。組事務所を警戒中の警察官にカービン銃を発砲し、警察官が倒れた隙《すき》に、相手の組事務所に手榴弾を投げ込む。倒れた警察官は、勇敢にもその場で立ちあがって拳銃で応戦しました」

一九七七年五月、抗争で殺害された山口組系上原組組員の葬儀参列を理由に、山口組の本体約三十人が空路来沖した。このとき沖縄県警は山口組組員を空港内で足止めする水際作戦で彼らを一歩も那覇市内に入れなかった。その警備にあたった沖縄県警元捜査二課長の三島義定《みしまよしさだ》は言う。

「彼らは強引に上陸しようとした。そこでサシで話そうと、『君たちがどうしても行くというなら、警察は警備車両をつけない。敵の鉄砲玉を食らっても警察は責任はもてない』と説得したんです。極道には極道の扱い方があるんです」

これより約半年前の一九七六年十二月、上原一家との抗争で新城、又吉の二人の理事長を殺害された沖縄連合旭琉会は、組織の立て直しを図るため、名称を沖縄旭琉会と改め、会長に若手行動派の多和田真山《たわだしんざん》を据えた。その後、組織の名称を二代目旭琉会と改称した多和田は、一九八一（昭和五十六）年七月、三代目山口組組長の田岡一雄を後見人に山口組系古川組組長らと兄弟分の盃を交わした。

一方、多和田に反感を持つ二代目旭琉会反主流派の富永清（現・沖縄旭琉会会長）は稲川会《いながわかい》系組織と兄弟分の盃を交わしたため、二代目旭琉会は主流、反主流とも本土暴力団と友誼《ゆうぎ》関係をもつことになった。

一九八二（昭和五十七）年十月九日未明、沖縄市のスナック「ＣＯＯＬ」で飲んでいた二代目旭琉会会長の多和田は、反主流派の富永一家の組員に背中を撃たれて射殺された。沖縄暴力団現勢力の、沖縄旭琉会VS三代目旭琉会という構図の源流となる第五次抗争の幕が切って落とされた瞬間だった。

沖縄旭琉会VS三代目旭琉会

二代目旭琉会会長の多和田真山が、同会反主流派の富永一家組員に射殺されたのは、多和田が組織内にあまりにも性急に独裁体制を布《し》いたためである。

多和田は三代目山口組組長の田岡一雄を後見人に山口組系列の本土暴力団組長と五分の盃を交わすと、沖縄全土を十四の〝シマ〟に分割し、そのピラミッド型組織の頂点に会長が君臨する独裁政権をつくった。具体的には十四人の総長に各シマを分割統治させ、そこからあがる〝しのぎ〟をトップの自分に上納させる強権システムだった。

その多和田をトップとする二代目旭琉会が日本最大の暴力団である山口組系の傘下に入ったのは、四次にわたる抗争事件を教訓化した沖縄ヤクザなりの、いわば〝安全保障条約〟だった。組織のバックに山口組という強力な後ろ楯がつけば、これまでのような分裂騒動の火種は未然に防げるし、山口組本体の沖縄侵攻にも怯《おび》えずに済む。

旭琉会と山口組の友好関係は、田岡一雄が一九八一（昭和五十六）年七月に死去し、多和田が翌年十月、二代目旭琉会反主流派の富永一家組員に射殺されてからもつづいた。田岡の跡目を継いで山口組四代目組長となった竹中正久は、一九八五（昭和六十）年一月に多和田亡きあとの二代目旭琉会を引き継ぎ、三代目旭琉会会長となった翁長良《おながりよう》宏《こう》の招待で、二泊三日の沖縄ゴルフ旅行を楽しんだりもした。

このとき竹中は常習賭博罪に問われ、最高裁で上告を棄却《ききやく》され近々収監されることになっていた。この沖縄旅行は、その〝入所前祝い〟のための接待ゴルフではないかと皮肉られ、写真週刊誌は面白がって「〝お勤め前〟の総長ゴルフ」と書き立てた。

竹中はこのゴルフ旅行から十日後に抗争中の一和会《いちわかい》のヒットマンに暗殺された。従って、これは文字通り竹中のこの世の見納めのゴルフ大会となった。

多和田真山の没後、三代目旭琉会を仕切ったのは、会長の翁長良宏と理事長の富永清の二人だった。富永は前会長の多和田を射殺する組員を一家から出す不祥事を起こしていたが、一年間の謹慎処分でそれは不問に付された。

翁長―富永の二頭立て体制はしばらく平穏裡《り》につづいた。対立が表面化したのは、昭和天皇の喪が明けて間もない一九九〇年だった。

この年の九月十三日の正午過ぎ、富永一家の幹部組員が、八年前に射殺された二代目旭琉会会長の多和田真山直系組事務所に乱入し、銃弾を発射して幹部に重傷を負わせる事件が起きた。

この事件から四日後、三代目旭琉会会長の翁長は理事長の富永を絶縁処分とした。これに対して富永理事長派は、逆に三代目旭琉会に脱会状を叩きつけ、その日のうちに沖縄旭琉会を旗揚げした。分裂した時点での勢力は、三代目旭琉会約四百人、沖縄旭琉会約六百人と、反主流派の方が構成員数で勝っていた。

第四次抗争から十六年、沖縄は再び銃声と硝煙につつまれた。第五次抗争といわれた三代目旭琉会VS沖縄旭琉会の発砲事件を時系列的に並べると次のようになる。

十月三日　宜野湾市内の飲食店で沖縄旭琉会系の組員が三代目旭琉会系の組員二人に狙撃され即死。

十月十二日　那覇市内の沖縄旭琉会系組事務所前で同組員が三代目旭琉会系組員に発砲され死亡。

十一月二十二日　那覇市内の三代目旭琉会系組事務所で防御ネット取り付け工事中のアルバイト高校生が組員と間違えられて射殺。

十一月二十三日　沖縄市で覆面パトカーで警備中の警官二人が三代目旭琉会系組員二人に銃を乱射されて即死。現場付近を通りかかった主婦も流れ弾にあたって重傷。

十一月二十五日　浦添市内のスナックで沖縄旭琉会系組員が、三代目旭琉会系組員一人を射殺、一人に重傷を負わせる。

第五次抗争は結局、わずか三カ月の間に二十九件の発砲事件が発生し、死者六名（うち市民一名、警官二名）を出す全面戦争となった。

沖縄のヤクザ抗争ではこれまで市民がまきぞえを食って死亡したり、警官が重傷を負ったケースはあったが、警官が射殺されたのはこの第五次抗争がはじめてだった。

沖縄県警はこれを警察への公然たる挑戦と受けとめ、主流派の三代目旭琉会会長の翁長や、反主流派の沖縄旭琉会の幹部らを大量逮捕する「頂上作戦」に踏み切った。

警官射殺事件で沖縄県警に逮捕された三代目旭琉会系組員は、那覇地裁で無期懲役判決を受けた。また、主犯格の三代目旭琉会錦《にしきいっか》一家幹部の又吉カマーこと又吉建男《たてお》を殺人、殺人未遂、銃刀法違反の容疑で全国指名手配した。

〈見かけたらすぐ110番　平成2年11月、暴力団抗争警戒中の警察官2名を殺害した犯人です。三代目旭琉会錦一家幹部。又吉建男（51歳）（異名　又吉カマー）沖縄県豊見城《とみぐすくそん》村出身。身長　172㎝。職業　不詳。特徴　両肩に花のいれずみ。背中に唐獅子《からじし》のいれずみ。連絡先　沖縄県警本部刑事部暴力団対策課〉

ダイエーの取材で沖縄を訪ねたとき、宮古島のタクシーの座席前のプレートに貼《は》られていたのが、見るからに凶暴そうなこの指名手配写真だった。パンチパーマで、顔に矢印入りで「ホクロ」「ホクロ」「ホクロ」と三箇所書き込まれた人相書きは、又吉カマーというかにも沖縄生まれの凶悪犯らしい名前の響きもあって、ぞっとするほど恐ろしかった。

タクシーの窓からは風にそよぐ青々としたサトウキビ畑が見えた。人っこひとりいないそのサトウキビ畑のどこかに、又吉カマーという凶悪犯がひそんでいるような気がして、一刻も早くその場を離れたかった。

又吉は犯行後、本土に高飛びして京都の会津小鉄会《あいづこてつかい》系暴力団の幹部宅に匿《かくま》われ、その後、山口県下関《しものせき》市内に潜伏したことまでは確認されている。

事件当時、又吉と同じ三代目旭琉会に所属し、いまはそこと敵対する沖縄旭琉会に鞍《くら》替《が》えした小指のない幹部組員によれば、又吉は恐らくもう死んでいるだろうと言う。

「一二〇パーセント、骨になっていると思います。本人がガンで余命幾許《いくばく》もないって言ってましたから。沖縄の娘に電話してきて、オレはもう長くないから、オレを思い出したら、京都の方に向かい手を合わせなさい、と伝えたという話も聞いてます」

関西に潜伏したこの時代、又吉は大阪で整形手術をしてホクロをとったという。整形後のインテリ風のメガネをかけた指名手配写真も見たが、どんなに整形をしようと、その顔は一度見たら絶対に忘れられない又吉カマー以外の何者でもなかった。

――カマーは死ぬ前にタコ焼きを腹いっぱい食いたいと言っていたという話も聞きました。

「さあ、ガンの末期患者がタコ焼きが食いたいなんて言うとは思えませんがね」

――沖縄県警本部長は、又吉カマーだけは骨になってもあげる（検挙する）と言っていました。仲間を二人も殺されていますからね。

「県警も本当はあの事件をもう投げたいんです。でも死体があがらない限りは」

――やっぱり終結宣言は出せない。それにしてもカマーは実に凶暴そうな顔してますね。どんな男だったんですか。

「どちらかと言えばヤクザタイプではなく、スケこましタイプです（笑）」

――ほう、そうなんですか。人は見かけによらない（笑）。

「いや、それでメシ食ってたんだから、はっきり言って。カマーの渾名《あだな》知ってますか？金魚って呼ばれていたんです」

――えっ、金魚？　どんな意味ですか。

「お寿司屋さんなんかに置いてあるちっちゃな魚型の醬油《しょうゆ》入れがあるじゃないですか。プラスチック製の。それに覚醒剤というか媚薬《びやく》を入れていつも持ち歩いていた」

――それで金魚なんですか。でも媚薬って何ですか。

「ヤギのタネ付け用に使う催淫《さいいん》剤です」

――えっ、ヤギですか。

「その催淫剤に覚醒剤を混ぜる。で、（那覇市内の）松山のクラブなんかに行って、女が便所に行っているスキに、女のグラスにそれを一、二滴垂らす。それを知らずに飲むと、女はもう黙っておられんわけですよ」

――はぁ？

「どんな女でも豹変《ひょうへん》します。もうやりたくてやりたくて、尻をむずむずさせる。金魚が尻尾《しっぽ》をふるみたいに。おい行こうか、と言えば、どんな女でもすぐついてきます。だから、金魚なんです」

――魚型のプラスチック容器をいつも持ち歩いているから金魚なのではなく、女が尻をふるから金魚なのか。カマーってそういうヤツだったんですか。

「だからちっともカッコいいことない（笑）」

一九六一（昭和三十六）年九月の第一次抗争（「那覇派」VS「コザ派」）から、一九九〇年九月の第五次抗争（三代目旭琉会VS沖縄旭琉会）まで、沖縄のヤクザ戦争は実に三十年の長きに及んだ。

これ以降現在まで、沖縄旭琉会と三代目旭琉会の間で死傷者が出るような抗争事件は起きていない。

これは暴力団を取り締まる警察の側から言えば、法整備の勝利だった。

一九九二年三月に施行された暴力団対策法（暴対法）では、寄付金の強要、不当な利息を伴う債権取り立て、示談への介入など十一項目の行為が規制された。指定暴力団同士の対立抗争が起きたときには組事務所の使用も禁止できる。
さらに一九九七年十月施行の改正暴対法では、暴力団の内部抗争にも適用範囲を広げるなど、規制強化の内容が盛りこまれた。

ヤクザ社会には「白いキモノを着るか、青いキモノを着るか」という隠語がある。白い着物とは経帷子《きょうかたびら》、すなわち死ぬことであり、青い着物とは囚人服、すなわち刑務所入りを意味する。この筆法《ひっぽう》をもってするなら、沖縄のヤクザ社会は五次にわたる抗争で夥《おびただ》しい数の白いキモノと青いキモノを出したあげく、暴対法の施行によって漸《ようや》く終結をみたことになる。

しかし、数々の抗争事件を取り締まってきた沖縄県警元刑事部長の稲嶺勇は、沖縄のヤクザ社会でここ何年も事件がないのが、むしろ不気味だという。

「抗争があって、しばらく静かな期間がある。その間に資金を貯めこむ。それが沖縄ヤクザ抗争のバイオリズムです。それで、親分が引退する時期になると、貯めこんだ金を置いていけ、ということになる。『誰のおかげで儲《もう》けたか、わかっているな』というわけです。抗争がここ十年くらいありませんから、そろそろ何かあるかもしれません」

――いま沖縄の暴力団の主なシノギは何ですか？

「バクチでしょうね。非合法のゲーム喫茶もあります。沖縄の賭場《とば》は現金を持っていな

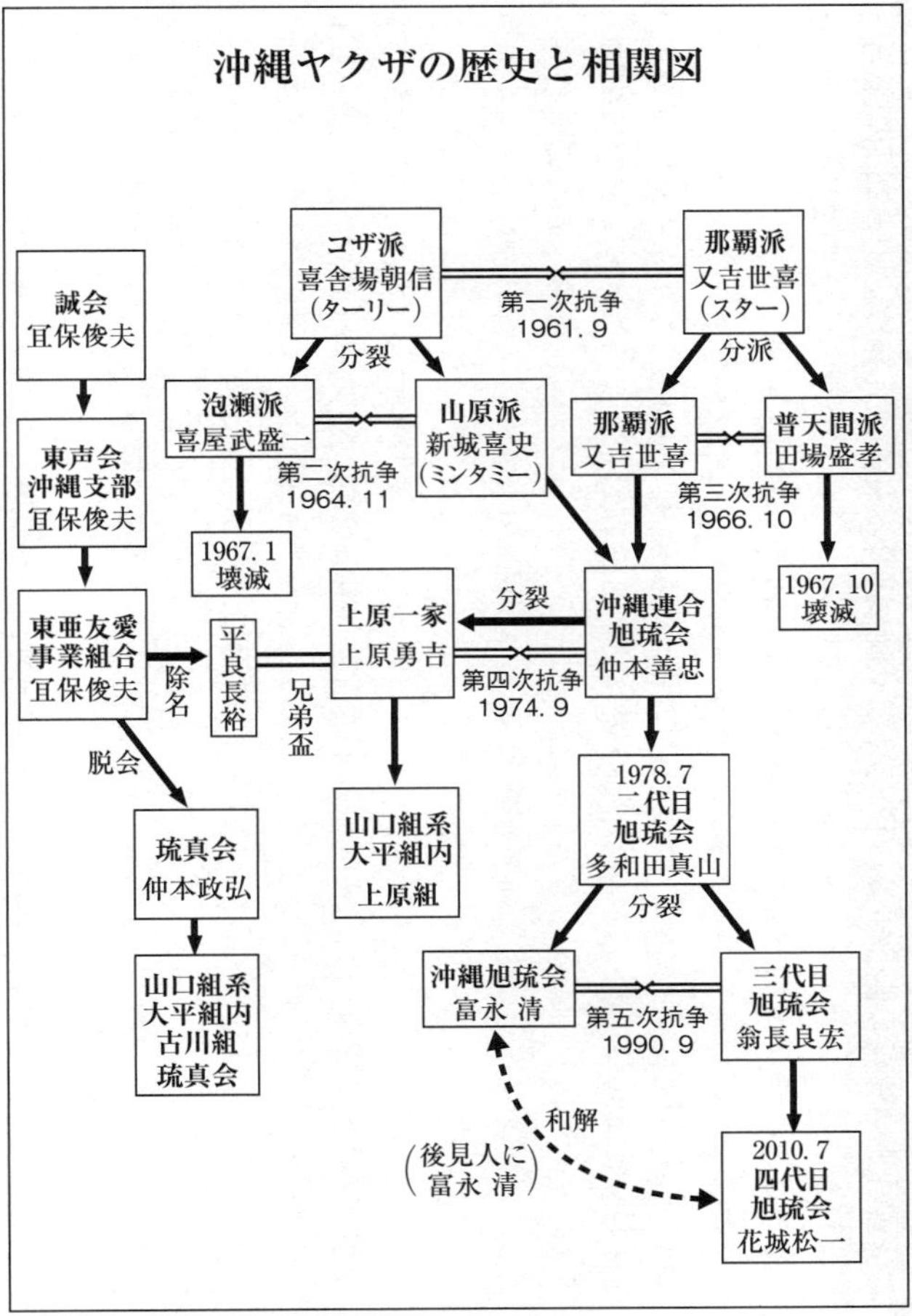
沖縄ヤクザの歴史と相関図
誠会
宜保俊夫
東声会
沖縄支部
宜保俊夫
東亜友愛
事業組合
宜保俊夫
除名
平良長裕
兄弟盃
脱会
琉真会
仲本政弘
山口組系
大平組内
古川組
琉真会
コザ派
喜舎場朝信
（ターリー）
分裂
那覇派
又吉世喜
（スター）
第一次抗争
1961. 9
分派
泡瀬派
喜屋武盛一
山原派
新城喜史
（ミンタミー）
第二次抗争
1964. 11
1967. 1
壊滅
那覇派
又吉世喜
普天間派
田場盛孝
第三次抗争
1966. 10
1967. 10
壊滅
上原一家
上原勇吉
分裂
沖縄連合
旭琉会
仲本善忠
第四次抗争
1974. 9
山口組系
大平組内
上原組
1978. 7
二代目
旭琉会
多和田真山
分裂
沖縄旭琉会
富永 清
三代目
旭琉会
翁長良宏
第五次抗争
1990. 9
和解
（後見人に
富永 清）
2010. 7
四代目
旭琉会
花城松一

いと入れないんです。こちらの言葉で『ミスティー』って言うんですが」

――ミスティー？

「現金を『見せろ』っていう意味です」

――ああ、「見せて」か。

「そうです。現金がない連中は、不動産の権利書を持ってきたりする」

――賭場はどんな場所にあるんですか。

「オープンな繁華街ではなく、最近は住宅街に移っています。バクチ以外の稼ぎとしては、あとは女（売春）でしょうね」

――クスリはどうですか。

「あんまりないですね。バクチがある限り、クスリはあんまり扱う必要がない」

――拳銃はどうですか。

「最近はあまりあがりません。昔はトカレフが多かったですけどね。フィリピンルートで何百挺とあがった。〝いくさ〟がないから潜行しているんでしょう。沖縄にはいま、六百～七百人の極道がいますが、メシが食えているのは半分くらいでしょう。残り半分は、正業についたりカタギの仕事をして、やっとシノギを払うという状態じゃないですか。おいしい思いをしているのは、ごく一部です」

沖縄は所得で全国最低、失業率で全国最高と、経済面では暗い部分ばかりが強調されている。だが、統計数字には表れない沖縄独自の経済活動がある。模合《もあい》または寄合《ユーレー》と呼ばれる相互金融融通組織を通じての経済活動である。

これが沖縄経済の地下水脈を動かしている。全国最低の所得しかない沖縄が、あまり貧しく見えないのは陽気な南国の気候のせいもあるが、こうしたアングラマネーによるところが大きい。

闇の世界に飛び交うこの潤沢なフローマネーが、沖縄経済を統計数字以上に活気づかせている。と同時に、沖縄ヤクザの豊富な資金源ともなっている。

上空から見る那覇の町並みは、全国最低所得の県庁所在地にはとても見えず、東京や大阪と比べてもまったく遜色《そんしょく》ないダイナミックな大都会である。

海邦国体が開催された一九八七（昭和六十二）年当時、沖縄県警本部長だった菅沼清高《すがぬまきよたか》は、模合による裏経済には表経済と同程度の資金力があるのではないかという。

「沖縄の表経済は琉銀（琉球銀行）や沖銀（沖縄銀行）を通して動いてますが、裏経済は模合で動いている。私の京大時代の友人で、第一勧銀（現・みずほ銀行）入りして沖縄支店長に赴任した男がいます。沖縄に進出している本土の銀行は、宝くじを扱っている関係で第一勧銀しかありませんが、その男がしきりにこぼすんです。沖縄のマネーはちっとも銀行を通っていってくれない、かなりの資金が模合の世界に潜りこんじゃうって。

一人が必ずしも一つの模合に入っているわけじゃない。一人でいくつもの模合に入っているケースの方がずっと多い。同窓会の模合、町内会の模合、職場の模合……。沖縄県警の模合？ 当然あるでしょうな（笑）。私は入ったことがないんでよくわかりませんが。ですから沖縄の暴力団のシノギも、アングラ経済の模合とどこかで結びついているという感じは受けました」

沖縄旭琉会の幹部によれば、沖縄暴力団二大組織の沖縄旭琉会と三代目旭琉会の現勢力は、前者の二次団体が十五、後者の二次団体が五と、分裂当時は反主流派といわれた沖縄旭琉会の方が優勢下にあるという。

沖縄旭琉会会長の富永清は沖縄では珍しいタイプのインテリヤクザといわれる。

富永は一九四六（昭和二十一）年、沖縄本島から西に約百キロ行った東シナ海に浮かぶ久米島で生まれた。地元の中学を卒業後、本土に渡って国士舘大学の体育学部に進んだ富永は、大学では柔道の練習にうちこんだ。

国士舘を出たあと故郷の久米島に戻り、母校の中学の体育教師になるのが富永の夢だった。だが、同じ寮に住む学生との間で傷害事件を起こし、退学を余儀なくされた。

久米島に帰った富永は、夢を断たれたやけっぱちから不良グループのリーダーとなり、「コザ派」頭領の喜舎場朝信の許《もと》に身を寄せた。これが富永が稼業入りするきっかけとなった。

久米島出身者は沖縄県警でも一大派閥を形成している。口の悪い沖縄人《ウチナーンチュ》に言わせると、泡盛《あわもり》古酒「久米仙」の蔵元程度しか産業らしい産業がない久米島では、教師になるか警官になるか、さもなくばヤクザになるかしかないと、昔から言われてきたという。

一方、三代目旭琉会会長の翁長良宏は一九三四（昭和九）年、那覇市の裕福な家庭に生まれた。だが戦争によって両親を失い、たったひとりの妹とも生き別れとなり、十歳にして天涯孤独の身となった。

戦後は難民収容所に強制的に収容され、その環境からごく自然に〝戦果アギヤー〟の一群に身を投じた。沖縄の暴力団事情に詳しい琉球新報の記者によれば、翁長は沖縄を愛してやまない生粋《きっすい》の武闘派ナショナリストとして知られているという。

「裁判で検察側から質問されると、物凄い沖縄口《ウチナーグチ》でまくしたてるんです。誰も意味がわからないので、翁長の取り扱いには警察も裁判所もほとほと手を焼いています」

沖縄旭琉会と三代目旭琉会は、このまま分裂状態を続けるのか。両派の再統一を実現するのに最も近いといわれる男がいる。沖縄旭琉会で会長の富永清に次ぐナンバー2の座にあるその男に、沖縄市の自宅で会った。彼の受け答えはきわめて率直だった。

――生まれは富永さんと同じ久米島と聞きましたが。

「そうです。東京に出て国士舘に入ったのも一緒です。私も中退ですが」

――すると稼業の世界は相当長くなりますね。

「二十一～二十二歳くらいからだから、三十年余りになりますね」

——それにしても沖縄のヤクザ抗争は長期化しますね。何でなんですか。

「沖縄のヤクザは本土と違って話し合いで決着する習慣がありません。本土のヤクザはシノギで食えんとなると、手打ちとなる。ところが沖縄はいざとなれば親か兄弟が必ず助けてくれるので、最低限のメシだけは食える。それで最後までいっちゃう」

——なるほどなかなか説得力ある意見です。ところでズバリ聞きますが、沖縄旭琉会と三代目旭琉会の大同団結の可能性はあるんですか？

「そうですね、これは私がどうのこうのというのではなく、うちの会の総意としてそこに目標をおいているわけです」

——睨んでいるのは統合だと。

「そうです。北九州（の暴力団）が一本になりましたよね。あれと（沖縄の暴力団は）似とるんです。幹部同士は何とかしようと何度も接触しとるんですが、あちら（三代目旭琉会）の親分が小心者で、若い衆のことより自分の身の保全に一生懸命ですからね」

北九州の暴力団が一本化したというのは、内部分裂した工藤組《くどうぐみ》と草野一家《くさのいっか》が工藤連合草野一家（現・四代目工藤會）として再統一されたことを指す。北九州の小倉《こくら》を本拠地とする工藤連合草野一家は、山口組、稲川会、住吉連合につづき全国で四番目の指定暴力団に挙げられた名うての武闘集団である。

――それで再統一がうまくいかない。もうひとつシビアな質問をします。第五次抗争で沖縄旭琉会と敵対した三代目旭琉会幹部の又吉カマーが警官二人を射殺した。警察はいまだに又吉カマーを追っていますが、すでに死んでいるともいわれている。問題はその死に方で、彼が所属していた沖縄の組関係者に口封じのため殺されたという噂もあります。又吉カマーを骨にしたのは誰なんですか？

「ま、その辺はわかりませんが、もしその噂が本当だったとしたら、それはもうヤクザの世界じゃないですよ」

――確かにヤクザの仁義に悖《もと》る所業です。兄弟殺しと同然ですからね。これも答えにくい質問だと思いますが、沖縄ヤクザの現在のシノギは主に何なんですか？

「ま、シノギというより、どちらかというと正業ですよ、沖縄の場合。不動産だとかパチンコだとか。覚醒剤の密売はほぼゼロだと思います。つい最近も覚醒剤を扱った者についての罰則を強化したばかりです」

――罰則強化？　警察並みですね（笑）。警察といえば、暴力団の生活領域に侵入してくる悪徳警官も随分いるようですね。

「私に言わせたらヤクザ者よりまだ悪いことしてますよ、あいつらは」

――具体的に言うと？

「私を取り調べた沖縄県警の刑事が言ってました。俺たちの仲間でクラブに行っている刑事がいたとしたら、そいつは間違いなく暴力団とツルんでいると。俺たちの安月給では月に二、三回居酒屋に行くのが関の山だ。そうしなければ、子どもを大学にはとても行かせられないってね。真面目そうな刑事が真顔でそう言うんです」

沖縄旭琉会ナンバー2の男は、こちらの質問が沖縄ヤクザ抗争の歴史にも及ぶものと予測していたのか、手回しよく古手の暴力団大幹部をその席に呼んでくれていた。

かつて「コザ派」に所属していたその大幹部は、一九六二年の第一次抗争時、「那覇派」首領の又吉世喜（スター）を旧日本軍の西原飛行場跡地に呼び出し、石と棍棒でめった打ちにして半殺しの目にあわせた男である。目は下ぶくれの顔からこぼれるほど大きく、凶暴な役どころがはまり役のアメリカの個性派俳優アーネスト・ボーグナインの顔をそっくり剝《む》いてつけたようだった。

「スターは強かったね。鍬《くわ》の柄《え》があるでしょ、あの新品が折れるまで殴ってもピンピンしてた。車の後ろに鎖でつないでひきずっても、まだ死ななかった。二度目の襲撃では、ピストルの弾が体を貫通しても生きていた」

――まるで他人ごとみたいな話ですね。でも、実際に鍬の柄で殴ったり、車でひきずったのはあなたなんでしょ？（笑）

「そりゃそうや（笑）。スターとは友達だったけど、やっぱり組織のルールは守らんとね」

こういう話を聞くと、沖縄ヤクザの凶暴さが身にしみて伝わってくる。それにしても半殺しの目にあわせながら、「スターは強かったね」とは、言いも言ったりである。

しかし又吉スターは必ずしも人間ばなれした化け物というわけではなく、盆栽に目のない趣味人でもあったという。

別の関係者によれば、「ピストルで撃たれたとき、スターはお家のそばで『おれ死ぬのかな』と言ってさめざめと泣いていた」そうである。

――又吉スターといえば、後に東声会の幹部となる宜保俊夫と、あわや〝残波岬の決闘〟となる局面もあったという伝説めいた話もありますが。

「あれは宜保が沖縄に組織を作ろうとして、スターに潰されたというのが真相です。宜保はそれを格好づけるため〝残波岬の決闘〟という話をでっちあげ、東声会に走った」

興味津々《しんしん》の証言だった。これが事実なら、宜保は沖縄ヤクザ抗争で〝負け犬〟になったから、本土の暴力団に泣きついたことになる。

それ以上に興味をそそられたのは、彼らの大親分筋にあたる「山原派」元首領の新城喜史（ミンタミー）殺害事件にふれたときの反応だった。新城は一九七四（昭和四十九）年十月、宜野湾市のクラブ「ユートピア」で、敵対する上原一家の組員に射殺された。

その組員には、彼らに会う前に、じっくりインタビューしてきたばかりだった。

「その事件の主犯と共犯に会ってきたばかりです」

私がそう言うと、沖縄旭琉会ナンバー2も「コザ派」の元大幹部も、驚いた表情ひとつ見せないどころか、「はあ、彼らは元気にやってますか」という呑気《のんき》な答えが返ってきた。これには、心底驚いた。

東映ヤクザ映画だったら、組の若い者をすぐ呼びつけ「おんどりゃ、何グズグズしとるんや。いますぐタマ取ってこい」と血相を変えるところだろう。

だが、現実はやはり映画とは大違いだということを、他ならぬホンモノの沖縄ヤクザから思い知らされた。どんなに頑張っても、映画は所詮《しよせん》作り物である。事実の面白さには到底敵《かな》わない。

それは、沖縄本島南部の具志頭《ぐしかみ》村にある保護司宅で、「ユートピア」事件の主犯となった当の元組員に会い、つぶさに話を聞いたときも生々しく実感させられた。

彼が淡々と語った話には、どんな沖縄の戦後史にも書かれていない痛切な人間ドラマが、この島の縮図を抱きすくめるように脈々と息づいていた。

「ユートピア」組長狙撃事件

沖縄のヤクザ抗争史上いまでも語り草になっているのは、一九七四（昭和四十九）年十月二十四日夜、宜野湾市のナイトクラブ「ユートピア」で起きた組長狙撃事件である。

このとき射殺された新城喜史は、前述したように沖縄方言で目玉を意味するミンタミーと呼ばれ、泣く子も黙ると恐れられた沖縄連合旭琉会の理事長だった。

新城ミンタミーに四発の銃弾を浴びせて即死させたヒットマンは、当時、沖縄連合旭琉会と内ゲバ状態に入っていた上原一家に所属する二十五歳の男だった。

組の頭をとられた沖縄連合旭琉会の怒りはすさまじかった。彼らはすぐに報復戦に出た。この報復戦についてはすでに述べたが、ここでもう一度簡単に紹介しておこう。

「ユートピア」事件から約四カ月後の一九七五（昭和五十）年二月十四日夜、沖縄連合旭琉会に所属する七人の男たちは、上原一家の三人の男を甘言を弄して巧みに沖縄本島北端の国頭村楚洲《くにがみそんそす》の山中におびき出し、三人に穴を掘れと命じた。そしてその穴の中に三人を蹴落とし、ピストルを乱射してみな殺しにした。

血で血を洗う抗争はこれだけでは終わらなかった。

三人の仲間を虐殺《ぎやくさつ》された上原一家の新たな攻撃目標となったのは、新城ミンタミー亡きあと、沖縄連合旭琉会の実権を握ったもう一人の同会理事長の又吉世喜だった。スターと呼ばれ、沖縄ヤクザの人望を一身に集めていた又吉世喜は、楚洲山中組員虐殺事件から八カ月あまり後の一九七五年十月十六日早朝、那覇市首里城近くの「識名園」で土佐犬を散歩させていたとき、後ろからワゴン車で追走してきた男たちによって射殺された。

これから述べる話を理解してもらう手助けとして、沖縄ヤクザの歴史をもう一度おさらいしておく。

沖縄連合旭琉会は、一九七二(昭和四十七)年五月十五日の沖縄本土復帰を目前にした沖縄の暴力団が、山口組など本土暴力団の沖縄侵攻に備えるため、旧来の「那覇派」と「山原派」が大同団結した組員八百人を擁する一大組織である。

「那覇派」が腕に覚えがあるストリートファイター系の空手家を中心とする愚連隊集団だったのに対し、「山原派」は米軍基地から衣服や食料、武器弾薬を盗み出す〝戦果アギヤー〟と呼ばれるアウトロー集団をルーツとする。

「ユートピア」で射殺された新城は「山原派」の元首領、「識名園」で射殺された又吉は「那覇派」の元首領だった。

沖縄一の売春街としても有名な真栄原《まえはら》社交街近くのクラブ「ユートピア」で発射され

た銃弾は、本土復帰後の沖縄ヤクザ世界に新たな抗争事件の引き金を引く、文字通りの一発となった。

琉球新報は、この事件を十段の扱いで大きく報じている。

〈二十四日午後十時五分ごろ、宜野湾市真栄原八三、クラブ「沖縄ユートピア」内で暴力団による短銃乱射事件があり、暴力団員二人が撃たれ、一人が即死、一人が左肩を撃たれ、病院にかつぎ込まれた。ユートピア内には約五十人の飲み客がいたが、短銃乱射に一時、騒然となった。犯人は二人組で一人は短銃を威かく発砲しながら、あとの一人は那覇署に自首した。現場には通りがかりのタクシーの運転手や付近住民が「何事か」と約八十人余が押しかけ、ユートピアをかこむように警察の捜査を見守っていた。事件発生と同時に普天間署をはじめ県警、那覇署など非常招集をかけ、特捜本部を設けると共に犯人逮捕と二次発生防止に動いている。

殺されたのは警察の調べで、沖縄連合旭琉会理事長、新城喜史（四二）。新城らはユートピアの奥の右側で酒を飲んでいた。犯人の一人の男は入ってくるなり、いきなり一メートルの至近距離から短銃三発を乱射した。弾は三発とも頭に命中、新城は即死した。

短銃を持った犯人の一人は他の一人を追っかけて同クラブの裏口から逃げる新城

の仲間に発砲した。撃たれた男は暴力団組員・島袋忠盛（二八）で左肩に弾を受け、病院にかつぎ込まれた。

乱射事件があったユートピアは宜野湾市大謝名《おおじゃな》三差路から真栄原へ抜ける県道34号線に沿った右側にあって大きなクラブ。通報と同時に普天間署員が現場にかけつけ、捜査に乗り出した（後略）〉（昭和四十九年十月二十五日付）

同記事は、「ユートピア」が一年前にオープンした約百名の客を収容できる、沖縄でも屈指の大きなクラブであることも伝えている。

この記事にもあるように、犯人の一人は事件後すぐに那覇署に自首してきた。同じ日の琉球新報は、そのときの様子を「ムカムカしてやった」という見出しを掲げて、次のように報じている。


〈組織暴力団「沖縄連合旭琉会」の理事長殺害事件を捜査している普天間署と県警では、事件発生と同時に主要幹線道路で非常線を張って警戒していたが犯人の一人が事件発生から約二十五分後の二十四日午後十時三十分、那覇署に自首してきた。

自首してきたのは、本籍、島尻郡《しまじりぐん》具志《ぐし》頭村《かみそん》字新城《しんじょう》、宜野湾市大山の米琉ハウス内、

Cの一〇一、無職、日島稔《ひじまみのる》（二五）。日島は自首してきた際に凶行に使用した短銃、SW38口径一丁と実弾一発、薬きょう五発を持っていたため、同署では証拠品として押収するとともに県警本部科学捜査研究所で硝煙反応の有無の検出を急いでいる。

警察のこれまでの調べによると、日島は、さきに旭琉会内部で起きた集団リンチ事件での被害者グループのかたわれ。うちわもめから発した集団リンチ事件は、その後もしこりとして同会内にくすぶっていたが、これが報復殺人事件として一気に爆発したもの。県警では同リンチ事件は旭琉会の大親分である殺された新城理事長の意図を受けて行われたといわれているだけに、リンチ事件をうらんでの犯行とみている。日島はリンチ事件後、解散した上原一家の子分だった。自首してきたときは落ちついていた。

日島は那覇署の調べに対し「山原派のボスである新城にいつもバカにされていたので見るだけでムカムカしていた。きょうはユートピアに友人と二人で酒を飲みにいった。自分は約半年くらい前に米人から買った短銃をいつも持っていた。ユートピアで酒を飲んでいると、クラブの奥に新城が座っているのを見て殺してやろうと思い近づいて一メートルくらいの距離から横腹をねらって発砲した。倒れたので頭に一発撃ち込んだ。新城には二発撃ったと思う。それからクラブの外に出ると、クラブから大勢出てきたので威かくのために空に向けて発射した」

と犯行のもようを話している〉

琉球新報の記事にはいくつか誤りがある。射殺された新城喜史の年齢は正確には四十五歳。新城に向けて発砲された銃弾は計四発で、二発が頭部に、残り二発が肩腹部に命中している。また左肩貫通の重傷を負った暴力団員は、島袋忠盛ではなく、上里忠盛《うえざとちゅうせい》である。

佐木隆三《さきりゅうぞう》の『海燕《うみつばめ》ジョーの奇跡』（新潮文庫）は、「ユートピア」事件の主犯となったその日島をモデルにした小説である。

後に時任三郎《ときとうさぶろう》の主演で映画化された「海燕ジョーの奇跡」での日島は、フィリピン人軍属と沖縄人《ウチナーンチュ》女性との間に生まれた混血の私生児ジョーとして描かれている。

ただし小説では、ジョーは新城ミンタミーを射殺した後、もう一人の沖縄連合旭琉会理事長の又吉スターも殺害し、まだ見たこともない父を求めてフィリピンに密航するというストーリーになっている。

実際の日島稔はむろんフィリピンに密航したりはせず、自首後、裁判で懲役十三年の実刑判決を受け、出所後はヤクザの世界には戻らず、稼業からきっぱりと足を洗って沖縄で暮らしている。

「ユートピア」事件の捜査を担当した沖縄県警元刑事の山城正輝《やましろせいき》は、事件後すぐに自首してきた日島に忘れられない思い出がある。

『『ユートピア』の店内を実況検分したとき、日島くんは『お線香をあげさせてくれませんか』と言ったんです。でも、実況検分に線香なんか用意していませんから、『ない』と言うと、現場で手を合わせていました。そんなことをする暴力団員は初めてでした。

『人を殺したことは悪いけれど、殺された新城さんもヤクザだから、自分の気持ちはわかってくれるんじゃないか、許してくれるんじゃないか』とも言っていました。

日島くんは、いまは完全に堅気になって真面目にやっています。彼は父親がフィリピン人で、生まれてまもなくその父親がフィリピンに帰ってしまったので、お母さんが女手ひとつで育てたと聞いています。非常に義理堅い男というのが、彼を取り調べた私の印象です。

お母さんが目の病気を患っていて、いい病院に行かせてあげたい、ほっておけば盲目になると話していました。それでヤクザをしながらコツコツお金を貯めて、殺人事件を起こしたんですね」

――背後関係はなかったんですか。誰かに教唆《きょうさ》されたとか。

「それはわかっていました。（日島が所属していた上原一家総長の）上原勇吉なんかの教唆によってやったということは、刑事なら誰でも考えますよ」

ここで、日島が所属した上原一家の歴史について少し説明しておこう。

上原一家首領の上原勇吉は、元「山原派」の幹部で、「山原派」きっての武闘派として知られていた。一九六四（昭和三十九）年十一月に勃発した「山原派」VS「泡瀬派」との抗争で、「泡瀬派」首領の喜屋武盛一を刺して重傷を負わせたのは、上原勇吉の実弟の秀吉だった。

勇吉、秀吉の上原兄弟が率いる上原一家は、対立する暴力団との出入りでは決まって「山原派」の先陣をつとめ、多くの服役者を出していた。

ところが、上原一家の組員たちが出所してみると、家族の面倒を見るとの約束は反故《ほご》にされ、「那覇派」と大同団結して沖縄連合旭琉会の理事長におさまった旧「山原派」首領の新城は、上原一家に論功行賞を与えるどころか、ことあるごとに冷たくあしらった。

一九七四（昭和四十九）年九月十七日、沖縄連合旭琉会は、上原勇吉が理事会の決定を無視したなどの理由で謹慎処分とした。上原一家は、沖縄市知花を中心にトランプ賭《と》博《ばく》を開帳して有力な資金源としていたが、新城ミンタミーは沖縄連合旭琉会の理事長権限で、これを潰すという挙に出た。

それから三日後の九月二十日の払暁《ふつぎょう》、通称〝波之上〟と呼ばれる那覇市辻の歓楽街で、沖縄連合旭琉会系の暴力団幹部と上原一家組員とが、些細《ささい》なことからこぜりあいになるいざこざがあった。

上原一家の組員七人は、沖縄連合旭琉会の本部など数カ所のアジトに連れ込まれ、バットや鍬《くわ》の柄などで殴る蹴るの暴行を加えられた。そのうちの一人は、陰茎をペンチではさまれ、亀頭を半分ねじ切られるというひどいリンチを受けた。

この日上原勇吉は、新城ミンタミーに宛て沖縄連合旭琉会の脱会を通告した。さらにそれから約二週間後の十月五日には、上原一家を解散して組員五十人を正業につかせるとの解散声明まで発表した。

にもかかわらず、新城ミンタミーの指令を受けた沖縄連合旭琉会の上原一家に対するリンチ攻勢は執拗をきわめた。

これが「ユートピア」事件の伏線となった。ちなみに日島と一緒に「ユートピア」に乗り込んだ共犯の上原一家組員は、九月二十日の集団リンチ事件で亀頭をペンチでねじ切られ半殺しの目にあった男である。

上原勇吉は沖縄連合旭琉会との一連の抗争がひとまず終息した一九七六（昭和五十一）年十一月、山口組系大平組組長の舎弟となり、実弟の上原秀吉も大平組組長と盃を交わし、山口組傘下の上原組を結成した。

話を「ユートピア」事件の捜査を担当した沖縄県警元刑事の山城正輝のインタビュー

に戻す。

――上原一家はその後、山口組傘下の組となります。「ユートピア」事件の背後で山口組が糸を引いていたとは考えられませんか。

「そこまではなかったと思います」

一九五五（昭和三十）年に琉球警察に入り、一九九七年に定年退職した山城正輝は、沖縄県警の警官二名を射殺して全国指名手配となった又吉カマーも、逃亡する直前、任意同行で取り調べたことがある。

――又吉カマーはどんな男でしたか。

「又吉カマーはヤクザとしてもたいした男ではなかったですね。人間的にも魅力のある日島くんに比べて、人物としてどうってことのない男でした」

三十年以上も前に取り調べた沖縄県警の刑事が、いまでも感心するその日島稔に、生まれ故郷の沖縄本島南部の具志頭村《ぐしかみそん》にある保護司宅で会った。

一九四九（昭和二十四）年三月生まれの日島は、〇六年現在五十七歳になる。真っ黒に日焼けした赤銅色の顔は精悍《せいかん》そのものだった。彼はいま、ホエールウオッチングなどの観光漁師として生計をたてている。

前記の佐木隆三は日島をモデルにした小説『海燕ジョーの奇跡』とは別に、「褐色の銃弾」という中編ノンフィクションを書いている（『殺人百科』徳間書店所収）。〝褐色の銃弾〟というタイトルは、混血の肌をもって生まれた日島が超大物組長を射殺するヒットマンになるまでの人生を、いみじくも言い当てている。

「すみません。タバコを一本もらえますか」

自分がいたのでは自由にしゃべれないでしょう。気をきかした保護司が、そう言って席を外した狭い部屋で、私と二人きりで対座した日島は、開口一番そう言った。

タバコは何年も前にやめたと言っていたので、おそらく自分のことを初めて語る緊張感が、日島に自分でも予想外のそんな言葉を吐かせたのだろう。

だが、それ以降の日島の受け答えは驚くほど正直だった。どんな不躾《ぶしつけ》な私の質問にも、日島は一点のよどみもなく答えてくれた。

昼過ぎからはじまったインタビューは五時間以上にも及んだ。インタビューをはじめたとき部屋に差しこんでいた南国特有のまぶしい光は、いつしか夕暮れの弱々しい光に変わり、やがて夜の気配がしのびよりはじめた。

その間、日島は数奇な出生の秘密からはじまり、父親や母親への思い、混血児としていじめられた少年時代、ヤクザ稼業に入るきっかけ、「ユートピア」事件の顚末《てんまつ》、獄中での心境、そして現在の生活にいたるまで、何一つ包み隠すことなく語った。

それは、いままで一度も聞いたことがない沖縄戦後史のひりひりするような断面だった。

――お生まれはこちらの具志頭村ですね。

「ええ、そうです。戦争が終わった直後です。フィリピンあたりから軍属さんが来られたらしいです。父の名前は、母からの話ですと、ターナーという名前だったと聞いています」

――ターナーですか？

「ええ、何でもキャンプの中で洋服の仕立屋さんをやっていたらしいですよ。母はそこのメイドをしていたと言っていましたね」

――そこでお知り合いになった？

「でも、恋愛感情でそういう関係になったのではなく、無理矢理そういう関係になったものですから、母はびっくりして実家に逃げ帰ったそうです。けれど、やっぱり月のものは止まるし、何カ月かしたら僕が腹の中にいることがわかったんじゃないですか。それで母は父を訪ねて行ったんですが、もうそのときは父は本国に帰ってしまって……」

――そういうことだったんですか。ところでお母さんはご健在ですか？

「いや、つい最近亡《の》うなりました」

――じゃあ、日島さんはお父さんの顔はもちろん知りませんよね。

「そうですね」

——非常に聞きづらい質問ですけれど、お父さんを憎んでいませんか。

「あ、いまは憎しみはないですね。いまは、自分がこうして存在しているのは、父があってくれたからであって、まあ、いかがわしいことであろうが、レイプであろうがなんだろうが、僕をこの世に存在させてくれたのは父だったと思っていますので、憎いとは思っていないですね。

人間の悲しさとか愚かさとか、負の部分を人間は持ち合わせているじゃないですか。そのことに対する理解ができる年齢に達したんでしょうね。ただガキの頃は、自分は生まれてこなければよかったっていつも思いつめていたことは確かですね。

父には会えるものなら会いたいという気持ちもあります。自分の父親がどんな姿かたちをしているかは、やっぱり知りたいですからね。

けれど、向こうの国は平均寿命が短いから、たぶんもう生きていないと思うんです。もうちょっと早い時期に、記憶を呼び覚ましておいたらよかったと思っています。どの部隊に所属していたかも全部わかっていましたから。本気で探そうと思ったら探せたと……」

日島の告白は、戦後沖縄自体の告白のように聞こえた。太平洋戦争末期、「鉄の暴風」にさらされて米軍に暴力的に支配された戦後沖縄に、もし口がきけたとするなら、間違いなく日島と同じ答えをするだろう。

くフィリピン人軍属と沖縄人女性との間に不幸な混血児として生まれた彼の存在そのものが、戦後沖縄の偽らざる姿だった。そして彼の語る話には、戦後沖縄の矛盾を切り裂く一瞬の閃光《せんこう》ともいうべき人生が凝縮されていた。

——よくそこまで正直に答えてくれました。お父さんはいまご存命としたら、八十歳近いんですか。

「母とはいくつ違いだったのかなあ。母は八十一歳で亡くなりましたから、八十歳は間違いなく超えていると思います」

——ところで、小学生の頃は混血児という理由で差別されませんでしたか。〝あいの子〟なんて呼ばれて。

「沖縄では〝あいの子〟とは言わないですね。日本人に対して〝ジャップ〟という蔑《べっ》称《しょう》があるじゃないですか。あれと同じような言葉に〝フィリピッナー〟という蔑称があります。僕は小学生の頃、〝フィリピッナー〟と呼ばれていました。差別は、それはいっぱい受けましたよ」

——具体的にはどんな差別を受けたんですか。

「先輩たちのいじめですね。沖縄の南部地区にはキャンプがありませんから、ハーフが少ない地区なんです。それで余計に異端視されるんです。

いじめがなければ、あまりショックじゃなかったでしょう。いじめの上に（私生児という）事実の暴露ですからね。だから子どもの頃は、『なんで僕は生まれてきてしまったんだろう』って考えたこともあります」

――自殺を考えたことはありますか。

「そこまで、思いつめたことはありません」

――中学までこちらですか。

「ええ、そうです」

――卒業されてからはどんな方面に進んだんですか。

「僕は最初、採石場にいたんですよ。中学卒業後、地元の採石場で働いていた」

――高校に進むつもりはなかったんですか。

「僕は自分で言うのも何ですが、IQはわりかし高い方じゃなかったかと思います。けっこう勉強できよったんです。学校の先生も家に来て『ミノルを何とか定時制（高校）にでも行かせてくれんかな』と言いよったんですが、家計がそれを許しませんでした」

――ああ、経済的に無理だったんですか。

「ええ、ものすごい極貧の家で育ちましたから」

日島の母は彼を産んだ後、彼を連れて山城《やましろ》という自動車修理工と再婚した。だが、彼は山城姓を名乗らず、父親の名前のターナーから姓をとって、田仲《たなか》稔と名乗っていた。

父親の国籍のフィリピンの比島からとった日島と改姓するのは、中学卒業まぎわだった。

「出生届が日島で出されていたのを初めて知ったのは、そのときでした。ふつう、私生児は母方の実家の名字を名乗れますが、それもできなかったのかと思って、びっくりしました。母と山城の親父との間には、僕とは兄弟の間柄になる六人の子どもが生まれました」

――お子さんがそれだけ多いと、ひもじい思いをされたこともあったんですか。

「(それはひもじい)ですよね(笑)」

中学卒業後勤めた採石場では約五年働いた。仕事は重機の運転手やブルドーザーのオペレーターだった。

――ヤクザ稼業の世界に足を踏み入れたきっかけは何だったんですか。

「あの、中学校時分に習った勉強があるじゃないですか。これは、実社会に出て何の役にも立たなかったですね」

――役に立たない。

「立たない(笑)。小さい頃から頭がいいと騒がれた子でも、いざ、実社会に出ると、頭のいいことは何の役にも立たないですね。学歴もなく、財産もない、無一文の人間が、もしかしたらのしあがれるチャンスをつかむことができるのは、そこしかなかったんです」

――なるほど。で、いくつで稼業の世界に入ったんですか。

「十九の末ごろです。成人式の日は親分の家から行きましたから（笑）」

――はあ、そうですか（笑）。親分というと具体的に誰になるんですか。

「上原勇吉さんです。あの頃は、まだその世界に沖縄ドリームがあったんです。男の子だからみんな金も欲しいじゃないですか。地位とか権力も欲しいじゃないですか。いま僕は十五年も刑務所にいて、いっぱい本読んできたから、こういう言葉で表現できますが。あの当時の気持ちで言えば、要するに偉くなりたいの一心でした。僕ら中学卒の人間は、地位とか権力とか、そういう小難しいことは頭の中で理解していなかった」

――あれ、刑期は十三年ではなかったんですか。

「刑務所でケンカしましてね（笑）。それで懲役十三年を延ばされて、まる十五年入っていました」

――ああ、刑務所でまた暴れたんですか。

「そうですね（笑）」

――ははははは。ところで、上原一家の親分の上原勇吉さんのところにはどんなきっかけで出入りするようになったんですか。

「あの事件の共犯者となった僕の中学時代の同級生が、勇吉さんの舎弟分と付き合いがあったんです。その同級生と一緒に舎弟分のところに出入りするうちに、部屋住みしていいということになって。で、部屋住みしながら、勇吉さんの姐《ねえ》さんが（那覇の）前島の方でやっていたスナックの女の子たちを送り迎えする運転手をやっていたんです」

この話に出てきた「ユートピア」事件の共犯者とは、後日、やはり具志頭村の保護司宅で会い、じっくりと話を聞いた。それについては、後であらためて述べたい。

――ヤクザの親分の部屋住み暮らしは楽しかったんじゃないですか。

「ええ、若かったから楽しかったですよ。要するに、仕事しないで遊んでいて、メシが食える。ちょっと頑張ればいい車にも乗れる、いい女も抱ける。物質的には欲しいものが何でも手に入るじゃないですか」

――上原勇吉って、どんな人でしたか。

「ヤクザは大別して経済ヤクザと武闘派があるんですが、勇吉さんは完全な武闘派でした。勇吉さんの世代の沖縄ヤクザは、ほとんど〝戦果アギヤー〟あがりでした。勇吉さんは、その一方のボスでした。若い頃はバス会社に勤めていて、その運転手仲間を束ねていた」

――〝戦果アギヤー〟時代は、主にどんな物を扱っていたんですか。

「あの頃は、主にタバコじゃなかったかと思います」

——弟の上原秀吉さんというのは、どんな人でしたか。

「あの人も、武闘派中の武闘派でした。僕が組に入ったときは、秀吉さんは抗争相手の『泡瀬派』の大物幹部を刺して、大阪刑務所に服役していました」

——ところで組に入るときは、儀式のようなものはあったんですか。

「別になかったですね。まあ親分の周りをうろうろして、そのまま組員になるわけです（笑）。ただ、沖縄が本土復帰する二年前に沖縄連合旭琉会というのが、結成されるじゃないですか。あのとき、上からバッジをもらいました。あれが儀式といえば儀式だったんじゃないですかね」

旧来あった「那覇派」と「山原派」が大同団結して結成された沖縄連合旭琉会は、三つ巴《どもえ》のなかに「琉」の文字を浮き彫りにしたバッジをつくった。幹部には純金製、それ以外の組員には純銀製のバッジが配られた。

「僕らは最初、銀バッジでした。二年ぐらいしてから、金バッジをおろしてもらいました。組での呼び方は、『大幹部』『幹部』『中堅幹部』『一般組員』と、だいたい四段階くらいありました」

——すると、日島さんも当時は沖縄連合旭琉会の幹部を目指していたんですね。

「ですね（笑）」

——ところが、沖縄連合旭琉会と上原一家の間で内ゲバが起きる。内ゲバのきっかけは何だったんですか。

「上原一家が旭琉会から破門されたんです。理由はよくわかりませんが、勇吉さんはたぶん（新城）喜史さんのやり方が気にいらず、旭琉会の理事会にずっと行っていなかったと思うんです。それが旭琉会には気に食わなかったんじゃないですか。

これは憶測に過ぎませんが、こちらが頭を下げるか、逆に旭琉会側が上原一家を少し痛めつけて、上原一家側が折れて出れば、あれだけの抗争事件には発展しなかった可能性はありますね」

――上原一家は、後に山口組系の大平組と盃を交わしますが、そのときはまだ山口組との関係はなかったんですね。

「ええ、そうです。ただ、東声会との密約はありました。東声会は旭琉会にずっといじめられていましたから、やるときは一緒にやろうと。あの当時、東声会は二百～三百名は沖縄にいました」

初めて聞く話だった。

「ところが、東声会沖縄支部で宜保（俊夫）さんのすぐ下のナンバー2だった平良長裕さんがビビって逃げたんです。旭琉会から自宅にピストルを撃ち込まれて、南米まで逃げた」

――うーん、なるほど。それでいよいよ「ユートピア」事件になるわけですが、これは指令は誰が出したんですか。日島さんへの指示は？

「指示は出ていないですね」

――出ていない。

「まあ、出ていないことにしないとまずいですね（笑）」

日島はそう言って笑うと、すみませんがタバコをもう一本くれませんか、と言ってタバコに火をつけた。それが何もかも洗いざらい告白することを決意した日島の合図のようだった。日島はタバコを一服すると、いきなり「ユートピア」事件の核心部分から話しはじめた。

あるヒットマンの独白

宜野湾市の真栄原社交街は、沖縄で最も知られた売春窟《くつ》である。狭い路地の両側には小さなバーがびっしりと連なり、店先にたむろした女たちが、束の間の快楽を求めて女を物色する男たちに、昼間から遠慮ない声をかけている。

女は沖縄出身者より、沖縄に遊びにきて金に困った東京の女子大生が多いといわれ、プロには珍しい美形もいるという。その真偽《しんぎ》のほどは定かでないが、そうした評判が男心をそそり、路地は殷賑《いんしん》を極めて、原色のネオンサインは明け方まで消えない。

そばを通っただけで淫靡《いんび》な空気がこちらの体にねっとりとからみつくようなその通りを抜け、国道五八号線寄りに百メートルほど行くと、左手に大きなパチンコ屋が見えてくる。

そこにクラブ「ユートピア」があった。入り口に米軍基地を連想させる鉄のゲートを配した立派なつくりは、沖縄一のクラブという名に恥じなかった。

一九七四（昭和四十九）年十月二十四日の午後十時頃、フィリピン人軍属と沖縄人女性との間に生まれた混血児の日島稔は、幼なじみの知念盛宏（仮名）が運転するマツダロータリーコスモで、宜野湾市のアパートからその店に乗りつけた。

警察に足がつくのを恐れ、ナンバープレートはすでに盗品のプレートと取り替えてあった。

二人は、当時沖縄連合旭琉会と内ゲバ状態に入っていた上原一家の構成員と準構成員だった。彼らは、敵対する沖縄連合旭琉会の幹部たちの動静をかなり前からうかがっていた。そこに沖縄じゅうの主な盛り場に偵察に出していた上原一家の組員から、思わぬ情報が入ってきた。

沖縄連合旭琉会理事長の新城喜史の外車が、宜野湾市のクラブ「ユートピア」の駐車場に停まっているという。この情報を電話で知らされた上原一家準構成員の知念は、那覇市内のマンションから日島が隠れ住む宜野湾市内のアジトに急行した。

二人はその場で新城を殺害することを決め、日島のアジトからそう離れていない「ユートピア」に車で向かった。日島はSW三八口径の拳銃を、知念はコルト四五口径の拳銃をそれぞれ携行していた。

「ユートピア」の店内は青い絨毯《じゅうたん》が敷きつめられ、玄関のすぐ左手にはかなり大きな電話室があった。

日島と知念はその横を抜けて、玄関とホールの間に立てられた衝立《ついたて》を回り、テーブル席に向かった。

狙撃のチャンスはテーブル席に着くか着かないかのうちにやってきた。奥のテーブル席で子分たちと談笑していた新城が、別のテーブルで飲んでいた知人を見つけて席を立ち、そちらに移動するすきを日島は見逃さなかった。新城のまわりにボディーガードはいなくなった。

日島は店の大きな柱の陰に回って、SW三八口径回転式拳銃の撃鉄を引いた。新城はその場からはじかれたように飛んで仰向けに倒れた。即死だった。新城に向けて発射された弾丸は四発だった。

〈新城の遺体は、二十五日午前四時すぎから那覇署の解剖室で県警の若杉《わかすぎ》法医学顧問の手で解剖の結果、左肩貫通、右脇腹、頭二カ所に計四発の銃弾を撃ち込まれて失血死とわかった〉(沖縄タイムス・昭和四十九年十月二十五日付夕刊)

日島は追ってきた新城の子分にも銃弾を一発浴びせ、左肩貫通の重傷を負わせた。さらに日島は「ユートピア」から逃亡する際、仲間の知念に「貸せ」と言って受け取ったコルト四五を上空に向け威嚇《いかく》発砲した。

これが、沖縄本島南部の具志頭村の保護司宅で日島稔が包み隠さず語った一九七四年十月二十四日の「ユートピア」事件の全貌である。

窓の外には小さな港が見えた。粗末なつくりの桟橋には小型の漁船が何艘《そう》か舫《もや》い、年老いた漁師が帰り支度をはじめている。日島と向き合った部屋には、カーテン越しに夕闇の気配がしのびよりはじめていた。

――沖縄連合旭琉会のトップ中のトップの新城ミンタミーのタマをとるんですから、決行前はビビリませんでしたか。

「僕ですか」

――ええ。

「もし、格闘技で肝《きも》を練っていなかったら、ビビったでしょうね。またそうでなかったら、『よし、タマをとろう』とも思わなかったでしょうね。敵のタマをとるというのは、自分自身に対する自信じゃないですか。自分だったらできるという」

――格闘技というと？

そう問うと、日島はそれには直接答えず、中学時代の思い出話を語りはじめた。

「僕はね、中学時分、〝パシリ〟だったんですよ。すごい臆病《おくびょう》な子だった。身体もちっちゃかったし。で、このままではいかんと思うて、ずっと格闘技の稽古《けいこ》をしましてね。人って腕力が強くなると、ケンカしても怖くなくなるじゃないですか。坂本龍馬《さかもとりょうま》が子どもの頃小便をちびっていたという有名な話がありますね。それが剣術が強くなると、小便をちびらなくなった。

あの人は立派な志の人だったけど、僕は要するに、死に対する恐怖心がなくなった。もともと僕は生まれが生まれですから、自分が存在していることに対して、すごく否定観念が強かった。その観念がなくなって、なおかつケンカが強くなったものだから……」

――怖いもの知らずになった。ところで、格闘技って具体的には空手ですか？

「空手、柔道、全部やりました。キックボクシングもやったし」

――それで肝が練られた。ケンカには負けたことないですか？

「たまには負けますよ（笑）。実戦でね。あはははは。世の中には本当にケンカが強い人がいますから。ただ、暴力に対する恐怖感が薄れてきた。暴力を受ける恐怖感がなくなったら、逆にそれを相手に与えることができるようになりました」

――ああ、そういうもんですか。

「そうじゃないかと思うんです。僕はずっといじめられて、すごい臆病だったんです。十五、十六まで、本当に〝パシリ〟でした。それで、朝昼晩と二時間ずつ、すごいトレーニングをはじめたんです。そしたらメキメキ腕力が強くなりましてね（笑）」

――そんなにきつい鍛錬をしたんですか。

「沖縄って野蛮な島だから、ケンカが強いだけで親分になれるんです。僕らがチンピラの時代には、そういう空気がまだ濃厚にあったんですよ」

――ところで、沖縄連合旭琉会理事長の新城ミンタミーのタマをとろうと思ったのは、旭琉会の上原一家へのリンチがあまりにも目にあまったからですか。

「そうです。旭琉会との抗争では、最初うちの組員が向こうの組員をずいぶん痛めつけていたんですが、その報復で、うちの組員が相当な数さらわれて痛めつけられていたんです。アジトに連れ込まれてね。僕と一緒に『ユートピア』に乗り込んだ幼なじみもひどいリンチを受けたんです」

――ペンチで亀頭をねじ切られたそうですね。

「そうそう。やったのは誰だかわかってました。もう辛抱できんと。やられたのは僕が兄弟みたいに思っていた男だったから。そいつの手足をぶち抜いて、ダルマにしてやろうと。

もしその上（の男）を見つけたらその場でタマをとってしまおうと。もうチャカはもっていました。ええ、相手は新城さんと決めていました。ところが向こうも用心しているからなかなか見つからない。それで組をあげて探させたんです。

見つかったというので、出動すると、もぬけの殻《から》だったなんてこともよくありました。逆に相手から追いかけ回されたこともありました（笑）。何回も失敗しましたよ。成功したのは、四、五回目に出動したときでした」

――それまで「ユートピア」には行ったことがあるんですか。

「はい、(上原一家総長の)上原勇吉さんのお供で何回か行ったことがあります。女の子が百人ぐらいいるような大きな店でした」

――そんなに大箱だったんですか。

「ええ、大箱でした。僕はけっこう顔を知られてましたから、店には鳥打ち帽をかぶり、髭《ひげ》を生やして、眼鏡をかけて行きました。それで店に入って物陰に隠れ、喜史さんがトイレに行くのを待っていた。人って酒飲みに行くとトイレに行くじゃないですか」

――行きますね。

「一番ガードが手薄になるときです。ところが、トイレもへったくれもなかった。喜史さんが、こっちに向かって歩いてくるんです。僕との間に一メートル四方くらいの柱があったもんだから、僕はその柱の陰に隠れて、もうピストルを抜いて待っていた」

――相手との距離はどれくらいあったんですか。

日島はこの質問に、言葉で答えるかわりに、私と向かいあった距離を目で示した。日島と私の間は、一メートルもなかった。

――そんな近くから撃ったんですか。

「うふふふ。喜史さんが歩く速度にあわせて狙いをつけました。喜史さんは僕の顔を見て一瞬ギョッとしたようでした。その瞬間、ハジキました。撃ったのは二発です。

これは最初から決めていたことですが、倒れた喜史さんにトドメの銃弾を二発撃ちました。もし、やり損なったら、次の報復が大きいじゃないですか。こちらとしては、タマをとれた場合とれなかった場合の報復の違いを考えます。失敗したときの方がかなり報復が大きい……」

――それは、すさまじい報復戦になるでしょうね。

「そうです」

――最初の二発はどこに当たったんですか？

「胸ですね、はい」

――はじめから胸を狙《ねら》うつもりだったんですか。

「ええ、弾は大動脈に当たっていましたから心臓の近くは通っていますね」

――倒れた後に撃ち込んだのは？

「頭です」

日島は、それまでとまったく変わらぬ口調で言った。

トドメの銃弾が頭を狙ったものだということは、新聞の解剖所見で知っていた。だが、本人自身の口からあらためてそう言われると、思わず「頭かあ」とおうむ返しに言ってうなるほかなかった。

日島をモデルにした佐木隆三の小説『海燕ジョーの奇跡』では、日島が射殺した新城ミンタミーは、百八十二センチもある大男として描かれている。

〈爆竹を鳴らしたような音がとどろいて、引き続いてもう一発——。大男の理事長は、ダンスフロアの中央に、仰向けに倒れた。ジョーは、その体を跨《また》ぐようにして、真上から頭部めがけて、さらに二発射ってとどめを刺した。こうでもしなければ、巨大な敵がむっくり起き上りそうに思えたのだった〉

しかし、新城と親しく、この日も新城と一緒に「ユートピア」に行った奄美大島出身の大山誠一によれば、新城の身長は百七十センチほどで、大男というほどではなかったという。

沖縄ヤクザ界の頂点に立つ新城ミンタミー射殺の報は、幾多の抗争事件を経て離合集散を繰り返してきたこの島の暴力団を激しく震撼《しんかん》させた。

十月二十六日午後、沖縄市の本願寺で行われた新城の葬儀には、一見してそれとわかる黒ずくめにサングラスの参列者七百人あまりがつめかけた。

鹿児島最大の暴力団「小桜会《こざくらかい》」や関西の暴力団も県外から焼香に訪れた。会場は機動隊の一個中隊が遠巻きに警備にあたり、付近の道路は三百本近くの供花で埋めつくされた。

「いまから振り返れば、あの残虐な行為にしては、ちょっと（懲役十三年の）刑は軽かったのかなあ、なんて思ったりすることもあります（笑）。あの頃はあの頃の価値観の中で生きていたからできたことで、いまの価値観で考えれば、なんであんなことができたのか、自分でも疑問に思います。いまならとてもとてもできない、と思いますよ」

日島は「ユートピア」でもう一発、威嚇のために発砲している。これは、前述したように、自分のSW三八口径の拳銃から発砲されたものではなく、共犯の知念が持ってきたコルト四五口径の拳銃を借りて発砲したものだった。

共犯の知念は、事件から二日後の午後八時二十五分、日島が威嚇発砲したコルト四五口径のピストル一挺と、弾丸六発を携行して普天間《ふてんま》署に自首した。

その知念に、後日、日島をインタビューした同じ具志頭村の保護司宅で会った。前にも述べたように、知念は日島とは幼なじみで、中学では同級生だった。

――なぜ、自首したんですか。

「コルト四五の薬莢《やっきょう》があがった、と翌日の新聞に出たからです。これはもうどうしようもないなと思って、道具持って自首したんです」

――事件から自首まではどうしていたんですか。

「家にあったものを全部処分して、『沖縄にはしばらく帰ってくるな』と言って、女を内地に逃しました。ものすごい大きな人間とケンカしたわけですから」

——旭琉会には亀頭をペンチでねじ切られるというひどいリンチを受けましたね。新城のタマをとろうと思ったのは、上原一家に対するリンチが原因だったんですか。

「それもありますが、旭琉会が上原一家をないがしろにしたことへの長年の恨みです。『山原派』の頃、抗争に行って帰ってきても、何ももらえんですよ。『もう、〝山原派〟はない。いまは旭琉会だ』と言って。『山原派』が旭琉会になれたのは、上原一家のおかげです。上原の人間だけで『泡瀬派』を潰したんですから。ところが、旭琉会は上原一家の面倒を全然見なかった。それどころか、上原の人間を次々と闇討《やみう》ちしてきた。それで、旭琉会を『討たないかん』となって、旭琉会の頭のタマをとりに行ったんです」

——「ユートピア」には二人で入って行ったんですね。

「そうです。店に入る前、電話帳とかメモ帳を全部捨てて、『行くぞ!』って言って入って行った」

——新城を撃った瞬間は、見ていますか。

「ちゃんと見ていますよ。ずっとミノルの後ろからついていきましたからね」

——裁判では何年打たれたんですか。

「五年です」

――それは重いですね。ピストルは一発も撃たなかったんでしょう。

「ええ、でも裁判で共同正犯と認定されてしまいましたからね」

――殺人、殺人未遂、銃刀法違反の共同正犯ですか。刑務所はどこですか。

「鳥取です。古い刑務所で寒かったですよ（笑）」

――なかではいじめられませんでしたか。

「いや、反対です。みんなよくしてくれました。あの当時、上原一家は週刊誌やテレビが騒ぎ立ててくれたおかげで、ヤクザの世界では神様扱いされていましたからね」

――なるほど、そういうものですか（笑）。ところで、日島さんは、小さいときどんな子どもでしたか。

「頭のいい子でした。成績は学校でもトップクラスでした。ものすごく頭がきれて、学校の先生も、高校へ行かせ、行かせって、親に言ってたくらいです。でも、家が貧しくて行けなかった。ミノルがもし上の学校に行っていたら、こんな道には入らんかったでしょう」

　知念は出所後、ヤクザの世界には復帰せず、堅気となった。いまでも組織から、忘年会や新年会、資金稼ぎのビーチパーティーなどの誘いはあるが、絶対にそういう会合には顔を出さないという。

――筋を通してますね。なぜ稼業の世界に戻らなかったんですか。

そう尋ねると、知念はきっぱりと言った。

「上原一家がなくなってしまったから、もうどうしようもなかったんです。親が破門されたら、親についていくのが若い者の掟《おきて》です。破門するなら破門せよ。私はそう言って自分の方から破門してもらったんです」

知念の話を聞きながら、「因果はめぐる小車《おぐるま》」という古い諺《ことわざ》を思い出した。

「ユートピア」事件の誘因となったのは、元「山原派」幹部の上原勇吉の処遇問題だった。上原は武闘派の本領を発揮して、敵対する「泡瀬派」を壊滅に追い込んだ。

「山原派」首領の新城ミンタミーはその結果、「那覇派」と糾合して沖縄連合旭琉会を結成し、理事長ポストにおさまることができた。

そうなると、かつて武勲をあげた上原一家は、新城にとって却《かえ》って目の上のタンコブ的な存在となった。それが上原一家への集団リンチとなり、やがて「ユートピア」事件へと発展していった。

「ユートピア」事件を起こした日島と知念は、頭をとられた旭琉会からすれば、不俱戴《ふぐたい》天《てん》の敵である。しかし同時に、ヤクザ世界の〝常識〟でいえば、たいへんに尊敬される〝功労者〟でもある。皮肉にも、その〝功労者〟ぶりが、彼らをヤクザ世界に戻すことを逆に邪魔した。

沖縄連合旭琉会はその後、もう一人の理事長の又吉スターを失って分裂せざるを得ない状況に追い込まれた。そうした状況のなかで、彼らをそれなりに処遇できる組織はもうなかった。つまり日島と知念は、かつて親分と仰いだ上原勇吉と同じ道をたどったことになる。

上原勇吉は、又吉スター射殺事件の首謀者として警察に追われ、一九九一年に潜伏中の大阪で逮捕された。又吉スター殺害事件から二十年後の一九九五年、上原は那覇地裁で懲役十四年の実刑判決を受け、いまも服役中である。

日島と知念は、結果的に沖縄の新しい暴力団勢力図をつくるための捨て石となった。もっと突き放した見方をすれば、昔気質《かたぎ》の性格をうまく利用されて、〝鉄砲玉〟として使われた。

「ユートピア」事件を起こした二人にインタビューして痛感したことは、本土のヤクザでも近頃めったにお目にかかれない〝任俠道《にんきょう》〟への強いこだわりと、昔ながらの極道者の肌ざわりだった。

彼らは沖縄ヤクザというより、もうほとんど絶滅しかかった古いタイプの日本人のようだった。

主犯の日島は、知念より前に自首している。沖縄タイムス（昭和四十九年十月二十五日付）は、警察の取り調べに素直に応じる日島を「殺人を犯したとは思えないような終始落ち着いた態度」と報じている。

――仲間のピストルを借りて威嚇発砲してからすぐに警察に自首したんですか。

「いや、『ユートピア』まで乗ってきた車のナンバープレートにちょっと細工してあったもんですから、その細工を解かないかんかったので、すぐには自首していません。幼なじみの仲間に、元のナンバープレートに戻しておけ、と指示したあと、彼が運転する車で那覇署前まで行って、自首したんです。もし誰にも顔を見られないでハジくことができたら、自首はしなかったでしょうね。完全犯罪の可能性が出てくるじゃないですか。でも、『ユートピア』ではかなりの人間に顔を見られていますからね」

――完全犯罪というわけにはいかない。

「そうですね。それどころか、逆に報復部隊から逃げなければいけないじゃないですか。こんな小さな島では逃げきれるわけがない。それに、刑のことも考えるじゃないですか。そんなことをあれこれ考えて自首することにしたんです」

――ああ、なるほど。刑のことも考えたわけですか。自首したのは発砲してからどれくらい時間がたってからですか。

「二十分程度ですね」

――話は変わりますが、チャカのＳＷは誰から手に入れたんですか。

「僕はこの稼業に入ってからすぐに持ってましたよ。道具はいつも持ってました」

――それはどんなルートから流れてきたチャカですか。

「友達に英語がペラペラのやつがいましてね。その男に調達させました」

――やっぱり米軍ルートですか。

「そうです」

――手榴弾なんかを持っていこうとは思わなかったんですか。

「いやいや、そういう危ないのは（持っていきません）。全員がどうかはわかりませんが、ふつう人が犯罪を実行するときは、刑期の計算をしますよ」

――手榴弾を使うと、刑期がどれくらいになるかわからない。だから、手榴弾は使わないというわけですか。

「ええ、生きて帰るのが人じゃないかと思うんです。やることはやるんだけど、今度は次の人生を考える。それが稼業の価値勘定というか……」

――ヒットマンの現実感覚ですね。

「そうですね。人はいつまでも刑務所にいるつもりだったら、またなかなか（殺人を）実行できないだろうし」

　日島の答えは相変わらずクレバーで、正直だった。ただ彼の話をずっと聞いていて一つ気になったのは、日島が「人」という言葉をむやみに使うことだった。そこには、「人」としてこの世に生まれてきてしまったことへの後悔と、それに伴う根源的な悲しみのようなものが、無意識のうちに籠《こ》められているような気がしないでもなかった。

——ずばりお聞きしますが、新城ミンタミーを射殺したとき、日島さんはどれくらいの刑期だと計算していましたか。

「十年くらいでとまるかなあ、と思ってました。自首した面もあわせてね。それまでうちは、(旭琉会から)やられるだけやられていましたしね」

——でも実際は十三年だった。しかも刑務所で暴れて二年延ばされた(笑)。教唆犯についてはしゃべらなかったんですか。

「ええ、一切しゃべりませんでした」

黙秘を貫いた日島のような男を、ヤクザ世界では「勲章持ち」と呼んで堅気になっても尊敬される。

日島はいまでも、「ユートピア」で肩を撃ち抜いて重傷を負わせた稼業の男から「ミノルは元気でやっているらしいな。頑張るように言うときよ」と人づてに励まされているという。

——ところで日島さんは、事件当時ご家族はいらしたんですか。

「はい、十九くらいから六年間、同棲した女がいました」

——お子さんはいなかった？

「まだでした」

——事件を決行するとき、その女性に「俺はやるぞ」と打ち明けたんですか。

「いや、一切話しませんでした。ただ、報復されるのはわかっていましたから、事前に本土に飛ばしました」

日島が収監されたのは、徳島刑務所だった。

——お母さんは面会に来てくれましたか。

「ええ。遠いところを、タネ違いの妹と一緒に来てくれました。母親は来るたびに、ただ泣くだけで言葉になりませんでした。ヤクザになるならまだしも、人殺しまでするとは思ってもいなかったでしょうからね」

日島の言葉が少しとぎれた。声も心なしか上ずっているようだった。

——お母さんは目が悪かったようですね。

「一級障害を持っていました。目はほとんど見えませんでした。おっかあは年金貯《た》めて、年に一ぺんずつ面会に来てくれたですよ。十五年間ずっと」

日島は刑務所では、本ばかり読んで暮らした。司馬遼太郎《しばりようたろう》の『坂の上の雲』や『竜馬がゆく』、カーネギーの『人を動かす』には特に感銘を受けた。通信教育で民法や商法、簿記の勉強をし、ソロバンも一級免許をとったという。

——ということは、出所前から稼業には戻らないぞ、と決意していたんですか。

「いやいや、またヤクザをするつもりで帰ってきました（笑）」

——は、は、は。稼業に戻らなかったのは、上原一家が解散したからですか。

「それもありますが、子どもができたのが一番の原因でしょうね」

日島は元の世界から誘われないよう、酒も飲まず、盛り場も出歩かないようにしているという。

——お子さんはいま、何人いらっしゃるんですか。

「四人です。一番上は中二です。四十三歳のときの子ですから」

——奥さんはおいくつですか。

「いまのカミさんですか？　まだ若いですよ」

——まさか二十代って言うんじゃないでしょうね。

「二十代ですよ。まだ」

——ええっ！　これはひっぱたきたくなるなあ（笑）。ところで、お子さんが極道の世界に入ると言ったら、どうしますか。ひっぱたいてもとめますか。

「うーん。僕の方が勝てなくなるでしょう（笑）。でも、その可能性はまずないと思います。親の僕から言うのもへんですが、うちの子は三歳のときから公文《くもん》に行かしてまして、学校の成績はすごくいいんです」

——きっとIQが高い日島さんの遺伝子が流れているんでしょう。

「でも、僕に似てけっこう臆病《おくびょう》なんです。だから、サッカーはさせているけど、格闘技はさせないようにしている（笑）。腕力に自信がついて暴力の世界に走ったら大変ですからね」

——そういえば、臆病な性格を克服するため、格闘技の世界にのめりこんだことが、日島さんが暴力の世界に入るきっかけでしたね。

「臆病なら臆病でいいんです。ヤクザはやっぱり臆病だけでは通りませんから。臆病を克服したがためにヤクザになったやつもいるし（笑）。千差万別です」

日島と向き合った部屋の外はもうとっぷりと暮れ、波の音だけが聞こえた。

隣室からは、人には言えない過去を持つ男たちから神様のように慕われる保護司が薬膳料理のアヒルの煮込みで、私と日島をもてなす酒盛りの支度をする物音がもれてきた。

ぼつぼつ切り上げ時だった。

私は戦後沖縄を肉体化して立ちあげたような日島に、最後の質問をした。

——お父さんの出身はフィリピンのビサヤだそうですが、そこを訪ねてみるつもりはありませんか。

観光漁師の日島は、精悍《せいかん》な顔を一段とひきしめて、遠くを見るような目になった。そして敗戦直後のこの島に褐色の肌をもって生まれた自分の運命を受け入れるように、ゆっくりと言った。

「そうですね。父は写真でも見たことありませんからね。親父が向こうで結婚して、腹違いの妹や弟がいるかもしれないし。血のつながりってあるじゃないですか。もしいれば、呼びあうものがありますよね。いまんところ僕は、ひとりっ子みたいなもんじゃないですか。やっぱり血のつながりのある人がいれば、会ってみたいと思います」

日島を沖縄ヤクザ史上に残るヒットマンにさせたのは、沖縄が戦後たどった数奇な歴史ゆえだったのだろうか。それともその歴史に翻弄《ほんろう》され、天涯孤独の星の下に生を享《う》けた彼の宿命ゆえだったのだろうか。

密貿易の島――与那国

那覇空港を琉球エアコミューター（RAC）のプロペラ機が飛び立つと、眼下にコバルトブルーの海がすぐに広がった。ジャンボジェットに乗り慣れている者にとって、三十九人乗りのDHC8の機内は、いかにも狭く感じられる。

日本最西端の与那国島《よなぐにじま》に行くには、これまで石垣島から一日一便飛ぶ空路か、船に頼るしかなかった。だが、数年前に那覇から週三便の空路が開かれ、この最果ての島へのアクセスは格段に便利になった。

プロペラ機が高度を下げると、海面がみるみる近づき、やがて、切り立った絶壁に白い波が打ちつける小さな島が見えてきた。周囲には島影ひとつなく、まさに絶海の孤島という名にふさわしい。

与那国飛行場に着いたのは、那覇空港を離陸して丁度九十分後だった。滑走路が一本敷かれただけの空港には、発着カウンター以外は、土産物屋がついた小さな待合室があるだけで、ひどく鄙《ひな》びている。滑走路のまわりは牧草が青々と茂り、馬がのんびりと草を食《は》んでいる。

地図で見る与那国島は、偏平な菱形《ひしがた》をしている。晴れた日には台湾《たいわん》が見えるという西《いり》崎《ざき》と、突端まで牧場となった東崎《あがりざき》が島の両端にあり、周囲二十八・六キロの小さな島である。島の南北と東の海に沿って点在する祖納《そない》、比川《ひかわ》、久部良《くぶら》の三集落で与那国の一町を形成している。

この島にはタクシーが一台しかないため、空港でレンタカーを借り、まず役場のある祖納に向かった。サトウキビ畑が両脇に広がる一本道は日差しが強く、白茶けて見える沿道に人影はなかった。行き交う車もほとんど見かけない。

与那国町役場は、沖縄民謡で有名な北部のナンタ浜から少し入ったところにある。応対してくれた町史編纂《へんさん》委員の米城惠《よねしろめぐむ》によれば、与那国町の人口は約千八百人で過疎化に歯止めはかかっていないという。

主な産業は製糖業と、カジキマグロ漁を中心とした水産業である。かつては住民の半数以上がこれら第一次産業に従事していた。しかし、現在その割合は二〇パーセント程度に減っており、かわってスキューバダイビングショップやスナックなどのサービス業従事者が増えている。

与那国は世界最大の蛾《が》のヨナグニサンの棲息《せいそく》地として知られ、昆虫マニアの間で人気スポットとなっていた。それが二十年ほど前、付近の海域で海底遺跡らしきものが発見されたため、ダイビングスポットとしても注目されるようになった。

一緒に取材に応じてくれた商工観光課課長の前楚良昌《まえそよしまさ》の話では、与那国は近年、テレビドラマのロケ地となったため、それ目当ての観光客もかなり増えたという。

「数年前に放映された『Dr．コトー診療所』の撮影地になったのはこの島です。おかげさまで、ずいぶん、与那国の観光PRになりました」

そういえば、空港のレンタカー会社の壁に、「Dr．コトー診療所」に看護師役で出演した美人女優の柴咲《しばさき》コウのサインが貼ってあったのを思い出した。

与那国は沖縄耽溺者《ウチナージヤンキー》の聖地である。古くは、竹中労《たけなかろう》が南島辺境からの革命ブームにずぶずぶにハマり、沢木耕太郎《さわきこうたろう》が日本から失われた純朴ムードに無邪気にイカれ、吉田司《よしだつかさ》が例のひねくれた文章で物議をかもし、後に削除だらけのトンデモ本を書く羽目になったのが、この島である。あの司馬遼太郎までがこの島を訪ね、与那国の雰囲気とはおよそ「芸風」違いの「風土と人間を見つめる思索の旅」をおごそかに展開している。

与那国には、その日から二日間滞在した。台風が急接近したのか、上空には不気味な雲がたなびき、帰りの飛行機便が危ぶまれたが、スケジュール通りの強行日程をこなした。

東京から千九百キロ、那覇からでも五百十キロ、逆に台湾との距離は百十一キロと指呼《しこ》の間にある与那国島は、司馬遼太郎ふうに言えば、沖縄の離島のなかで最も長く太古の時間がつづいたところである。

逆にいえば、与那国が琉球王朝の支配下に入ったのはそれだけ新しいことになる。この島の医師だった池間栄三《いけまえいぞう》（故人）がまとめた『与那国の歴史』によれば、与那国がはじめて琉球王朝の支配下に置かれたのは、一五一〇（永正七）年とされている。本土の歴史でいえば、室町後期である。

同書のなかに、与那国の太古の時代の風習にふれた生々しい記述がある。

〈与那国島の葬儀に、獣肉料理を喰《た》べる風習は、上代に死人の肉を喰べていた風習の名残りであると言われている。（中略）伊波普猷《いはふゆう》著『南島古代の葬儀』（民族第二巻第五号）に「昔は死人があると親類縁者が集まってその肉を喰《く》った。後世になってこの風習を改めて人肉の代りに豚肉を喰ふようになったが、今日でも近い親類のことを真肉親類《マシシウヤクワ》と云ひ、遠い親類のことを脂肪親類《アンダウヤクワ》と云ふのは斯《こ》ういふ処《ところ》から来た」と述べられ、上代の琉球に食人風習のあったことを指摘して居《お》られる。

又、近島の石垣島には、近年まで、親類に死人の出たことを老人へ告げると「アンスカ・ムム・ファリンサカメ」（それでは、股《また》、喰べられるね）と言われたものである。宮古島にも今に「葬儀に行こう」と言う代りに「骨を齧《かじ》りに行こう」と言う言葉が遺《のこ》っている〉

これでは、与那国の先住民は、まるで未開の蛮族扱いである。それにしても「脂肪親類」という形容は、いくら辺境の島とはいえ、あまりといえばあんまりな言いぐさである。

与那国は伝説だらけの島である。与那国が容易に琉球王朝の支配を許さなかったのは、サンアイ・イソバという女酋長《しゅうちょう》がこの島を平和裡《り》に治めていたからで、琉球王朝の命を受けた宮古の軍勢が与那国に押し寄せたとき、巨軀《きょく》で怪力無双のサンアイ・イソバが山野を跋渉《ばっしょう》し、得意の呪詛《じゅそ》を唱えながら阿修羅《あしゅら》のごとく奮戦して、ついに宮古勢を撃退したという。

国家への馴化《じゅんか》を拒否したサンアイ・イソバの野性の姿は、中上健次《なかがみけんじ》の遺作となった『異族』のモデルとなっている。

だが、東シナ海を一望するこの島の高台に立つサンアイ・イソバの碑を訪れる者はめったになく、この伝説の女傑の名をいまに伝えているのは、役場近くにある「女酋長」という名の居酒屋だけである。太古をひきずった南海の孤島にあっても、伝説より、やはり現実の生活なのである。

ついでにいえば、その店の近くに、この島の名物のヤシガニ料理などを食べさせる大衆食堂がある。店の名前は最果ての島らしく、「本気」と書いて「マジ」と読む暴走族言葉のように、「国境」と書いて「はて」と読ませている。

島のほぼ中央部に、トゥング田《だ》と呼ばれる一町歩あまり（約三千坪）の天水田《てんすいでん》がある。漢字では人桝田と書き、島津藩《しまづはん》の琉球侵攻からはじまった過酷な人頭税を語るとき、必ず引き合いに出される場所である。

前掲の『与那国の歴史』は、トゥング田について次のように述べている。


〈その昔、村々から満十五歳以上満五十歳までの男子をこのトゥング・ダに非常召集し、後れてその中に入れなかった不具廃疾者《はいしつ》を惨殺したと伝えられている。満十五歳から満五十歳までは、たとえ不具廃疾者であっても、ことごとく納税の義務を負わされていたので、このような悪魔の仕事をしたのである〉


与那国は、渡るのが困難な島という意味から、「渡難《となん》」とも呼ばれる。この島には古くから、海の彼方《かなた》に「はい（南）どなん」という別天地があるという伝説が語り継がれてきた。これも過酷な現実から逃れようと、島民たちが紡ぎ出した悲しい共同幻想だった。

日本最西端の西崎近くにある「くぶらばり」も、この島の貧困と悲惨な歴史をいまに伝えている。強まりはじめた風のなかをついて、久部良港からあまり離れていない「くぶらばり」に行ってみた。

「くぶらばり」は、幅約三メートル、深さ約七メートル、長さ約十五メートルの巨大な岩の割れ目である。人口調節のため、そこに島じゅうの妊婦が集められ、強制的に割れ目を飛び越えさせられた。無事に飛び越える者は少なく、ほとんどの妊婦が転落死を遂げた。仮に無事に飛び越えたとしても、それが流産の原因となった。

波が渦巻く岩底を見ようと「くぶらばり」に近づいたが、おりからの強風にあおられてうまく進めなかった。どうにかそばに寄っても、足がすくんで、とうとう東シナ海の波濤《はとう》渦巻く割れ目を覗《のぞ》きこむことはできなかった。

悲惨な歴史に彩られ、いままた過疎に悩むこの島は、しかし、ほんの短い期間に過ぎなかったが、島じゅう人であふれ、ジャンク船が久部良の港に激しく往来する香港並みのにぎわいを見せた一時期があった。

私が与那国を訪問したのも、「景気時代」と呼ばれるその頃のことを知る生き証人を探すためだった。それが、これまで書いてきた沖縄ヤクザのルーツにつながることは、おいおい述べていく。

与那国町史編纂委員の米城がまとめた『与那国　沈黙の怒濤《どとう》・どぅなんの百年』（一九九七年）という大部な写真集がある。

町史の第一巻に位置づけられるその本のなかに、「密貿易」という項がある。そこには、終戦直後の「景気時代」の写真が数葉収められている。

だがそれは、「密貿易」を取り締まるために上陸した米兵の後ろ姿や、新設された与那国警察署前に整列した署員が並んで写ったスナップ写真でしかなく、当時の与那国のにぎわいを伝える貴重な記録写真は一枚も見当たらなかった。

米城は町史を完全なものにするため、いまでもその時代の写真を探し回っている。

――「密貿易」時代の与那国の人口はどれくらいあったんですか。

「はっきりしたことはわかりませんが、少なく見積もっても、一万二千人はいたと思います。僕はその頃、まだ幼稚園にも行っていませんでしたが、久部良の通りは那覇の国際通り並みに人がごったがえしていました。肩がぶつかりあうくらいでしたよ」

――元沖縄県知事の西銘順治はこの島の出身ですが、彼も密貿易に関わっていたそうですね。

「ええ、その話は聞いたことがあります」

米城は別れ際に、与那国「密貿易」時代のことを調べているなら、これが参考になるでしょう、と言って、二つの資料を提供してくれた。一つは与那国の町政五十周年にあたる一九九九年に刊行された記念誌の『與那國』、もう一つは米城が「密貿易」時代をよく知る与那国の古老にインタビューした未発表資料である。

前者には、この問題について長年研究を重ね、『空白の沖縄社会史――戦果と密貿易の時代』(晩聲社《ばんせい》)などの著作もある石原昌家《いしはらまさいえ》(沖縄国際大学教授)が、与那国町初代町長の浦崎栄昇《うらさきえいしょう》にインタビューした記事が載っていた。

また後者は、戦後まもなく週刊の「与那国新聞」を発行し、自身の体験をまじえて書いた『密貿易島』(沖縄タイムス社)の著者で、先年物故した大浦太郎《おおうらたろう》からの貴重な聞き取りである。

石原が与那国初代町長の浦崎に聞きとった談話からは、次のような面白い事実がわかった。

戦前、与那国は植民地・台湾との関係が沖縄より深く、日用雑貨などの買い物も台湾に行っていた。敗戦後、与那国と台湾の間に国境線が引かれてからも、台湾の紙幣が流通していた。戦後最初の与那国の選挙では、「日本復帰論」と「台湾復帰論」、それに「与那国独立論」をめぐる三つ巴《どもえ》の論戦があった……

琉球独立論が唱えられるよりはるか以前に、それよりずっと過激な「与那国独立論」があったとは意外だった。この部分を読んだとき、竹中労が、与那国出身で最初に琉球独立論を唱えた野底土南《ぬかどなん》について書いた熱のこもった文章を思い出した。

〈野底土南は（引用者注・沖縄）主席選挙に立候補して二百票を集めた。（中略）野底土南は誇大妄想狂か然《しか》らず、彼は私がこの島で会った、最も理性的な人物だった。与那国─ドゥナン、差別の島で生まれ育ち、さらに台湾で「沖縄にもまして残忍な日本の差別政策」を見すえたことが、野底を〝小国寡民《しょうこくかみん》〟独立の思想へみちびいた〉（『琉球共和国』）

その野底土南の親類に、偶然この与那国取材で会うことができた。野底本人は那覇で元気に暮らしているという話だったので、いずれ会おうと思った。

それ以上に興味深い事実がわかったのは、大浦太郎からの聞き書きだった。

「密貿易」時代の与那国には、飲み屋や料亭が三十八軒、映画館と芝居小屋も二館ずつあった。台湾との密貿易は物々交換のバーター方式がとられた。

台湾からは食料品、医薬品などが運ばれ、与那国からは沖縄本島のアメリカ軍基地から盗んできた「戦果」のタバコや薬莢、銅製品などが運ばれた。台湾では当時、国民党軍と共産党軍が内戦中だったので、薬莢や銅製品は両軍の武器の原材料として使われた。

「密貿易」時代が終わったのは、一九四九（昭和二十四）年の夏だった。そのとき一個中隊の米軍が、上陸用舟艇でやってきて主要道路を全部封鎖し、山狩りまでやった。

それまで「密貿易」を黙認していた米軍が突然、強硬策に出たのは、内戦中の中国共産党軍にアメリカの軍需物資が流れていることをつかんだからだ……。

これら貴重な証言を遺した大浦は、自らを「与那国の〝密貿易〟時代の闇の親分、まあカポネのようなものだった」と語っている。その自己評価通り、かなりうさん臭い人物だったらしく、こんなアングラ情報まで口にしている。

「白団《パイダン》事件の首謀者の元南支那方面軍《みなみしなほうめんぐん》参謀長の根本博《ねもとひろし》（中将）は、与那国に潜行した後、台湾に渡ったことは間違いない」

白団事件とは、第二次世界大戦後、陸軍士官学校出身の高級将校たちが、日本に戦後賠償を求めなかった蔣介石《しょうかいせき》への報恩のため、独立義勇軍を指導する軍事顧問団を台湾に送ろうとした事件である。これについてはいまだに全貌《ぜんぼう》が明らかになっていない謎めいた国際的陰謀事件だった。

与那国周辺の東シナ海はいま、海底ガス田の掘割《くっさく》権をめぐって日本と中国の間で、きな臭い空気が立ち込めている。だが、大浦の証言を信ずるなら、こうした国際紛争を誘発する火種は、早くも約六十年前の与那国にくすぶっていたことになる。

思わず快哉《かいさい》を叫びたくなったのは、こんな証言にぶつかったときだった。

「密貿易」は与那国が島ぐるみでやった。岸壁料という名目で輸出、輸入の両方から税金を徴収し、その税収で火事で焼けた役場の再建をした。早くいえば、ヤクザのテラ銭稼ぎのようなものだった。集金係は久部良の青年団の親分みたいな男で「虎」と呼ばれていた……

大浦の証言には、久部良の青年団の親分格の「虎」は実名で記されている。その名前には心あたりがあった。彼の名は与那国に来る前日、那覇で会った指定暴力団の沖縄旭琉会の幹部と苗字《みようじ》が同じだった。本土から見て、珍姓、奇姓が多い沖縄でも、きわめて珍しい苗字である。

それ以上の決め手となったのは、小指の欠けたその暴力団幹部が、前夜、優しい沖縄《ウチナー》口《グチ》でこう言ったことだった。

「明日、与那国に行きよるんかね。僕も与那国の出身さあー」

この暴力団幹部は、那覇・松山の高級バーにバキュームカーで糞尿《ふんによう》を逆噴射した瞬《しゆん》間湯沸器型《かんゆわかしき》の武闘派である。

そのときは、口調の柔らかさと、やることのえげつなさのあまりの落差に驚かされただけだった。だが、この大浦証言で、「虎」と呼ばれた集金係と、この暴力団幹部に血縁関係があることを確信した。「虎」と糞尿逆噴射男は、親子などの「真肉親類」か、少なくとも遠い縁戚《えんせき》にあたる「脂肪親類」の関係にあるに違いない。

与那国で「密貿易」に供された主な物資は、〝戦果アギヤー〟と呼ばれる不逞《ふてい》の輩《やから》が米軍基地から盗み出した「戦利品」である。戦後の混乱期に一攫千金《いつかくせんきん》の味をしめたその〝戦果アギヤー〟が、平時への移行とともに装いを変えて、沖縄ヤクザのひとつのルーツとなった。

しかし、与那国の「密貿易」で甘い汁を吸った男が、現在の沖縄ヤクザと血縁関係で直接つながっているケースがあるとは、思ってもみなかった。


与那国には、「密貿易」時代を知る貴重な生き証人が、一人だけ残っている。与那国町史編纂委員の米城の紹介で、その生き証人という長濱一男《ながはまかずお》に会った。かつて「密貿易」に関わった長濱は、現在は百八十度立場を変え、那覇保護観察所八重山《やえやま》区保護司の肩書をもち、与那国防犯協会副会長もつとめている。

久部良集落にある長濱の自宅前には、港からつづく掘割があり、小さな橋を渡らなければ家に行くことができないつくりとなっている。

「カツオブシ工場時代の名残です。与那国は、戦前カツオブシで発展した島でした。私は小さい頃、渡船《とせん》業《ぎよう》の手伝いのようなことをやっておりました。密航船が入ると、サンパンと呼ばれた渡し船で陸揚げする。警察も完全に放任というわけではないですが、大目に見てました。密貿易をやらないと、食べていけない時代でしたからね」

警察が「密貿易」をいわば黙認状態にしていたことは、前に紹介した沖縄民警初代部長の仲村兼信も、著書の『沖縄警察とともに』のなかで、はっきりと認めている。

〈米軍は、密貿易を取り締まれ、と再三通告してきたが、私はできるだけ無視するようにした。米軍の命令通りに取り締まっていたら、沖縄住民の命綱が断ち切られてしまうからである。米軍の命令で、映画館が林立し、札束が乱れ飛ぶ与那国の視察に行ったときも、私はあえて取り締まりを命じなかった〉

また「密貿易」の主要供給源となった〝戦果アギヤー〟についても、やはり前に紹介した沖縄県警OBの太田利雄が『激動の警察回顧録』のなかで、検挙の対象にしたのは、夜間に米軍の倉庫を破壊して盗み出すなど悪質なものに限られた、と述べている。

台湾の番組が時折入るテレビがつけっぱなしになった居間で、長濱は往時を懐かしむように思い出にふけった。

「いまはすっかりさびれてしまいましたが、久部良の港は、いまの香港《ホンコン》のようなマンモス港だったんです。沖縄本島から船が来る、台湾からも来る、内地からも来る。暗くなると、船の明かりで港は夜の銀座のようでした。〝第二のハワイ〟とまで謳《うた》われてですね、そりゃにぎやかでした。この集落だけでも七十軒の料亭やバーがあったんですからね。

米軍から薬莢やらバルブやら、航空用ガソリンやらの戦果をあげた者が、沖縄からやってくる。それを台湾から運んできた食料品や医薬品などの貴重品と交換する。戦後の与那国は、完全に密輸ブローカーたちの溜まり場でした。

それ目当ての女たちもようけおりました。沖縄、宮古、奄美、本土の九州あたりからも来ました。〝景気時代〟は、運搬中の米袋から、道に落ちた米粒をニワトリも食べよらんかった。当時、貴重品だった砂糖がザラザラ落ちても、アメ玉がころころ道に落ちてても、誰も拾って食べようとはせん。

小さな袋を一回かついでも五十円は貰《もら》えた。金はこんなに儲かるものかな、と思いました。十五、十六の頃にあんた、一万円や二万円ぐらいはいつもポケットに入っておったですよ。それが三年で完全に終わりました。火が消えたようになったとです」

長濱は最後に、与那国近くの海域には密輸船を狙った海賊もいた、その仲間の生き残りがいまも与那国に一人だけいるので、その人にも会ってみたらいいでしょうと言って、親切に、その海賊について書かれた本土発行の実話週刊誌のコピーをくれた。宮里栄行《みやざとえいこう》という名の海賊について書かれたその記事は、実話週刊誌ならではの書きたい放題のメチャクチャな内容だった。

曰《いわ》く宮里はいい女と見ればたちまち手をつけたので、子どもは三十人くらいいた、曰く宮里は尖閣諸島を根城にしていた岩佐亀三郎《いわさかめさぶろう》という海賊の親分ともつながり、後に米兵に銃殺された金子みみっちらという海賊も宮里の栄行丸に乗っていた、曰く宮里の父親は使用人を火にくべた、その血を引いた宮里も気にくわない男は即座に射殺した……。

外に出ると風は一段と強まり、小雨も降りだした。かつて「第二のハワイ」と謳《うた》われ、香港並みのにぎわいがあったといわれる久部良港のたたずまいは、死にたくなるほど寂しく、小雨に煙ってなお索漠たる印象を抱かせた。

そこには、料亭やバーが軒を連ねた昔日のさんざめきの名残はまったくなく、漁協の殺風景な建物と、雑貨屋を兼ねた一軒の古びた民宿があるだけの風景は、「景気時代」のにぎわいをいっそ蜃気楼《しんきろう》じみて見せていた。

レンタカーで役場のある祖納集落に戻り、細かい貝殻を散り敷いた狭い路地を歩いて長濱から教えられた元海賊仲間の家を探した。石垣に囲まれた白い漆喰《しっくい》の壁と赤い屋根瓦《がわら》の建物は典型的な沖縄建築だったが、家自体は粗末だった。来意を告げると、奥から、かなり年配の男が上半身に薄い肌着をはおっただけの半裸姿で現れた。昼寝中だったのか、眠そうな顔をしている。

――昔、海賊の仲間だったそうですね。

「昔の話は忘れた」

——人殺しを手伝ったという話も聞きました。

「もう何も覚えてない」

それだけ聞けばもう十分だった。この男は忘れなければならない事情を抱えたまま、この最果ての島の片隅でひっそりと生きている。これ以上聞くことがほかにあるだろうか。

心配した帰りのプロペラ機は、激しい風雨をついて何とか飛んだ。

那覇に帰って最初にやることは、沖縄現代史のなかで空白となっている「密貿易」時代と、これと密接に関連する〝戦果アギヤー〟の研究をライフワークとしてきた沖縄国際大学教授の石原昌家に会うことだった。

石原は一九四一（昭和十六）年に日本統治下の台湾で生まれ、五歳のとき両親の故郷の首里に引き揚げてきた。石原はそのときの思い出を、『戦後沖縄の社会史—軍作業・戦果・大密貿易の時代』（ひるぎ社）のなかで、次のように回想している。

〈台湾では、革靴を履き、食べ物にも不自由な思いをした記憶はない。だが、引揚地の首里《しゅり》大名町《おおなちょう》では、たちまちのうちに飢餓と裸足《はだし》の生活が始まり、台湾時代に食べた羊羹《ようかん》やお菓子の夢をよくみるほど甘いものにも飢えていた。激戦地の大名丘陵には、各種不発弾や兵器類が山積しており、米軍戦車が数輌擱《かく》座《ざ》していた。そして山野には足の骨が入ったままの軍靴や道端には骸骨《がいこつ》が散乱していた。

私より三～四歳年長の少年たちは骸骨でドッジボール遊びに興じていたという〉

――与那国に行って、「密貿易」時代のことはだいたいわかりました。お聞きしたいのは〝戦果アギヤー〟についてです。

「〝戦果アギヤー〟は、敗戦直後の沖縄の花形職業でした」

――花形職業？　沖縄ヤクザのルーツじゃないんですか。

「たしかにそういう要素はあります。事実、暴力団ふうの人が多かった。でもあの当時の沖縄にあっては、女の子が結婚相手として一番憧《あこが》れたのが、〝戦果アギヤー〟だったんです。それとワンセットの形で、トラックのドライバーが憧れの的でした。いまでもよく覚えていますが、先生が将来何になりたいかというと、みんなドライバーになりたいと答えたものです。実際、近所のドライバーの家の庭先は宝の山でした」

――その宝の山は米軍基地から盗んできたものですね。

「ここでは盗むとはいいません。〝戦果アギ〟に行こうと（笑）」

——〝戦果アギヤー〟で捕まった人はいないんですか。

「いや、いますよ。〝射殺御免〟とか言って（笑）、殺された人もいる」

——それは罪には問われなかった？

「もちろん問われません。あの時代は人を殺しても何とも思わない時代ですからね。いま、この大学の敷地になっているところでも、トラックに乗った米兵が、銃を持って集団で女性を漁《あさ》りに来た時代です。ちょっとでも抵抗しようものなら、すぐに銃で撃たれる。死んでも事件にならない。もちろん新聞にも載りません。完全に撃たれ損です」

沖縄民警初代部長の仲村兼信が書いた前掲の『沖縄警察とともに』のなかに、「男は戦果、女は体当たり」という、敗戦直後の沖縄を象徴する言葉が出てくる。女が〝体当たり〟すなわち売春しているスキに、男が〝戦果〟をあげるケースも珍しくなかった。

——〝戦果アギヤー〟が発生したのは、一義的には、背に腹はかえられない状況があったからです。けれど、彼らの心理のなかには、あの戦争で家族や友人を容赦なく殺戮《さつりく》した米軍への報復という意識がどこかにあったような気もするんですが……。

「米軍に対するすさまじい反発は、もちろんあったと思います。けれどそれは、窃盗行為を何とか合理化するため、彼らが戦闘行為の延長だとあえて思いこもうとするための苦しまぎれの方便だったと考えた方がいいんじゃないでしょうか」

いきなり射殺される危険性と、濡れ手で粟《あわ》の大儲けが背中合わせの〝戦果アギヤー〟

が活躍できる「牧歌的」な時代が終息したのは、沖縄をめぐる国際情勢の劇的変化のためだった。

中華人民共和国の成立（一九四九年）や、朝鮮戦争の勃発《ぼっぱつ》（一九五〇年）など、極東地区における共産勢力の台頭が明らかになると、これまでルーズだった米軍基地の管理はにわかに厳重になった。

しかし、〝戦果アギヤー〟はこうした時代の変化によって、沖縄から完全に消滅してしまったわけではない。かつて一大勢力を誇った〝戦果アギヤー〟たちは、世相が落ちつくに従って、実業の世界などに溶け込んで行った昔の仲間たちと自分らを区別するように、却《かえ》って先鋭化していった。

彼らが新たな〝シノギ〟先として目をつけたのは、米軍基地周辺に雨後のタケノコのように生まれたAサインバーと呼ばれる米兵専用のバーだった。

とりわけ、早くも昭和三十年代から基地の街といわれたコザ（現・沖縄市）の特飲街の発展は著しく、それに比例してケンカや料金の踏み倒しなどのトラブルが絶えないようになった。沖縄民警やその後身の琉球警察には、それら米兵がらみのトラブルを処理するだけの力はなく、Aサインバーなどでは、いきおい、自衛策を講じるほかなかった。

その恰好の用心棒として雇われたのが、実業の世界にもぐりこむ才覚もなかった元〝戦果アギヤー〟たちだった。彼らはその縄張りの名から、誰いうともなく「コザ派」

と呼ばれるようになった。

沖縄ヤクザの一つのルーツとなった「コザ派」が誕生した頃、これとは別に、空手家を中心とするケンカ自慢のストリートファイター系の反社会グループが那覇で生まれたことはすでに述べた。

前述したように、後に「那覇派」と呼ばれることになるこのシティ派武闘集団と、〝戦果アギヤー〟を母体とするローカルな「コザ派」との対立が、沖縄ヤクザを血みどろの抗争に巻き込む導火線となった。

そしてこれも前にふれたが、両者の対立は、その後生まれた「普天間派」「山原派」「泡瀬派」などとの激しい離合集散を繰り返し、やがて〝いくさ世〟とまでいわれたすさまじい抗争の時代に突入していった。

次章では、沖縄ヤクザを発生させたアンダーグラウンドとはまったく別の奄美大島から生まれたアウトローたちの生態を追っていくことにしよう。

空白の琉球弧——奄美群島

地図で見る沖縄は、東シナ海に浮かぶ細長い縄のようである。東京から見てその縄の最も遠方にある本島南部の島尻《しまじり》近くに位置するのが、那覇である。

そこから北上して突端の辺戸《へど》岬に行くには、高速を使っても三時間はかかる。太平洋と東シナ海の荒波が切り立った断崖絶壁に打ち寄せるこの岬からは、晴れた日には鹿児島の与論島《よろんとう》が見える。

アメリカ軍政下の時代、沖縄本島最北端の辺戸岬と、そこからわずか二十二キロ先の海上にある奄美群島最南端の与論島で、本土復帰を祈願する「かがり火」が同時に焚《た》かれ、沖合では海上交流集会が催された。

沖縄も奄美群島も、かつては同じ米軍の占領下にあった。

奄美大島、徳之島《とくのしま》、沖永良部島《おきのえらぶじま》および与論島などからなる奄美群島の行政組織は、敗戦による米軍の占領時代から、沖縄の本土復帰に遡《さかのぼ》ること約二十年前の一九五三（昭和二十八）年十二月二十五日に復帰するまで、めまぐるしい歴史的変遷《へんせん》をたどった。

その歴史を知る関係者は、本土の人間はもちろん、沖縄県民でももうあまりいない。

そもそもわれわれは奄美について、グルメからダイビングスポットの観光情報まで、連日のようにテレビ、雑誌から垂れ流される沖縄に比べあまりにも知らなさ過ぎた。

ここで奄美の占領史と復帰前後の奄美の社会的混乱をまず述べるのは、それが沖縄の戦後史と密接に絡みあっているばかりか、隠された沖縄人《ウチナーンチュ》の心性《メンタリティー》もあぶりだしているためである。

一九四六（昭和二十一）年一月二十九日、沖縄基地司令官兼軍政府長官のプライス海軍少将ら米軍幹部一行を乗せたＬＳＴ（上陸用舟艇）が、奄美大島の名瀬《なぜ》港に投錨《とうびょう》した。

これが、北緯三十度以南の琉球、奄美大島を含む南西諸島は日本の領域から除外し、米軍政官の下に単独行政管区とするという内容を骨子とした、いわゆる「二・二宣言」の前ぶれだった。

北緯三十度以南の領域には、奄美群島以北の口之島《くちのしま》、諏訪之瀬島《すわのせじま》、悪石島《あくせきじま》などの薩南《さつなん》諸島（トカラ列島）も含まれた。

これによって、奄美群島を管轄してきた鹿児島県大島支庁は、同年三月に開設された北部南西諸島米国海軍政府の支配下に入った。

北部南西諸島米国海軍政府はその後、臨時北部南西諸島政庁、北部南西諸島政庁と改称され、一九五〇（昭和二十五）年十一月、奄美群島政府が開庁した。

同じ時期、琉球列島では、沖縄群島政府、宮古群島政府、八重山群島政府が発足した。琉球弧《りゅうきゅうこ》上に置かれた米軍支配下の四つの群島政府は、一九五二（昭和二十七）年四月、琉球政府の発足に伴って統合され、奄美群島政府は琉球政府傘下の奄美地方庁となった。

奄美群島が本土復帰し、元の鹿児島県大島支庁に戻るのは、前述した通り、一九五三年十二月二十五日のことである。これは、復帰した日にちなんでアメリカから奄美に贈られたビッグな〝クリスマスプレゼント〟だと言われた。

奄美群島の本土復帰に先立つ一年十カ月前の一九五二年二月には、トカラ列島が日本に復帰し、元の鹿児島県十島村《じっとう》となった。

奄美の本土復帰によって、アメリカが琉球弧と日本の間に引いた北緯三十度の国境線は、そこからトカラ列島、奄美群島と南下して、沖縄本島・辺戸岬の真上の北緯二十七度線に引き直された。

これが、基地の島オキナワの長い歴史の始まりだった。

アメリカがこの時期、奄美群島を返還した背景には、逆に言えば沖縄の占領を続けた背景には、極東地域をめぐる国際情勢の劇的な変化があった。

前述したように、一九四九（昭和二十四）年十月、中国に共産党政権が樹立し、翌年六月には朝鮮戦争が勃発した。極東地域に澎湃《ほうはい》として起きた東西冷戦時代の始まりは、自由主義陣営の盟主を自負するアメリカを震撼させた。

この世界的な構造変化が、日本の南西諸島を四グループに分けて統治する終戦当初の比較的穏やかな占領政策から、沖縄を基地の島として恒常的に利用するハードな軍事戦略に切り替えさせる決定的なトリガーとなった。

こうした戦略的観点からすると、山地が多く基地建設に適さない奄美群島は、アメリカにとって厄介な〝お荷物〟でしかなかった。

沖縄本島、佐渡《さど》に次いで日本の離島で三番目に大きい奄美大島は、全島の六八パーセントが椎《しい》の木で覆われた山岳地帯で占められている。当時、山間を縫って走るホコリっぽい道路は、この島を語るとき必ず引き合いに出される猛毒のハブのようにくねくねと曲がりくねっていた。

奄美の早期復帰には、本土復帰運動が先行していた奄美の反米勢力の影響が、沖縄に及ばないようにする分断政策の狙いもあった。

奄美大島には早くも一九四七（昭和二十二）年の時点で、非合法の奄美共産党が生まれていた。一九五二年六月に起きた軍政下沖縄初のストライキ「日本道路争議」を指揮したのも、沖縄出身の日本共産党書記長・徳田球一《とくだきゅういち》の指令で結成された非合法の奄美共産党メンバーだった。

基地建設を見込んで本土から進出した清水建設の下請会社「日本道路」による賃金の中間搾取などに抗議したハンスト戦術は、奄美復帰運動の「断食祈願」に学んだものである。

一九五一（昭和二十六）年八月一日、〝奄美復帰運動の父〟とも〝奄美のガンジー〟ともいわれた泉芳朗《いずみほうろう》（奄美大島復帰協議会議長）は、破綻《はたん》した奄美経済を立て直す非常手段として軍政府がとった食糧価格三倍値上げの強制命令への抗議と、本土早期復帰の悲願をこめて、百二十時間の「断食祈願」に入った。

この断食には、奄美大島の児童、生徒のほぼ全員が参加した。本土復帰を嘆願する署名者は、奄美群島全島民の実に九八・八パーセントを数えた。

大正から昭和初期にかけ、沖縄の一部では、有毒性のソテツで飢えをしのぎ、時には命を落とすいわゆる〝ソテツ地獄〟の生活困窮が見られた。

だが奄美では昭和三十年代まで、ソテツから採れるでんぷんで粥《かゆ》をつくるぎりぎりの耐乏生活が当たり前だった。

アメリカから見捨てられた文字通り南海の孤島となった奄美大島は、自給体制をとるほかなく、たちまち惨憺《さんたん》たる状態に陥った。豚の仔一匹、家の窓一つにまで税金がかけられた。

復帰当時、奄美のエンゲル係数は八二・七パーセントにものぼった。乏しい収入の八割以上が貧しい食事代に消え、それ以外の生活費にあてる余裕はまったくなかった。

この頃の奄美の子どもたちは手足が極端に細く、腹ばかりふくれたアフリカ難民キャンプの子どものようだった。

貧困救済に取り組んでいた奄美大島の名瀬町（現・奄美市）では、島民のあまりの困窮ぶりを見て、急遽《きゅうきょ》、〝餓死防止運動〟に切り替える事態となった。

餓死寸前の状況にあえぐ奄美と、基地建設景気に向かいはじめた沖縄の間の軋轢《あつれき》が激化するのは、むしろ奄美の本土復帰後だった。

軍政下の奄美はいわば日本とは〝異国〟となり、鹿児島などへの渡航はすべて密航扱いとなった。奄美住民の目はいきおい、同じ米占領下にあった沖縄に向かわざるを得なかった。

ましてや米軍基地建設ラッシュに沸く当時の沖縄は、働く場所にもありつけず食うや食わずの状態に置かれた奄美住民にとって、願ってもない働き口となった。

北へ行けば密航者として裁かれ、南に行けば基地ブームで一旗揚げられる。沖縄のように熾烈《しれつ》な戦闘もなかった奄美を占領したのは、安価で豊富な基地建設労働力を狩り出すため、アメリカがあらかじめ仕組んだ高度な植民地政策だったともいえる。

奄美復帰前後の在沖奄美出身者の実態については、琉球新報記者の中村喬次《なかむらきょうじ》が一九八四（昭和五十九）年に、かつて勤務した生まれ故郷奄美大島発行の地元紙「南海日日新聞」に長期連載した「異土の同胞」というレポートが参考になる。

奄美復帰直後の沖縄の状況を伝えるこの数少ないルポ記事は、軍政下の奄美から沖縄への流入者は四万人と推定されているが、実際には六万人とも七万人ともいわれ、四万人という数字はきわめて少なめに推定したものと理解した方がよさそうだ、と述べている。

一九五〇年の沖縄の人口は約七十万人だから、もし在沖奄美出身者が七万人いたとすれば、復帰前、奄美から沖縄への流入者は沖縄の全人口の約一割を占めていたことになる。

日本共産党奄美地区委員会編の『奄美の烽火《のろし》』（一九八四年）には、一九五〇年から五二年にかけ、毎月一千名近い男女の働き手が奄美から消え、その数はついに五万人余に達した、と書かれている。

これらの数字は復帰後もあまり変わらなかった。奄美には帰らず、奄美出身者が多く住む本土の京阪神地区にも移住せず沖縄に残った奄美人は、約六万人いたと推定されている。

問題は、彼らに対する沖縄人の露骨な差別と非人間的な扱いだった。この事実はほとんど知られていない。というより、沖縄の戦後史の暗部として、なかったことになっている。

USCAR《ユースカー》（United States Civil Administration of the Ryukyu Islands＝琉球列島米国民政府）は彼ら在沖奄美人に対して、近世の封建領主が定住地を持たない漂泊の民にとった以上の苛烈《かれつ》な態度で臨んだ。

本土復帰で〝日本人〟になった、正確にいえば〝非琉球人〟になった奄美人には、〝外人登録〟が義務づけられた。

奄美の復帰から四日後の一九五三年十二月二十九日、USCARは指令第十五号として、「奄美大島に戸籍を有する者の臨時登録」令を発令した。

一、奄美大島の日本復帰に伴い、奄美大島に戸籍を有する琉球列島在住者（以下奄美人という）はすべて、一九五四年二月一日以前に同日以降九十日間の効力を持つ臨時外人登録証の発行を受けなければならない。登録証は、左記の提出があった場合に発行される。

1　外人登録証発行申請書三通

2　パスポート型写真三葉

（二以下略）

在沖奄美人は外人登録証の常時携帯が義務づけられ、登録証には犯罪者でも監視するように、指紋の押捺《おうなつ》をしなければならなかった。

これを皮切りに、USCARは奄美人の基本的人権を剝奪《はくだつ》する指令を次々と出した。公職からの追放、参政権の剝奪、土地所有権の剝奪、公務員試験受験資格の剝奪、国費留学受験資格の剝奪、融資の制限……。

その一方で、税金だけは琉球人並みに徴収された。すなわち、権利の剝奪に関しては非琉球人として扱われ、義務の負担に関しては琉球人と同列に扱われた。

彼ら奄美人は琉球人としてのすべての権利を剝奪された、いわば〝アウトロー〟だった。突飛《とっぴ》な喩《たと》えかもしれないが、沖縄を〝南の満州〟とアナロジーすれば、沖縄という〝異国〟に取り残された奄美人は、中国残留孤児さながらに厄介者扱いされ、迫害されたのである。

奄美復帰からすでに五十四年、沖縄復帰から数えても三十五年たった。観光ブームに沸く現在の沖縄で、奄美差別を具体的に証言できる当事者は、ほとんど見あたらない。だが、知り合いの伝《つて》をたどるうち、沖縄における奄美差別を腹蔵なく話してくれる人物を見つけることができた。

この人物は恵忠久《めぐみただひさ》といい、一九二五（大正十四）年二月、奄美大島島尻の古仁屋《こにや》（現・瀬戸内町《せとうちちょう》）に生まれた。古仁屋と聞いてすぐにわからない人でも、狭い海峡を挟んで加計呂麻島《かけろまじま》と一衣帯水《いちいたいすい》にある集落といえば、ピンとくる人がいるかもしれない。

加計呂麻島は、太平洋戦争末期、島尾敏雄《しまおとしお》が特攻艇《とっこうてい》の隊長として赴任した島である。後に島尾夫人となる加計呂麻生まれのミホと出会ったことでも有名である。

戦後、島尾は奄美大島の名瀬に移り、鹿児島県立図書館奄美分室館長を二十年つとめた。島尾は奄美と沖縄、そして日本との関わりについて問題意識を持ち続けた作家としても知られている。

那覇市内のホテルで会った恵は、〇七年の取材時点で八十二歳になったとは思えない矍鑠《かくしやく》たる老人だった。心配していた記憶力の方も確かだった。

恵は奄美の本土復帰前に沖縄に移住し、在沖奄美出身者の郷《きよう》友《ゆう》団体・沖縄奄美連合会の世話役を長くつとめた。

——すさまじい差別ですね。たかだか半世紀前にこんな露骨な差別の歴史があったとは、最初はとても信じられませんでした。

「僕は奄美の復帰直前に宮古生まれの家内と結婚して、家内の家の都合で僕が入籍したから、助かったんです。外国人登録をしないですみましたし、選挙権も一応ありました。けれど、偽装結婚の恐れがあるということで、奄美人が沖縄人の妻の籍に入ることは、まもなく禁止されました。外国人扱いされた奄美人や、未登録の奄美人は、〝大島ドッコイ〟と蔑《さげす》まれて、とことん差別されたんです」

――大島ドッコイ？

「奄美人は沖縄に土地を買えませんでした。まともな職にもつけなかったから、安定した生活をするのは無理でした。銀行も金を貸してくれません。そうなると、裸一貫のニコヨンくらいにしかなれません。ええ、その日暮らしの日雇い人夫です。昔の工事現場の地固め作業は、滑車を使った人力のヨイトマケです。みんなでドッコイ、ドッコイと……」

――なるほど、それで大島ドッコイなんですか。

奄美人は〝大島ドッコイ〟以外にも、〝オーシマー小《グワー》〟とも呼ばれて軽んじられたという。グヮーとは沖縄独特の言い回しで目下の者や格下の者を蔑称するとき使われる。

――奄美出身者は公職からも追放されたようですね。

「当時、琉球政府の行政副主席で立法院議長を兼ねていた泉有平《いずみゆうへい》さんが解任されました。琉球銀行の初代総裁だった池畑嶺里《いけはたみねさと》さんも追放されたし、琉球開発金融公社総裁の宝村信雄《たからむらのぶお》さんも、琉球電電公社総裁の屋田甚助《おくだじんすけ》さんも追放されました」

――エェッ、沖縄政財界の重鎮たちが、全員クビですか。それはすさまじい。

「特に、琉銀総裁の池畑さんの場合はひどかった。復帰前日の十二月二十四日に、しかも、鹿児島に仕事で出張中に突然、解任されたんです」

池畑解任の理由は、琉球の中央銀行たる琉銀のトップに〝外国人〟の総裁を置いておくわけにはいかない、という理不尽なものだった。

「電電公社総裁の屋田さんが、僕によくこぼしていました。USCARは沖縄人をどんどん採用しろというけれど、入社試験をやったら、成績の一番から七十番までほとんど奄美人だった、だから奄美人を採用せざるを得ない。ところが、奄美人は採用するなという通達があって部長以上は全部免職になった、と」

――全員免職！　免職の大義名分は何だったんですか。

「USCARの布令、布告です。でも、それを出させたのは沖縄人の陳情です」

――沖縄人の陳情！

「僕はUSCARと親しかった人から直接聞きましたので、間違いありません。USCARの命令といったら、もう終わりです。泣く子も黙る」

恵はその当時、USCAR公認の貿易事業に携わっていた。沖縄戦で沈んだ艦船を引き揚げ、そのスクラップを本土に送ったり、本土から輸入されたビールの空き瓶に泡盛を詰めて販売したりするのが、恵のその頃の仕事だった。

――平たくいえば、成績優秀な奄美人が職場を独占したら、オレたちの働き口がなくなっちゃうじゃねえか、だから絶対的権力を持つUSCARに訴えた。そういうわけですね。

「はい、それがいろんな職場に影響した。沖縄人にとって奄美の本土復帰は厄介者払いできる絶好のチャンスだったんです。いま沖縄には奄美出身者が約五万人いるといわれていますが、自分から奄美出身者だと名乗る人は、めったにいません。

僕も奄美出身だということがすぐわかる恵という苗字で、随分いじめられました。僕は不動産関係の仕事をやっていたからわかりますが、復帰前も復帰後も『奄美と宮古はお断り』と言われて、奄美出身者はアパートにも入れなかったんです。

奄美の女性は沖縄人と結婚するとき、みんな出身地を隠したんです。亡くなる前に『実は自分は奄美人だった』と告白する人が、いまでも沢山います」

本土から差別視された沖縄人が、奄美人を差別する。やりきれない話である。さらに神経をささくれさせるのは、沖縄の新聞がそのことを問題視しないどころか、むしろ奄美差別の風潮に加担するような論調を展開していることである。

恵のインタビューはまた後で続けるとして、ここで、これまでほとんど伝えられてこなかった奄美差別の実態を、残された数少ない活字資料の中から拾っておこう。

沖縄タイムスは、奄美復帰から五日後の一九五三年十二月三十日の社説「在沖奄美人の処遇《しょぐう》」のなかで、琉銀総裁の突然の解任にふれ、次のように述べている。

〈吾々東洋人の人情（或は感情）からすると琉銀創立以来六カ年間も勤めた総裁が出

張先で馘《くび》になるなど、一寸《ちょっと》人情味のない扱い方であるように思われるが、しかし日本復帰と共に外国人となる大島人は一日たりとも、琉球政府や中央銀行の重要公務に携わらせる訳にはいかない、という如何にも割りきつたやり方は、吾々には直《すぐ》に真似ることは出来ないにしても、公私を微塵《みじん》も混こうしない態度は或る程度学んでよいのではないかと思う〉

沖縄タイムスの社説は、これに続けて「復帰後大島人は琉球政府の公務員にはなれない、というのは既に軍当局が明らかにしたことであつて、最早これを問題にすべきものではない」と、明らかに軍当局の立場に立った論評をしている。

USCARの恐怖政治下にあって、琉球政府に大っぴらに異議を唱えることはできないにしても、これほどお上べったりの論調は、とても新聞人の態度とは思えない。

奄美人差別をそそのかすような報道姿勢は、実は奄美の復帰前から始まっていた。

戦後、ガリ版刷りの紙面から始まった沖縄タイムスや、沖縄各地の捕虜収容所で配布されたうるま新報（終戦で休刊を余儀なくされた明治二十六年創刊の琉球新報に昭和二十六年統合）の紙面を通覧していくと、奄美人を特殊視する見出しのオンパレードである。

・ピストル男は大島生れの脱獄囚（昭和二十四年十月一日　沖縄タイムス）

・轉落《てんらく》の女二十六名、那覇署が密淫狩り（昭和二十五年五月二十三日　沖縄タイムス）
摘発された娼婦の二十六名中、二十名が大島出身者だったと報道。
・食えない大島、沖縄に出る外なし（昭和二十五年六月十五日　沖縄タイムス）
・夜の街に暴力は亂舞《らんぶ》（昭和二十六年一月二十八日　うるま新報）
大島出身の暴力団が市民生活を脅かしていると報道。
・大島青年米兵を刺す　闇の女めぐる兇劇《きょうげき》か（昭和二十六年二月五日　うるま新報）

沖縄の新聞は、たとえば屋台の食い逃げであっても、その容疑者が「大島生まれ」なら、ここぞとばかり書き立てた。
日本復帰三十周年を記念して奄美郷土研究会が一九八三（昭和五十八）年に出版した『軍政下の奄美』のなかに、奄美大島名瀬出身の琉球検事局元検察官が書いた「米軍政下の検事」という興味深い手記が収録されている。

〈その頃（引用者注・昭和二十七年頃）沖縄には、仕事の無い奄美からの出稼者《でかせぎしゃ》が大勢来ていました。彼等の中には精力の捌《は》け口が無い為《ため》か、喧嘩《けんか》をする者が多く殺人傷害事件等を起こしていました。沖縄の新聞はその都度「又も大島生まれの男が……」等の大見出しで報道しており、殊更《ことさら》に「大島生まれの男」ということを強調

していました〉

この検察官は奄美の復帰後、二階級降格され、一介の検察事務官になる悲哀を味わった。恵が言ったように、奄美出身の琉球政府高官たちは奄美の本土復帰によって総パージされる結果となったのである。

奄美出身者への差別は、公務員の待遇にも及んでいた。

一九四六（昭和二十一）年、奄美大島の地元紙「南海日日新聞」を創刊した村山家國は、二十年近くかけて書きあげた大作『奄美復帰史』（南海日日新聞社・一九七一年）のなかで、奄美復帰の約一年八カ月前の一九五二年四月一日に発足した琉球政府は、地域給の名のもと、沖縄と奄美の公務員に歴然とした給与差をつけた、と述べている。

同書によると、沖縄三千六百十二円に対し奄美二千八百九十円と、沖縄と奄美の間には七百二十二円の賃金格差があった。沖縄の公務員の給与が百とすると、奄美の公務員の給与は八十という著しい差別待遇である。

一九五二年に起きた「日本道路争議」の中心メンバーとなったのは、奄美出身の共産党員だったことは、前に述べた。「南海日日新聞」元記者の松田清《まつだきよし》が著した『奄美社会運動史』（ＪＣＡ出版・一九七九年）に、そのときの争議団のアピール文が載っている。

〈家族も養えない賃金、時間給十二円を一方的に十円五十銭に切下げたのみか、それさえ二ヵ月も支払わず、支払を要求すれば全員首切りを言渡し、おまけに宿舎での待遇は、畳はおろか、蚊帳《かや》も毛布も全然支給せず、雨が降れば、降ったで、雨もりで中は泥んこ、食事は二度三度、盛り切り一ぱいの砂のような飯に、申訳けだけのソーメン汁……、(中略)病気で仕事を休めばなぐるけるの暴行、はては、「セメントといっしょにコンクリートに叩《たた》き込むぞ!」とおびやかす始末〉

公務員と同様、これら最底辺の労働者にも身分による明白な賃金差別があった。前掲の『奄美の烽火』は述べている。

B円の時給でアメリカ人が最高七五二円二〇銭、最低四八円、フィリピン人が最高一九六円八銭、最低四八円、日本本土からの出稼ぎ労働者が最高四五円、最低二五円、沖縄の労務者が最高二五円、最低九円五〇銭、奄美の労務者はさらにその下だった……

沖縄の郷土月刊誌「青い海」(現在休刊中)の一九七二年春季号に、奄美群島徳之島出身の市村彦二《いちむらひこじ》（琉球新報記者）が「奄美の知られざる差別」と題して書いた優れた論考がある。そのなかに、こんな怒りの記述がある。

〈沖縄の人は日本政府に対し、沖縄県民の痛みをわかって欲しい、小指の痛みでもそれは全身の痛みである——と訴えている。正にその通りである。しかし、その沖縄は、奄美出身者の苦しみを自分自身の苦しみとしてうけとめようとはしなかった。

（中略）

奄美の復帰後、琉球政府のある局長は「沖縄には約六千人の潜在失業者がいるが、奄美の人たちが帰ってくれたら失業者はいなくなる」（と語り）、またある局長は「沖縄で悪いことをする奄美の連中は片っ端から強制送還する。そうすれば失業問題なんかいっぺんに片付く……」と私に語ったことがある。この二人の高官の発言が、復帰後の奄美出身者に対する琉球政府の姿勢を端的に表しているといえよう〉

『全記録　分離期・軍政下時代の奄美復帰運動、文化運動』（〇三年・南方新社）という労作を独力でまとめた奄美市在住の学習塾講師の間弘志《はざまひろし》は、奄美の新聞、雑誌に発表された小説類から、売春婦などに転落した女たちの実例を拾って、奄美の同人誌「ルリカケス」第十五号（一九八五年）に、「小説の中の〝パンパン〟」と題する奄美裏面史をまとめている。

ここには、〝ウミンチュ〟の故郷といわれる沖縄の糸満に労働力として売り飛ばされたり、米軍兵士相手の売春窟に身を沈めた悲惨な奄美女たちの具体例が、数多く報告されている。

奄美復帰前の在沖奄美人の境遇を知る上で、もうひとつ貴重な資料がある。

軍政下の奄美で発行されていた「新青年」という雑誌がある。どの号を読んでも、同胞男女が沖縄で蔑視《べっし》されていることに身を裂かれるように苦悩する奄美青年の姿が、ありありと伝わってくる。

その「新青年」の一九五二年十二月号に、在沖奄美人に同郷人の結束を呼びかける「郷友会」結成の趣意書が載っている。そこには「犯罪と云えば大島人、パンパンと云えば大島人と云われる」という、憤懣《ふんまん》やるかたない言葉が綴《つづ》られている。

沖縄で浮浪者化したり、夜の街の女に落ちぶれた奄美人にとって、手を伸ばせばすぐ届く奄美大島は、果てしなく遠い帰るに帰れない故郷だった。

佐木隆三の『わが沖縄ノート』のなかにも、奄美出身の売春婦が登場する。コザ（現・沖縄市）のAサインバー街の路地裏にある〝尺八横丁〟で客を引く五十五歳の老娼婦が語る借金の返済話は、奄美女の律儀さと哀切さを伝えて胸を衝《つ》かれる。

これらの記録から浮かびあがってくるのは、男はヤクザ、女はパンパンに零落した奄美出身者たちの存在が、連日のように「大島生まれ」と見出しに打った新聞の犯罪記事などによって拡大増幅され、沖縄人の奄美差別感情を一層助長させていったという構図である。

話を恵のインタビューに戻す。

——奄美差別の問題は別として、沖縄に残った奄美出身者には、稼業関係や接客関係の商売につく人が多かったのは事実のようですね。

「はい、そうです。男はバー、キャバレー、パチンコ屋をやるか、ヤクザになるしかなかった。女は売春婦や接客婦になった人も多かった。沖縄では身分がまったく保障されていなかったから、世間的に見ると、そんな胸を張れない職業につかざるを得なかったんです。

その種の日銭稼ぎしかなかったから、逆に現金商売の飲み屋街は全部仕切っていた。沖縄の人はほとんど知りませんが、那覇の国際通りの基礎をつくったのは、実は奄美出身者でした」

——それは驚きです。それを知っているヤマトンチュはたぶんひとりもいないと思います。奄美出身者には、左翼系や、共産党員も多かったようですね。

「ええ、そうです。奄美出身者は立法院議員も共産党員も全員追放されました。沖縄人民党の結成メンバーで、当時、立法院議員だった中村安太郎《なかむらやすたろう》さんも追放された一人でした」

一九四七年に中村安太郎、瀬長亀次郎らによって結成された沖縄人民党は、奄美復帰の翌年の一九五四（昭和二十九）年七月、米軍による大弾圧を受けた。

以前から革命を目指す不穏分子と睨《にら》んで人民党の内偵を続けていた米当局は、奄美出身の人民党中央委員二人に対し、沖縄社会の福祉に反するとの理由で、沖縄からの四十八時間以内の退去を命じた。

やがて捜査の手は人民党書記長の瀬長亀次郎にまで伸び、瀬長を犯人隠匿幇助《いんとくほうじょ》と教唆の容疑で逮捕するにいたった。瀬長は懲役二年の実刑判決を受け、沖縄刑務所に収監された。

これが、琉球警察を震えあがらせた有名な沖縄刑務所暴動事件の発端となった。

刑務所といえば、前掲の「米軍政下の検事」（『軍政下の奄美』所収）のなかに、いかにもこの時代の奄美らしいエピソードが紹介されている。

奄美復帰に伴って一番問題になったのは、当時奄美大島刑務所に収容されていた受刑者たちの処遇だった。受刑者を拘束している琉球法令は、復帰と同時に失効するので、彼らを復帰と同時に釈放しなければならない。

しかし、受刑者のなかには殺人などの凶悪犯もいるので、直ちに釈放するわけにはいかない。

そこで当局は一計を案じ、受刑者を犯した罪の程度によって、A、B、C、Dの四階級に分けることにした。

そして実際に、重大犯のA級は釈放してすぐ刑務所の門前で逮捕し改めて起訴する、それほど重い罪ではなく刑期の大半を服役したB級は逮捕するが四十八時間以内に釈放する、米軍の布告違反程度の軽微な罪のC級とD級は復帰と同時に釈放することにしたという……

これら埋もれた資料にあたることになったのも、元はといえば、恵の話があまりにショッキングだったためである。

恵に会ったのは、沖縄における奄美差別の実態を尋ねる以外にもう一つ目的があった。国旗国歌推進沖縄県民会議会長、尖閣《せんかく》諸島防衛協会会長などの肩書をもつ恵は、沖縄全島で八百人いるといわれる巫女《ノロ》が信仰する沖宮《おきのぐう》などをはじめ、沖縄の伝統的宗教についても詳しい。沖宮は那覇市街と郊外を隔てた国場川脇の奥武山《おうのやま》にある古い神社である。

それら沖縄古来の宗教と、戦後生まれの創価学会の関係を聞くのが、惠に会ったもう一つの目的だった。

創価学会＝公明党が、〇六年十一月の沖縄県知事選で仲井真弘多《なかいまひろかず》新知事を誕生させる原動力になったことは、後で詳しく述べる。

その話題が佳境に差しかかった頃、惠は突然、思い出したように言った。

「そういえば、沖縄で差別された奄美人を助けてくれたのは実は創価学会でした。いまでも奄美大島出身の市会議員の八割は公明党です。那覇市でも浦添市でも沖縄市でもね」

惠がさりげなく言った言葉は、ある意味、沖縄における露骨な奄美差別の実態以上に驚きだった。

沖縄で初めて非合法の共産党を誕生させた革新の島は、半世紀あまりたったいま大きく様変わりして、保守政権を支える絶対的な地盤となっている。

琉球弧の上には、過去の出来事をすべて押し流す時代の荒波が打ち寄せた。

そして早期復帰を果たした奄美は、その忘却の波浪に洗われ、いまや日本と沖縄のはざまで、空白の琉球弧として宙吊《ちゅうづ》りにされている。

伝説の義賊・清真島《きよしまじま》

一九五三（昭和二十八）年十二月二十五日、奄美群島は米軍から本土返還というビッグな〝クリスマスプレゼント〟をもらった。この日を境に〝非琉球人〟となった在沖の奄美人は、沖縄社会のなかで以前にも増して露骨な差別を受けることになった。

「奄美の復帰で奄美出身の政財界の重鎮も、左翼関係者も沖縄から一掃されました。暴力団関係者らアウトローたちも当然追放の対象になったんでしょうね」

奄美出身で、在沖奄美人の差別問題に最も詳しいといわれる元沖縄奄美連合会世話役の恵忠久にそう尋ねると、恵は「キヨシ・マジマという名前を聞いたことありませんか？」と逆に聞いてきた。

――聞いたことはあります。何でもケンカがむちゃくちゃ強かったそうですね。

「清真島と書きます。僕らはマジって呼んでいましたが。僕の故郷の隣部落の清水《せいすい》の生まれです。僕とはふた従兄弟くらいの関係になります。沖縄旭琉会っていう暴力団があるでしょ。マジは、旭琉会が生まれる以前の親分ですから、いわば沖縄ヤクザの原点になった男です」

——初めて聞きました。ものすごく興味を引かれる話です。

マジは戦後間もなく「コザ派」を旗揚げしたターリーこと喜舎場朝信や、沖縄で初めて本土の暴力団と結託して東声会沖縄支部をつくった宜保俊夫という、いわば沖縄ヤクザの黎明期に活躍した男二人からも一目置かれる存在だったという。

「又吉世喜（スター）も新城喜史（ミンタミー）も、完全に子ども扱いでした」

——それはすごい！　清真島こそ沖縄ヤクザ界の本当のスーパースターだったんですね。

又吉世喜は腕に自信があるストリートファイター集団を統率した「那覇派」の頭目である。また新城喜史は米軍基地から軍需物資をくすねる〝戦果アギヤー〟を源流とする「山原派」の頭目である。その後、両派を統一して沖縄連合旭琉会の金看板となった二人は、抗争事件に巻き込まれ相次いで射殺された。彼らは沖縄ヤクザの間でいまや黙示録的人物となっている。

——マジさんに子分はいたんですか。

「マジの子分には、ポピーやジミーっていう奄美生まれの男がいて、那覇の国際通りやコザ（現・沖縄市）のセンター通り（現・パークアベニュー）の飲み屋街の用心棒をしていました。ポピーは一寸法師みたいに小さい男だったけど、暴れん坊でね。コザのAサインバー街を一人で仕切っていた。本名？　忘れました。というより元々知りません。奄美人なら誰でも知っている有名人だったから、渾名《あだな》だけで通っていた（笑）」

——渾名だけしか知らない。いかにも〝無国籍〟の奄美ヤクザらしいステキな話だなあ（笑）。実際に会ったら、小便をチビるくらい怖かったんでしょうが、ポピーという可愛らしい響きには、「日本むかし話」を聞いているようなほんわかムードがあります（笑）。

奄美ヤクザの昔話に花を咲かせていると、恵を紹介するためその場に同席していたやはり奄美出身の情報通が口をはさんできた。

「ジミーさんは外人にやられて片目を失くした。コザのセンター通りで外人相手の売春宿をやっていたセイゴウさんという人もいましたね。彼はケンカで足を折られて歩行困難になったうえ、黒人兵に頭を割られてパーになっちゃった」

——聞けば聞くほど恐ろしい話だなあ。でも不謹慎ながら、なんだか笑っちゃう（笑）。ところで、恵さん、マジこと清真島さんはその後どうされたんですか。

「奄美の復帰直後、すぐ大島に強制送還されました。それから昔の子分を集めて、故郷の古仁屋《こにや》（現・瀬戸内町）で、奄美興発《あまみこうはつ》という土建会社を始めた」

——大島に帰って、稼業からは足を洗ったんですか。

「ええ、きれいさっぱり洗いました」

恵の語るマジの話は、実に魅力的だった。私はマジという男に格別の興味を覚え、彼のことを知っていそうな何人かの関係者を訪ねて、以下の新事実がわかった。

清真島は一九一九（大正八）年の生まれで十五年ほど前に亡くなったが、いまでも彼を慕う奄美人が多いこと、戦争中は海軍にいて沖縄には米軍払い下げのＬＳＴ（上陸用舟艇）で密航してきたこと、沖縄では菊《きく》という名の三味線の達者な元満州芸者と同棲し、マジの生活費を三味線一本で稼いでいたその女は、子分たちから〝満州菊〟と呼ばれていたこと……。

また古い資料を片っ端から漁った結果、彼の唯一のインタビューがあることもわかった。このインタビューは、奄美大島発行の「南海日日新聞」の元記者で、同紙に在沖奄美人についての長期連載ルポを書いたこともある中村喬次の著書『南島遡行《そこう》』（一九八四年・海風社）に載っている。これはマジと同郷の中村が奄美で本人に会って取材した聞き書きである。

沖縄には、奄美出身者の先鋭的なアウトロー集団の「マジ組」があった。その名は、組長の清真島の名前からきている。「マジ組」の名はわれわれの少年時代、圧倒的迫力を持っていた。当人はいま、郷里の古仁屋でれっきとした土建会社の社長になっている……

中村はそう前置きをして、〝マジアニョ〟と呼ばれる男の口を開かせている。

〈わしが那覇へ行ったのは昭和二十四年だった。あの頃わしは三十だったが、元気があった。仕事？　あの頃は売春が激しかったから、そのウワマエをハネたりなア、トバクもあったが、最高の収入源は密輸だったな。

あの頃わしは強かったから、とにかく、けんかが好きで、人の目ン玉を見たら必ずけんかするもの、としか考えなかった。組員はたくさんおったが、その連中も、ほとんど死んでしまった。殺されたのが多い。スエミツが死に、マサタロウが死に、イタルが死に、ジュンイチロウが死んでね。年をとって、恥をかきながら生きている者は、わしくらいのもんだよ。

あの頃は、いつも命を張って生きていた。人間は一つしか命はないんだから、どうして怖がる必要があるか、と自分にいいきかせておった……〉

彼はいかにも遊俠《ゆうきよう》の徒らしい台詞《せりふ》でそう語り、最後をこう締めくくっている。

〈わしは復帰の翌年に大島に帰された。それがまた傑作でね、水上警察に那覇の沖で船を停められて、証文を書かされた。二度と沖縄の土は踏まんとね。三年前か、沖縄に行った。昔の仲間にいわれたよ。あの頃のマジアニョはよかった、いまは目つきがやさしくなった、とね。それはそうだろう、いまはすっかり悟っておるからな、あんたに過去の話をしても平気だ。かえって元気な頃を思いだして、いい気持ちになってしまったよ……〉

そんな味のあるモノローグの後に、中村の短いが印象的な人物スケッチが続く。

〈……マジアニョは身長一六〇余センチ、体重七七キロ。三味線としまうたがうまい。最初、彼のしまうたをきいたとき、そのあまりに低く、ドスの利いた声に肝をつぶしたものだ。これはまるで、バスによって歌われたイタリア民謡だ、と思った〉

これだけで、清真島という男の人柄と魅力が十分伝わってきた。

清真島に会った中村は、現在、沖縄の糸満に住んでいる。その中村に那覇市内のホテルで会った。彼の話では、奄美の子どもらにとって清はヤクザというより、一種の英雄だったという。中村は一九三九（昭和十四）年、奄美大島南部の宇検《うけん》村の生まれである。

「昭和二十年代の奄美には、数々の〝マジアニョ〟武勇伝が伝わってきました。僕も含めた奄美の小中学生の間では、それをマネした〝マジアニョ〟ごっこが熱狂的に流行したものです。いま思えば、子どもっぽいヒロイズムに酔っていたんでしょうね。インタビューでは、沖縄時代は神里原《かんざとばる》や十貫瀬《じっかんじ》を女連れの着流し姿で闊歩《かっぽ》してブイブイ言わせていたと聞きました。ハジキは一度も使ったことがないとも言っていました」

神里原はひめゆり通り一帯、十貫瀬は久茂地《くもじ》川一帯で、いずれも那覇の中心部である。

清真島の話は、台詞は全編沖縄口《ウチナーグチ》、日本語の字幕付きという怪作映画「ウンタマギルー」（高嶺剛《たかみねごう》監督・一九八九年）を思い出させた。平凡なサトウキビ搾り職人のギルーは、聖なる「運玉《うんたま》の森」で、沖縄伝説の妖怪キジムナーから伝授された空中浮遊の術を使って米軍基地に盗みに入り、〝戦果〟を貧しい農民に惜しみなく分け与えて、たちまち村の英雄となる。

コミカルでエロチックで原色の幻惑に満ち溢《あふ》れたこの映画は、土俗と近代が激しく鬩《せめ》ぎあう本土復帰直前の沖縄を描いて、この島を舞台にしたどんな映画からも屹立《きつりつ》して出色《しゅっしょく》である。

沖縄で差別された奄美人にとって、〝マジアニョ〟が、この映画の主人公同様、庶民の胸躍らせるヒーローになったのは、ごく自然な成り行きだった。〝マジアニョ〟は、古い奄美人たちの間では、いまも鼠小僧次郎吉《ねずみこぞうじろきち》にも似た義賊的存在として語り継がれている。

私は清真島についてさらに知りたいと思い、奄美大島に飛んだ。奄美大島は山地がほとんどない沖縄と違って重畳《ちょうじょう》たる山国である。島の北端に近い奄美空港から清真島が生まれた南端の瀬戸内町《せとうちちょう》に行くには、行く手を遮《さえぎ》るような山塊が目の前に迫る山道を車で縫うように走って二時間以上かかる。

清真島が一九五四（昭和二十九）年に創設した奄美興発は、瀬戸内町の清水《せいすい》地区にいまもある。その向かいには、中世の豪族の館《やかた》を思わせる清真島の大豪邸が辺りを睥睨《へいげい》するように建っている。事務所には、若き日の清の肖像画がかかっていた。いかにも義賊の頭目らしい渋い二枚目である。それを見て、〝マジアニョ〟には女が降るようにいたという話も素直に頷《うなず》けた。

〝マジアニョ〟みたいに破天荒な生き方をした奄美人はいないのか。奄美から沖縄に戻ってそう聞き回るうち、奄美出身の元稼業関係者からある奄美人夫婦を紹介された。

在沖奄美人は多かれ少なかれ、沖縄社会から差別された僻《ひが》み根性があるものだが、那覇市内のホテルで会った奄美人夫婦に、被差別者意識など微塵《みじん》もなかった。

この夫婦は多くの奄美出身者と同じく、選挙権もなく銀行から一銭の金も借りられなかった。だが、そんな昔を恨むでも嘆くでもなく、これまでの人生を淡々としかも陽気に語ってくれた。

インタビューは、夫婦が歩いてきた世間の常識からすればまともとは言いにくい裏街道人生を考慮して、匿名とした。ここでは仮に常世田《とこよだ》夫妻としておく。

常世田は一九二七（昭和二）年、〝マジアニョ〟の故郷でもある奄美大島南部の清水に生まれた。戦後、満州から復員して故郷に戻った常世田は、貿易の仕事から始めた。

――それは密貿易ってことですか？

「それしか僕はせんかった」

――それしかしなかった（笑）。

「あははは、密貿易が僕の本職ですよ」

――最初からイケてますねぇ（笑）。密貿易はいつ頃からやったんですか？

「昭和二十三年頃から昭和三十年の少し前までですから、奄美復帰前も復帰後もですね」

――密輸したブツは主にどんなもので、主にどこに運んだんですか？

「ブツは香港、台湾からの密輸と、米軍の盗品です。軍には何でもありましたからね。香水にコーヒーに洋モク、ペニシリンに淋病《りんびょう》の薬のダイヤジンに虫下しのサントニン。軽くて金目のものなら、何でも運びました。僕の場合、運んだのは主に神戸でしたね」

――沖縄の米軍基地からの盗品は、いわゆる〝戦果〟ですね。儲かったでしょう。

「〝戦果〟は、いってみりゃあ元がタダだから、そりゃ大儲けです（笑）。奄美特産の黒糖もだいぶ内地に運びました。黒いダイヤっていわれて、奄美で一斤《きん》（六百グラム）十円から十五円くらいのものが、鹿児島に持っていけば、二百五十円になったから、儲かった、儲かった」

——そりゃ、ボロい。そのお金はどうしたんですか？

そう尋ねると、横から夫人が口をはさんできた。

「全然、残っていない（笑）」

常世田がそれを引き取って、照れたように言った。だが、言葉とは裏腹に、そう語る常世田の顔に反省の色はなかった。

「鹿児島や神戸の料亭にあがりこんで、一、二カ月どんちゃん騒ぎ（笑）。年は若いし、遊び盛りだし。風呂場で芸者を裸にさせて一緒に酒を飲んだり。もう大名暮らしです（笑）。いくら儲けても、密貿易の金は残りません。あぶく銭だから」

——怖い目に遭ったことはありませんか？

「時化《しけ》や台風に遭ったときなんか、こんなにまでしないと金は儲からんのかと思いましたね。一度、エンジンにガソリンが引火して、船が爆発しそうになったことがあります。船に積んでいた山羊《やぎ》はべーべー、豚はブーブー鳴くわ（笑）、人間は海に飛び込むわで、あのときは死ぬかと思いました」

——奄美から内地まで荷物を運ぶのは具体的にどんなルートだったんですか？

「奄美を出て、まず（トカラ列島の一番北の）口之島まで行きます。口之島が密貿易の中継基地でした。そこで誰にも見られないように船の荷物を（日本船に）積み替えれば、あとはもう〝おけんたい〟です」

〝おけんたい〟とは西日本一帯の方言で、気兼ねなしという意味である。米軍占領時代、沖縄や奄美などの南西諸島と日本の国境線は、口之島の沖合の北緯三十度線に引かれていた。北緯三十度線の突破が、密貿易船や密航船にとって最大の難関だった。

――捕まったことはありませんか？

「一度もありません。ただ、黒糖の箱に化粧品を詰めて運んだとき、砂糖がこんなに軽いはずがないと税関に調べられそうになったことはあります。そのときとっさに知り合いの名前を書いて、小便に行くふりをして雨樋《あまどい》を伝《つた》って二階から逃げた。奄美に帰って名瀬の旅館にいると、ラジオで化粧品の密航業者が捕まったと言っている。思わず『犯人はここにいるよ』って言いましたね。密輸は逃げるが勝ちです、ははははは」

常世田は満州でソ連兵に捕まり、危うくシベリア送りになりそうになった体験がある。このときもシベリア行きの無蓋車《むがいしゃ》がスピードを落とした頃合を見計らって車から飛び降り、命からがら逃走した。

その逃亡中、中国人に掘れと命じられた穴に胸まで埋められ、殺されかかったこともあるという。それが今日まで生き延び、密貿易時代の昔話をこうやって面白おかしく語れるのは、つくづく強い星の下に生まれたからだろう。

常世田の話には、密貿易船や密航船が横行する東シナ海を舞台に展開される荒唐無稽《こうとうむけい》な海洋冒険活劇のような味わいがあった。それはさながら、お子様向けのハリウッド映画「パイレーツ・オブ・カリビアン」の沖縄版のようだった。

米統治下の奄美からの密航や密貿易については、奄美市在住の佐竹京子《さたけきょうこ》が書いた『軍政下奄美の密航・密貿易』(〇三年・南方新社)に詳しく述べられている。そこには、米軍の分断政策で日本の教科書の配布を受けられなかった奄美の子どもたちのため、決死の覚悟で本土に密航して教科書を調達した教師の話や、日本復帰を陳情するため奄美の青年団が逮捕覚悟で本土に密航した話などが、生々しく報告されている。

これら切羽つまった証言に比べ、常世田の回顧談はどこか浮世離れしていた。だが、命がけの密航とは違い、密貿易には〝シマンチュ〟気質そのままに鼻歌まじりに行われた面もあっただろうから、常世田の話はノー天気な分、却って現実味があるともいえた。『軍政下奄美の密航・密貿易』のなかに、ひときわ興味深い聞き書きが紹介されている。

ポンポン船が名瀬湾を過ぎたとたん、船主の態度ががらりと変わった。昼は船倉に隠れていたが、夜中に甲板の上で、こんなやつは海に叩き落としてしまおうと、相談しているのが聞こえた。一週間かかって種子島につくと、拿捕《だほ》船が探照灯《たんしょうとう》で照らすので海に飛び込み岸まで泳いだ。翌日、鹿児島行きの船に乗ると、今度はドロボー船だった……

語った本人には恐怖の体験だったのだろうが、そこはかとないおかしみが感じられ、無責任に読む者には、なかなかのエンターテインメントになっている。

しかし、「密航船は海賊船だった」と題するこの得がたい体験談にしても、常世田が次に語ったエピソードのとんでもないブッ飛びぶりには、到底かなわない。

——密航船はどう調達したんですか？

「僕が住む集落のすぐ目の前にある加計呂麻島の近海に、戦争末期に日本軍が使ったベニヤ製の特攻用魚雷艇が何隻も沈んでいた。マルヨンっていうてましたな。エンジンはトヨタ製の六気筒のすごく馬力の出るやつが、一隻に二個ずつついている。

あの辺は水深が浅いんで、三、四メートルも潜れば、引き揚げられる。二艘並べた船に板を渡し、潮が引いたとき人を潜らせ、下で縄をくぐらせて一気に揚げる。そしてエンジンを外して、海軍が使っていたカッターボートにくりつけたんです」

太平洋戦争中、戦艦武蔵《むさし》や戦艦大和《やまと》も停泊した加計呂麻島は、前述した島尾敏雄が戦時中配属された特攻基地があった島である。

清真島の故郷の奄美大島・清水地区を訪ねる前、古仁屋港から海上タクシーでわずか十五分の加計呂麻島に行ってみた。島の静かな入江に沿っていくつかの洞《ほら》があり、その一つに島尾が搭乗するはずだった特攻艇「震洋《しんよう》」を復元した原寸大の模型が収まっていた。島尾の代表作の一つの『出発は遂《つい》に訪れず』は、このときの体験から生まれた。加計呂麻島の入江のひとつには、島尾敏雄の文学碑も建っている。四角い石に丸い穴を穿《うが》っただけのシンプルな、いかにも島尾らしい文学碑である。私はほとんど誰も訪れそうにないその寂しい景色を思い出しながら、常世田に聞いた。

——それは英霊になったかもしれない人が乗る予定になっていた船ですよね。引き揚げるとき贖《しょく》罪《ざい》意識は感じませんでしたか？

「別に何も感じませんでしたね。生きることだけで精一杯でしたからね」

常世田には、戦争も、それを引きずった戦後文学も、まったく関係がなさそうだった。

奄美復帰後、沖縄に移った常世田は、密貿易から〝戦果アギヤー〟に商売替えした。

「それも生活のためですか」。そう問うと、常世田は顔色ひとつ変えず、「ええ、そうです。ま、いってみればドロボー（笑）ドロボーです」と答えた。

——どんなものをドロボーしたんですか。

「ＨＴＢ（米軍の軍服）もあれば、エンジンオイルもあります」

——エンジンオイル？　何に使うんですか。

「天ぷらを揚げるためです」

――エェッ、エンジンオイルで天ぷら！　ウソでしょ。

「本当ですよ。モービル天ぷらと言ってね。おいしくはなかったですがね」

奄美差別に押しつぶされず、それを撥《は》ね返して裏街道を逞《たくま》しく生きてきた常世田の話は、聞く者のアドレナリンを全開させて痛快だった。

世の中が少し落ち着き、〝戦果アギヤー〟の時代が終わると、今度は那覇の国際通りや、いまはソープランド街となっている那覇港近くの波之上《なみのうえ》でAサインバーを始めた。夫人も一緒だった。Aサインバーとは、米軍の立ち入りを許可された飲食店のことである。

「客は外人ばっかしで、ケンカが絶えませんでした。毎晩のように、黒（人）と白（人）が素手で殴りあう。白は白に加勢するし、黒は黒に加勢する。特にベトナム戦争の頃は荒れに荒れていました。あの頃のアメリカ兵は、金を金とも思わなかった」

横にいた夫人がこの話に続けて、「（ベトナムに）行ったら死ぬかもしれないからね。いまこのときだけが楽しいの。お金はもうあるだけ使っちゃう」と言った。

――金を持っていてもしようがない。店は儲かったでしょうね。

「ドルの札束をドンゴロスの袋に足で踏んづけて入れていたわね（笑）」

それまでおとなしく常世田の話を聞いていた夫人が、Aサインバー時代の話になると、急に目を輝かせた。しゃべり方も鉄火場を取り仕切る姐御《あねご》風の伝法《でんぽう》口調になった。

――ところで、Aサインバーの許可をもらうのは難しいんでしょ。

「抜き打ちの検査があるんです。それがまた細かくってね。グラスに水滴がちょっとついていただけで営業停止。完全ないじめです。でも、そういうときは女の子抱かせれば、一発でOK。あの頃の兵隊さんは、みんなうちの女の子を買っていましたからね。

女の子も割り切ってました。ジャンピーっていう五ドルする虹色のカクテルを注文してね。兵隊さんの膝《ひざ》の上にポンと座って、首ッタマ抱いて離さない（笑）。あとは飲ませに飲ませて、ホテルに行く。稼ぐ子は、一日に三、四人相手にしていました。

警察の手入れ？　近所の店に密告されて摘発されかかったことはあります。十二時を過ぎるとおまわりさんが回ってくるので、店を閉めるふりをして、なかでブルーフィルムの上映会をやっていた。

それでも逮捕されなかったのは、これ言っていいのかな、立法院で一番えらい先生も、その映写会の常連さんだったからなんです（笑）。

密告されると、『先生、またチクられちゃったよ』って電話する。すると先生が、那覇署の署長さんに穏便にはからってくださいって電話してくれる。そうなると警察としても、もう捕まえるわけにはいかない（笑）」

常世田の話が「パイレーツ・オブ・カリビアン」の沖縄版なら、夫人の話にはベトナム戦争華やかなりし頃、うす暗い酒場で、殴りあいの乱闘と、乱痴気騒ぎが毎晩のように繰り広げられる日活「無国籍B級アクション映画」のようなおもむきがあった。

常世田はAサインバーを経営する傍ら、沖縄一の風俗街として有名な宜野湾の「真栄原社交街」にも三軒の店をもっていた。いうまでもなく売春目的の店である。

――そちらの方も儲かったでしょうね。

「そりゃ、大儲けでした。でも、爆弾を抱えているようなものです。儲けは摘発されて全部パー。弁護士費用はかかる、保釈金はかかる。やっぱり悪銭は身につきません」

常世田夫婦は、戦後一貫して裏稼業に携わってきた。そのバイタリティーには舌をまく。

だが逆に言うと、そこまでしなければ生きられなかった奄美差別の根深さを物語ってもいるようだった。そう思えば、夫婦の明るい口ぶりは却って痛ましいともいえた。

奄美出身の著名人としては、歌手の元《はじめ》ちとせや、徳洲会《とくしゆうかい》の徳田虎雄《とくだとらお》がよく知られている。物故者では、昭和三十年代に活躍した第四十六代横綱の朝潮太郎《あさしおたろう》が、徳田虎雄と同じ徳之島の出身である。「お富さん」を作曲した沖縄生まれの渡久地政信《とくちまさのぶ》も、少年時代は奄美で過ごした。

本土ではほとんど無名だが、地元ではいま挙げた人物以上に有名な実業家がいる。この実業家は有村治峯《ありむらはるみね》といい、「南海の海運王」の異名で郷土の英雄扱いされている。

東京から鹿児島の志布志《しぶし》を経て、奄美大島の名瀬―与論―那覇に到る航路や、神戸・大阪から、宮崎、名瀬を経て徳之島の亀徳《かめとく》―沖永良部の和泊《わどまり》―与論―本部《もとぶ》（沖縄）―那覇に到る航路など、本土の大都市から南西諸島に向かう海上ルートは、有村によって開かれた。

その海上ルートの中継基地にあたる奄美大島の名瀬港では、煙突にAのマークをつけた沖縄行きや鹿児島行きの大型フェリーが接岸・離岸する光景が朝晩見られる。

一九〇〇（明治三十三）年に与論島で生まれた有村は、丁稚奉公《でっち》から身を起こし、一代で国内旅客航路五位の大島運輸をつくりあげた。〇七年二月、宮崎県沖の日向灘《ひゅうがなだ》でテレビ撮影中のまぐろ延縄《はえなわ》漁船と接触した貨物船が当て逃げするという海難事故が起きた。その貨物船を所有するマルエーフェリーが、大島運輸の後身である。

有村が海運事業に乗り出すのは、奄美が本土復帰した一九五三（昭和二十八）年のことである。

戦後、鹿児島―名瀬―那覇を結ぶ幹線航路には、本土から日本郵船、大阪商船、関西汽船などの大手が争って乗り入れていた。これら名だたる海運会社相手の海運業への参入だった。

当時、奄美大島は山越えの未舗装道路しかなく、名瀬から島尻の古仁屋に行くにも、陸路ではほぼ一日がかりだった。このため楽で速い海上交通が人気を集め、名瀬と奄美南部を結ぶ航路には、中小零細の海運業者が群がっていた。

こうしたなかで実現した本土復帰は、群雄割拠の過当競争状況にあった奄美の海運業を再編するまたとないチャンスだった。この機会を逃さず海運業に参入した有村は、離島の悲願ともいうべき海上交通の道を大きく開いたのである。

一九五三年二月、沖縄から沖永良部に向かう十八トンの木造ポンポン船「新生丸」が時化《しけ》に遭って沈没し、乗客乗員八十名中七十八名が死亡する海難事故が起きた。この大惨事が、有村に鉄鋼船建造を決意させ、海運事業に乗り出させるきっかけとなった。

有村は、奄美の窮状を進駐軍（ＧＨＱ）総司令官のマッカーサーに直訴したことでも知られている。有村は、差別された在沖奄美人にとって希望の星だった。この取材で会った奄美出身者で、有村の名を口にしない者は一人もいなかった。

その有村は二〇〇〇年、百歳で他界した。大島運輸はその後、マルエーフェリーと改称され、治峯の甥《おい》で在沖奄美人の郷友組織・沖縄奄美連合会の会長を二十年近くつとめた喬《たかし》（故人）、同じく甥の勉《つとむ》と受け継がれた。

差別された在沖奄美人に救いの手を差し伸べたのは、創価学会だったと前に述べた。創価学会とマルエーフェリーの強い繋《つな》がりを物語る記事が、「潮」の〇六年十月号に載っている。

〈鹿児島市のマルエーフェリー（元・大島運輸）本部・会長室に入ると、デスクの背に飾られた揮毫《きごう》が目に飛び込んできた。「安穏《あんのん》」。文字は太く、どっしりと座っている（中略）。

「池田先生に書いていただきました。うちの宝です」と会長の有村勉。一九六三年六月二十一日、池田会長が初めて奄美大島に船で渡った時に同行した〉

創価学会員の奄美と沖縄への大量輸送を一手に請け負ったことが、同社急成長の一因となった。琉球弧に向かう〝海上の道〟には、いまも奄美差別の残照が照り返している。

大島運輸が最も注目されたのは、与論島ブームに沸いた一九六〇年代後半だった。一九七二（昭和四十七）年の沖縄復帰前まで、日本最南端の島として脚光を浴びたこのブームを仕掛けたのは、有村一族と同じ与論島の生まれで、マルエーフェリーの子会社の晴海《はるみ》汽船専務の西田富士雄《にしだふじお》という男だった。西田はマルエーフェリー現会長の有村勉の義弟にあたる。

西田はその後、晴海汽船を離れ、日東《にっとう》商船という独立系観光汽船会社の社長になった。その西田に東京タワーにほど近い港区芝大門の同社の事務所で会った。

――西田さんは与論島ブームの仕掛人といわれていますね。

「観光とはつくるものです。客が流れるような川をつくれば、ブームは必ず起きます。与論島行きの船には、とにかくマスコミ関係者を招待してタダで乗せました。昭和四十一〜四十二年の話です。そのパブリシティーが功を奏して、二年目ぐらいから、もうお客さんが船に乗りきれないくらいのものすごい与論島ブームが起きたんです」

――沖縄返還前の昭和四十年代前半といえば、与論は〝国境の島〟でしたからね。

「お客さんが集まり過ぎて、船が鹿児島港を出港できなかったこともあります」

――与論に行けば女の子が引っかけられる、与論島ブームを煽《あお》るそんな週刊誌もありました。

「女性を追っかけて男性が行く。だからリピーターが多かった。週刊誌には、与論に(東京・原宿の)竹下《たけした》通りが出現した、湘南《しょうなん》海岸が出現した、とも書かれました」

――でもいまは往時の賑《にぎ》わいはない。観光客はピーク時の半分に減っているそうです。

「それはそうです。人間は植物と同じで自然に南へ南へと向かいます。沖縄本島の観光客が、竹富島《たけとみ》や西表《いりおもて》から、グアム、サイパンに行く時代です。

　交通アクセスの問題もあります。飛行機を利用しても、与論に行くには必ず沖縄か鹿児島を経由しなければなりません。飛行機を乗り継げば、何とかその日のうちに与論に入れます。でも、沖縄から定期船で与論に行こうとすると、沖縄を朝の七時に出て、与論に着くのが十二時。五時間かかりますから、沖縄に一泊しない限り無理です」

東京―沖縄間は、船便だと四十五時間かかる。与論島の上空を飛んで東京から沖縄に直行するジェット機の所要時間は二時間四十五分だから、速さでは逆立ちしても敵《かな》わない。

――与論ブームを復活させる妙案はありませんか。

「あります。沖縄本島で与論島に最も近い北部の本部《もとぶ》と与論島を高速船で結ぶ。これだと与論島に一時間で行けます。この交通アクセスが完成すると、東京―与論島間が五時間圏内になる。東京を朝の九時に出発する沖縄行きの飛行機に乗れば、沖縄から与論に行って、またその日のうちに沖縄に戻ることも十分可能です」

しかし、この計画のポイントになる本部―与論島間の高速船が就航する実現性はいまのところうすいという。

与論島が脚光を浴びたのは、極言すれば、一九七二年五月十五日の沖縄の本土復帰までだった。沖縄復帰後、南島観光の目玉は沖縄に奪われ、それまで〝日本最南端〟の島だった与論島への観光客は目に見えて減っていった。

与論ブームは、奄美にとって時代の裂け目に兆《きざ》した一瞬の光芒《こうぼう》でしかなかったのか。沖縄返還後、奄美群島は東シナ海に浮かぶ元の平凡な島嶼《とうしょ》に戻ったかのようである。観光客の喧騒《けんそう》に包まれて華やぐ沖縄の島々と、東シナ海の波間に沈んで静まり返る奄美群島。その対比は、沖縄人から犯罪者、パンパンと蔑《さげす》まれた戦後の奄美差別の時代を超えて、琉球王国が奄美を侵攻支配した十五〜十六世紀の時代まで想像力を飛躍させる。

　鹿児島県立図書館奄美分室館長を二十年つとめた作家の島尾敏雄は、奄美、琉球をヤポネシアと呼び、自分に加計呂麻島からの特攻出撃を強《し》いた日本との相対化を試みた。

　島尾は、琉球弧を、よって立つ歴史文化の古層がヤマトとは異なるヤポネシアと総称しながら、奄美と沖縄には同質性とともに異質性もあると注意深く述べている。

　だが、そう指摘するにとどまり、沖縄と奄美の間に横たわる差別の根源にまでは思いを致さなかった。

　ヤマトは十七世紀の島津侵攻、明治の琉球処分と、沖縄を支配し差別しつづけた。そしてヤマトに支配されたかつての琉球王国は、そのかわりとでもいうように、奄美群島を隷属させてきた。

　沖縄は日本との関係の文脈で、いつも〝被害者〟の島として語られる。だが、奄美との関係でいえば、沖縄は明らかに〝加害者〟の島である。

　差別されたものは、必ず差別する。

　日本と沖縄と奄美の近現代があぶりだしているのは、そんな言葉が突きつける、古くて新しいやりきれなさである。

Ⅲ

沖縄の怪人・猛女・パワーエリート（その1）

國場幸太郎　© 平良孝七

弾圧・拷問・右翼テロ

想像していたよりずっと小柄な老人だった。

会う前は、いかにも反権力の闘士ふうな大男を勝手に想像していた。外見だけでなく、内面もとげとげしい剣呑《けんのん》な男だと思っていた。それだけに実際に本人を見たときと、抱いていたイメージとのあまりの落差に、思わず拍子抜けがした。見るからに飄々《ひょうひょう》とした雰囲気を漂わせたたたずまいは、老後を盆栽と囲碁三昧《ざんまい》で安穏《あんのん》と暮らす年金生活者のようだった。

男はひょこひょことした足取りで約束した新聞社のロビーに近づいてくると、「福地《ふくち》です」とにこやかに笑って、名刺を差し出した。そのふるまいひとつからも穏やかそうな人柄が伝わってきた。

これが、前述した元立法院議員の中村晄兆《てるあき》の米軍現金輸送車強盗事件や、東京での失踪《しっそう》と最期《さいご》の怪死についていていろいろサジェスチョンしてくれた福地曠昭《ひろあき》の初対面の印象だった。

髪はみごとな銀髪で、顔は子どものように小さく、声は女のように細かった。

名刺には、こんな肩書が並んでいた。

沖縄人権協会理事長、沖縄戦記録フィルム一フィート運動の会代表、沖縄NGO活動推進協議会会長、沖縄・ベトナム友好協会会長。

沖縄現代史に興味を持つ者で、もし福地の名前を知らない者がいたとしたら、それはモグリである。福地は沖縄の反米、反基地闘争を体現する象徴的人物である。

好々爺然《こうこうやぜん》とした福地の風貌《ふうぼう》のなかで、唯一、過去の熾烈《しれつ》な闘争の跡を感じさせるのは、顔や手にまだら状に残った白い斑点《はんてん》である。それが、若い頃はさぞかし美貌《びぼう》だったと思われる福地の顔を、大きく変貌《へんぼう》させる生々しい傷痕《きずあと》となっている。

福地は、いまから四十年ほど前の一九六七（昭和四十二）年三月、テロに倒れた。戦後沖縄政治史のなかで、右翼に襲撃されたのは、後にも先にも福地だけである。

失礼ですが、それはテロの後遺症ですか。そう尋ねると、福地はにこやかな表情をまったくくずさず、「ええ、手術で輸血してからこうなったんです」と言った。

「刺されたのは右の太ももです。後ろから刺されて前に貫通しました。手術してくれた先生の話では、右脚は皮一枚でつながっていたそうです。今もここに穴があいています」

そう言って福地はズボンの上から右脚のつけねをさすった。悲愴《ひそう》感はまったく感じさせず、呑気《のんき》に天気の話でもしているようだった。

「どうしても（手術した右脚でなく、健常な）左脚の方に頼るもんですから、『後ろから見ると、酔っぱらいみたい』って、いまでも子どもに言われるんです（笑）」

福地の歩き方が少しおかしかった理由が、この話を聞いてはじめてわかった。

福地は沖縄史を駆け抜けた男といわれる。それはそのまま福地の著書のタイトルにもなっている。福地の人生は、まさに生きた沖縄戦後史の見本である。

福地は、満州事変が勃発《ぼっぱつ》した一九三一（昭和六）年二月、山原《やんばる》と呼ばれる沖縄本島北部の大宜味《おおぎみ》村《そん》で生まれた。都会を遠く離れた草深い戦前の山原では、「芋と裸足」の生活が普通だった。米の飯にありつけるのは、毎月一日と十五日だけだった。子どもはみんな着物と裸足で国民学校と改称された小学校に通った。学校では、沖縄方言を強制的に標準語に矯正するための「方言札」が励行された。

〈方言札は縦一〇センチ、横五センチの板で作った罰札で、首からぶらさげられた。そして、方言札を何度か持った者は、学級会でみんなの前に立たされた。不名誉なことで、泣き出す者もいた〉（『沖縄史を駆け抜けた男』同時代社）

一九四五（昭和二十）年三月、米軍が沖縄本島に上陸すると、村ごと山奥に集団避難する生活が約三カ月間つづいた。米軍が徘徊《はいかい》する昼間を避け、夜間に里へ下りて掘り出してきた芋だけが、命をつないだ。芋が底をつくと、ソテツのデンプンを芋に混ぜたごった煮が、常食となった。

カニやセミも食べた。ハブ、ネズミ、カエル、イナゴの類《たぐい》も貴重な食糧だった。ハブは肉が少なかったが、焼いて塩をかけるだけで高級な食物となった。

沖縄戦が終わると、村人たちは決死の覚悟で山を下り、米軍管轄下の収容所生活がはじまった。十四歳の福地も、米軍の給仕として働いた。そこで福地はアメリカの民主主義と自由主義を教えられ、平和の尊さを心からかみしめた。

辺土名《へんとな》高校から沖縄外国語学校に進んだ福地は、そこでも日本が過去にとった国家主義教育の誤りと、民主主義教育の大切さを徹底的に叩《たた》き込まれた。

その後進んだ沖縄外国語学校の卒業式に来賓として招かれた米軍政府教育部の女性高官は、こんな祝辞を述べた。

「みなさんは日本人ではない。ましてや米国民でもない。立派な琉球人である」

空手、柔道、剣道の教科は、軍国的という理由で禁止された。君が代斉唱や日の丸の掲揚も、戦前の軍国主義教育を復活させるものとして重罪に処された。

そんな教育を受けて親米に傾いていた気持ちが反米に変わるのは、一九五五（昭和三十）年夏、突然、福地の身にふりかかってきたある事件がきっかけだった。当時、福地は教鞭《きょうべん》をとっていた母校の辺土名高校を辞め、上京して青山学院《あおやまがくいん》大学に留学していた。

教員時代の福地は、その頃タブーとされていた祖国復帰の提灯《ちょうちん》デモを呼びかけるような青年だった。そうした政治活動をつづけるうち、福地は、教育の場ではやはり間接的な発言しかできない、現実政治の場に直接身を置かない限り、早期の本土復帰は実現できない、と思いつめるようになった。

それが、福地をもう一度、勉強し直す気持ちにさせた。

事件は、青山学院大学二年の夏期休暇中に、アルバイトをするため故郷の大宜味村に帰省しているときに起きた。休みが終わり、再上京しようと渡航願いを出したが、一カ月たってもパスポートは交付されなかった。仕方なく那覇《なは》からいったん田舎《いなか》に戻ると、見知らぬ米国人が福地の家の前にジープを停めて待っていた。

その男は福地にタバコをすすめながら、「早く日本に帰すから、ちょっとCIC事務所まで来てくれませんか」と言って、帰っていった。CICとはアメリカ陸軍情報機関の防諜《ぼうちょう》部隊のことである。

翌日の夕方、福地が名護《なご》市の町はずれにあるCIC名護支所を訪ねると、そこに前日の米国人が、福地が来るのを遠くの方からじっと見守っていた。その後に起きた出来事は、前掲の『沖縄史を駆け抜けた男』のなかに生々しく描写されている。

〈「沖縄人の立入りを禁ず」と横文字入りで書かれた二階入口の看板を見ながら、暗い尋問室に入った。三名のCICたちが冷やかな眼を向けている。「第三国人身上調査書」が渡され、そこに書きこむように命令された。

「共産党その他の団体に所属しているか、否か」の欄になると、三人は身を乗り出して「君は共産党だ、人民党だ」ときめつけた〉

人民党は正式には沖縄人民党といい、一九四七（昭和二十二）年に瀬長亀次郎《せながかめじろう》らによって結党され、終始米軍の沖縄統治政策を批判した。

〈私はもちろん党員でもないので、黙ってその部分を空欄にした。書き終ると、隣にいた二世の腕がグッとのびて私の親指をつかんだ。指紋をとられてから、天井の四隅に照明のついた写真室に連れて行かれた。正面、右、左、あらゆる角度から立たされたまま全身写真がとられた。三時間後に家へ帰れたが、恐ろしさで寝つけなかった。誰かに言うともっとひどい目に遭いそうな気がして、家族にもいわず、何もなかったような振りをしていた〉

それでも福地の渡航許可は一向に出る気配はなく、米軍高官宛てに送った嘆願書もなしのつぶてだった。思い余った福地は、当時琉球弁護士会のなかに発足したばかりの人権擁護委員会にこの問題を提訴した。同委員会は米軍に対し早速折衝を開始し、このニュースは沖縄の全新聞が一斉に伝えるところとなった。

折から沖縄では、米軍基地の土地接収問題で島民の怒りが爆発寸前となっていた。福地がCICに連行されてから間もない一九五五年十月は、米下院軍事分科委員会委員長のプライスを団長とする土地調査団が沖縄入りした時期である。

同調査団に対し「土地を守る四原則」を主張する〝島ぐるみ闘争〟の県民大会が、那《な》覇《は》市・久茂地《くもじ》の広場で開かれた。その集会で福地の渡航許可要請決議もなされた。ここから福地問題は、留学生の渡航拒否事件として連日、新聞、ラジオで報道されることになった。

〈世論が沸騰している最中、私は再びCIC本部に連行された。琉球政府ビル一階入口のところで午前九時に待つように連絡があったので、その前の晩、友人の新聞記者にそのことを伝えておいた。もしかしたら拉致《らち》されるかもしれないので、そのときは新聞で報道してくれと頼んでおいた。私は「鹿地《かじ》事件」を想起していたし、米軍のはげしい弾圧のあった時期だったので、闇に葬られはしないかという恐怖感を抱いていたからである。政府庁舎前から私を乗せたジープは、途中、牧港《まきみなと》で前を走る自動車に猛スピードでぶつかりそうになっていた。わざと交通事故を起こして

私を葬るのではないかと本気で思った〉

「鹿地事件」とは、朝鮮戦争下、アメリカ占領軍のキャノン機関が作家の鹿地亘《わたる》をソ連のスパイではないかと疑って拉致した謎の事件である。戦時中プロレタリア文学運動に参加し、治安維持法違反で逮捕後、中国に渡って排日運動に加わった鹿地は、キャノン機関が使っていた東京・湯島《ゆしま》の旧岩崎邸《いわさきてい》に監禁され、アメリカのスパイになるよう脅迫された。旧岩崎邸は、三菱財閥《みつびしざいばつ》の三代目総帥《そうすい》の岩崎久彌《ひさや》が鹿鳴館《ろくめい》や東京・御茶の水のニコライ堂を設計したイギリス人建築家のコンドルに命じてつくらせた西欧風豪邸である。鹿地が監禁から解放されたのは、拉致されてから約一年後だった。

話を福地の渡航許可申請に戻す。ＣＩＣ本部の冷房も扇風機もない暑い部屋で、福地はハンカチで汗を拭《ぬぐ》うことも許されず徹底的な取り調べを受けた。東京での活動や交友関係をしつこく聞かれ、ワイシャツの胸ポケットに入っていた学生手帳を強制的に取りあげられた。

こうした思想的弾圧を受けたあげく、漸《ようや》くパスポートが発行されて、青山学院に復学できたのは、福地が渡航願いを出してからおよそ四カ月後のことだった。

思想信条を理由に再渡航を拒否されたのは、福地だけではなかった。沖縄に帰省した際、荷物のなかに「アカハタ」があるのを見とがめられた学生は、ＣＩＣに連行され、直接体に傷のつかない拷問を受けた。ウソ発見器にかけられた学生もいれば、那覇港からCICに連れ去られ、そのまま行方不明になった高校生もいた。

福地より四歳年上で、沖縄人民党の党員だった国場幸太郎《こくばこうたろう》（國場組《こくばぐみ》を創業した國場幸太郎とは同姓同名の別人）は、「世界」のインタビュー（〇五年九月号「沖縄・一九五〇年代の米軍軍政に抗して」）に答えて、こんな赤裸々な告白をしている。

〈一九五五年八月十三日、瀬長《せなが》（引用者注・亀次郎《かめじろう》）さんが入院していた病院へ行った帰り、私はCIC（米軍対敵地住民 諜 報部隊《ちようほう》）に拉致され、連行されました。連れ込まれた所はCIC本部で、そこで全裸にされた状態で尋問が開始されました。辱《はずかし》めを与えるような言葉を吐きながら、彼らは私の裸をカメラに収めました。私の顔に撮影用のライトの光と熱を照射して痛めつけ、私は丸まる二昼夜ろくに水も食事も与えられず一睡も睡眠をとらされないまま、光と熱と罵声《ばせい》と騒音で攻め立てる拷問にかけられました〉

沖縄は美《ちゆ》ら島とも美ら海ともいわれ、年間五百万人もの観光客を集めている。だが復帰前の沖縄は、米軍軍政を批判する者にとって拉致と監禁と拷問の島だった。

福地は前掲書のなかで米軍の悪辣《あくらつ》な思想調査とパスポート拒否にあい、親米的な姿勢から、いつの間にか、米軍の政策に反感をもつようになっていた、と述べている。

〈教職員会に勤務するようになっても、私だけは、県民大会などの県民代表団に選ばれながら、決まって渡航を許されなかった。一生涯、祖国の土を踏めないとやけくそになったこともある。文部省に行って本土の教育事情を調査した折、「要注意人物」として米軍から連絡があったようで、警視庁から東京滞在中ずっと尾行されたこともあった〉

この記述からもわかるように、教師を辞めてからの福地の主な活動の舞台は、沖縄教職員会（本土復帰後は沖縄県教職員組合と改称）だった。

それまで米軍の任命制だった主席の公選制を要求して事務局長をつとめ、屋良朝苗《やらちょうびょう》を琉球政府初の公選主席にしたのも、本土復帰後初の知事選挙に屋良を担ぎあげて勝利に導いたのも、教職員会をバックにした福地の力だった。

しかし何といっても福地の名を沖縄現代史の上に刻みつけたのは、折からの教公二《きょうこうに》法案《ほうあん》阻止闘争中に起きた沖縄初のテロ事件で、福地が右翼の凶刃《きょうじん》に倒れたことである。

教公二法とは、前述したように地方教育区公務員法と教育公務員特例法のことである。

一九六〇（昭和三十五）年に正式に琉球政府立となった高校の教職員は、琉球政府公務員法の適用をすでに受けていた。だが、地方教育区立だった小中学校の教職員には、身分を規定する法律がなかった。そこで、彼らの身分を保障する一方、政治活動の制限、争議行為の禁止などを規定し、教職員の活動に一定の制約を加えようとするのが、二法案の狙いだった。

本土復帰五年前の一九六七（昭和四十二）年一月から二月にかけて展開された教公二法案阻止闘争は、戦後沖縄史のなかでかつてないほどの大衆運動のうねりとなった。

特に同年二月二十四日の攻防戦は、立法院前を二万人を超える群衆が取り囲み、「教公二法案通過、絶対阻止！」のシュプレヒコールをあげる異常事態となった。

この日、沖縄教職員会は全教職員を年休扱いとして、阻止行動に総動員をかけたため、沖縄本島の全小中高校は休みとなった。教公二法に賛成の与党民主党議員のなかには、立法院前を埋めつくした群衆のあまりの数の多さに、思わず「革命だ！」と絶叫する者もいた。

先年死去した元那覇署署長の長嶺《ながみね》紀一《きいち》は、当時、那覇署の警備課長として座り込みデモ隊排除の現場指揮にあたった。

その長嶺は生前、「われわれは午前四時に非常招集された。正規の警官だけでは数が足りないので、警察学校の生徒までかき集めて〝暁の部隊〟を編成した」と語っている。

また、このとき警備陣を総指揮する立場にあった太田利雄《おおたとしお》（元那覇署署長）は、「多勢に無勢でとても警察の手におえない状態だと思った。一部の勢力に煽動《せんどう》された群衆の恐ろしさをつくづく感じた」と、当時を振り返っている。

『沖縄県警察史』は、この日の状況を緊迫した筆致で次のように記している。

〈招集された警察部隊約九〇〇人は、同日午前五時三十分頃立法院に到着し、早速座り込みをしている阻止団に対し立法院構内から退去するよう警告を発した。数分後、警告に従わない阻止団を排除するため、部隊が投入された。（中略）約一時間にわたる攻防であったが、警備部隊及び阻止団双方に多数の負傷者を出す事態となった〉

最初に警備線が突破されたのは立法院の裏口だった。約三百人の阻止団が裏口に突撃して警備部隊を逆にゴボウ抜きにしはじめた。

〈これまで主導権を握っていた警備部隊は、次第に劣勢となっていった。そして、同日午前十一時過ぎ、ついに表玄関の警備線も突破され、阻止団に玄関を阻止されてしまった。それは、沖縄における警察史上例のない警備陣の敗北であった〉

沖縄県警自体が敗北だったと認めているように、この日警察が受けたショックは、はかりしれなかった。その後、無力感に苛《さいな》まれた警察官の辞職が相次いだ。

逆にもしこのとき、教公二法が立法化されていれば、教職員の政治活動は全面禁止され、本土復帰運動は完全にストップしていただろうといわれる。

教公二法案をめぐる攻防戦では、狭い島国の沖縄ならではの対決劇も見られた。若い警官のなかには、阻止団の恩師から「きみにそんなことを教えたつもりはない」と叱《しか》られる者もいた。また、夫は警官、妻は教員という共稼ぎの夫婦が、座り込みデモの現場で鉢合わせして対立する場面もあった。

教公二法案阻止闘争がこれほど成功をおさめたのは、一つには〝四ない運動〟が、ボディーブロウのようになって強力な効果を発揮したためだった。

反対陣営は、沖縄経済界に強い影響力をもち、教公二法案にも賛意を表明していた次の有名企業に対して、不買運動を起こした。

オリオンビール＝飲まない／赤マルソウ味噌＝食べない／琉球煙草《たばこ》＝吸わない／コルゲート歯みがき＝使わない

沖縄の代表的ブランドのオリオンビールと赤マルソウ味噌の社長の具志堅宗精《ぐしけんそうせい》は、沖縄工業連合会の会長、「うるま」や「バイオレット」などを独占的に製造販売していた琉球煙草社長の宮城仁四郎《みやぎじんしろう》は、那覇商工会議所の会頭、沖縄で最も消費量の多いコルゲート歯みがきの社長は、教公二法案を審議する立法院の文教社会委員長だった。

こうした大衆規模の反対運動を先頭に立って指揮したのが、沖縄教職員会の政経部長として教公二法案阻止共闘会議の結成に尽力した福地だった。

その福地が右翼の暴漢に突然襲われたのは、教公二法案が事実上廃案になった二月二十四日からおよそ一カ月後の三月二十九日のことだった。

琉球新報は「計画的な政治テロか」の見出しを掲げ、この事件を十二段扱いで大きく報じている(一九六七年三月三十日付)。

〈二十九日午後二時ごろ、那覇市松尾《まつお》、沖縄教職員会館から北五十メートルさきのすみれ化粧品店前十字路で、沖縄教職員会政経部長、福地曠昭氏(三六)＝那覇市大道二七五＝は同市松尾、八汐《やしお》荘からの帰途うしろからスクーターに相乗りした二人組に襲われ、そのうちの一人にさしみ包丁のようなもので右太もも一カ所を刺され近くの長浜《ながはま》外科医院に収容されたが、全治三カ月の重傷を負った。警察当局では教公二法問題をめぐって起きた県労協荒らし、社大党《しゃだいとう》本部放火など一連の事件とも関係があり、計画的なものとみて、捜査を開始した。那覇署では右翼団体の仕わざとみており、教公二法をめぐる政治テロの線が強いとしている。同事件の政治的背景

が問題化しそうである〉

記事中にある八汐荘とは、共済組合の管轄の建物で、当日は沖縄教職員会の壮行会が開かれていた。福地が襲われたのは、その壮行会に出席した帰路だった。

記事は、急を聞いて病院に続々とかけつけた見舞い客の顔ぶれと、福地の容体にもふれている。福地の見舞いに訪れたのは、屋良朝苗《やらちょうびょう》沖縄教職員会会長、喜屋武真栄《きやんしんえい》同会事務局長、瀬長亀次郎人民党委員長、平良幸市《たいらこういち》社大党書記長など、いずれも沖縄の革新勢力を代表する錚々《そうそう》たるメンバーだった。

福地の傷は、長さ二、三センチ、深さ約十三センチにもおよび、右大腿部《だいたいぶ》をほとんど貫通していた。

――刺されたのは、那覇の国際通りから少し北に行った美栄橋《みえばし》のたもとですね。

「はい、そうです。あそこは僕が勤める沖縄教職員会館とすごく近いんです」

――そうだったんですか。

「で、その美栄橋を渡って、車が横切ろうとするのを立ちどまって待っていたんです。そのときスクーターで近づいてきた二人組の男に後ろから刺された。どうも八汐荘を出たところから尾行してきたらしいですね」

――そのとき、刺した相手は「天誅《てんちゅう》！」なんて叫ばなかったですか。

「いや、何も言わなかったと思います。最初は痛くも何ともなかったんです、不思議なことに。病院が近くにあったから最初、歩いて行けると思っていたんですが、みるみる出血してきて、気がつくともう靴の高さまで血がたまっていた。これはもうだめだと思いました」

——それで、事件現場近くの薬局の車に乗せられて病院に担ぎ込まれた。

「ええ、病院で『先生』と言ったことだけは覚えています。出血多量で三日間は意識不明でした。隣のベッドに同じ所を刺された暴力団員が入院していて、後で死んだらしいんですが、先生の話では右翼というのは、いつも致命傷のところから大体五ミリ外して狙《ねら》うらしいんです」

——ああ、それが右翼テロの定石なんですね。

「へそから上を刺すと、殺意があったとして殺人罪が適用されるらしいんです。へそから下なら殺意はなかったと逃げられるというんです。でも、そんな話を先生から聞いたのは、入院して三日目のことです。それまでは痛くて、痛くて、あんまり痛いもんだから、脚切ってくださいと。こっちからね」

福地によれば、右翼は最初、自分ではなく、県労協議長の亀甲康吉《かめこうこうきち》を狙っていたのではないか、という。

「警察の調書をみても、犯人は最初から県労協議長の亀甲さんを追っている。私はあまり偉くないのに、なんで私を刺したかといまでも疑問なんです（笑）。沖縄教職員会でも、私は屋良さん、喜屋武さんの次ですからね」

——たしかに会長、事務局長に次ぐナンバー3のポストですね。

「屋良さんと喜屋武さんには、脅迫状が来ておったんです。でも、喜屋武さんは空手八段の腕前ですから、右翼も恐れたんじゃないかと（笑）」

——ははは。

「教職員会の三役を狙っていたのは確かなんです」

——なるほど。

「そのなかで私が一番体が小さいし、年齢も若い。刺した場合、高齢の屋良さんだったら（生命が）危なかったかもしれません。その点、若い私だったら助かる可能性があります」

福地は自分が瀕死の重傷を負ったというのに、そのときの様子を語る口ぶりは、相も変わらずのんびりしていた。どんなことがあっても驚きそうにない福地の春風駘蕩《しゅんぷうたいとう》然とした人柄は、その後、大宜味村の自宅を訪ねたときにも実感させられた。数日前、散歩の途中で野犬に吠えられ、それを追い払おうとしてバランスをくずし左鎖骨を骨折したという福地は、ギプス姿で現れるなり、洒脱《しゃだつ》な口調でこう言った。

「この辺はハブが出るんです。今度はハブに嚙《か》まれないようにしないと。人間に嚙まれて、犬に嚙まれて、今度はハブに嚙まれたんじゃどうしようもありませんからね」「人間に嚙まれた」とは、いうまでもなく一九六七年三月二十九日のテロ事件のことを指している。

　テロ事件から三日後の一九六七年四月一日、福地を刺した二人組の犯人が逮捕された。傷害容疑で緊急逮捕されたのは、東声会《とうせいかい》（東亜友愛《とうあゆうあい》事業組合）沖縄支部構成員の金城義《きんじようよし》雄《お》と野原林一《のはらりんいち》で、二人とも琉球私立探偵社の社員だった。犯行に使われた刃渡り十五センチの匕首《あいくち》もそのとき押収された。

〈二人はバイク（一二五cc）に乗って福地氏を待ちぶせ、野原が刺した。犯行の動機について二人は「琉球私立探偵社の前社長で東声会沖縄支部の宜保俊夫《ぎぼとしお》支部長の自宅に再三脅迫電話があったが、脅迫を指示したのが福地氏だと思った」と自供しており、「殺すつもりではなく、おどすつもりだった」といっている。

　那覇署では犯行の背後関係については二日から本格的に追及するが、二人の所属する琉球私立探偵社の玉城源太郎《たまきげんたろう》社長が、教公二法問題をめぐってさきに「マル研にあわせろ」と琉大に押しかけた「浜端《はまはた》議員を守る会」と称するグループのメンバーであることなどからみて、こんどの事件も教公二法問題にからむ右翼の政治テロの疑いがあるとしている〉（琉球新報・一九六七年四月二日付）

同紙は関連記事として、東声会沖縄支部長の冝保俊夫を琉球私立探偵社で質疑した内容も載せている。冝保はこれまでも何度か取りあげてきた。一言で言えば、沖縄戦後史の梟雄《きょうゆう》ともいうべき怪人物である。冝保が口を開くのはきわめて珍しいので、そのインタビュー記事の一部を引用する。

〈――あなたの部下がつかまったが、テロを直接指示したのか。

冝保支部長　金城が逮捕されたと聞いてびっくりしている。テロの指示をしたおぼえはない。事件発生以来、金城とは会ってないし、支部の理事からも報告を受けてない。わたしは仕事が忙しいので、この探偵社には月に一回しか顔を出していない。

――犯行の動機についてどう思うか。

冝保支部長　見当がつかない。聞いたこともない。本人が若さのあまりいきなり行動に移ったのではないか。

――部下のやったことについてどう責任をとるつもりか。

冝保支部長　社会を不安におとしいれたことでもあり、また、部下のやったことでもあるので、社会からのいかなる批判や警察からの追及にたいしすべて受けて立

つつもりだ〉

犯人二人はそのまま起訴され、懲役五年の実刑判決（その後、上訴裁で四年に減刑）を言い渡された。ただし、背後関係については結局明らかにされなかった。

福地に会った日、私はその足でテロ事件で逮捕された金城と野原の二人に会った。彼らに会おうと思ったのは、福地が彼らに対して、こう言ったからである。

「金城義雄氏は、彼の方から会って謝りたいと、奥さんと一緒に来たんです。奥さんは泣いて詫《わ》びてね。あれはいい男です。奥さんも美人でね。こういう率直なお詫びをされると、謝られた私の方こそ嬉《うれ》しくなりました。もう一人の野原氏も知人を通じて、間接的に謝ってきました。保護司の先生から、被害者からの手紙があると二人が減刑されると言われたので、一日も早く出してやることが本人たちのためだし、教育者の私のつとめだとも思って、書いたんです」

福地の話を聞いて、これは単なる美談というより、それよりずっと深い本当の〝差（刺）しつ差（刺）されつ〟の関係だな、という悪い冗談が浮かんだ。

福地も左翼活動家の類型から大きくはみだした人物だったが、金城と野原もステレオタイプ化された右翼民族派像とはまったく違う肌ざわりを感じさせた。

あの事件の後ろで糸を引いていたのは誰なんですか。ズバリそう切り出すと、那覇市内の路地裏にある東声会沖縄支部事務所で会った金城は、東声会沖縄支部はほとんど開店休業の状態だが、いまも看板だけは守っていると言ったあと、これ以上ない正直さでテロ事件について語ってくれた。

「あれは私が二十二歳、野原が二十歳のときの事件です。まだ二人とも子どもでしたから、そりゃ二人だけではできんでしょう」

――それでは琉球私立探偵社社長の玉城源太郎さんが指示したんですか。

「そうですね。玉城さんと私はずっと一緒でしたからね」

――玉城さんと宜保さんはどんな関係だったんですか。

「玉城さんは元警察官で、（空手の）比嘉佑直《ひがゆうちょく》道場にも関係していました。宜保さんは、比嘉佑直道場の師範代でしたから、その線で知り合ったんだと思います」

金城は別れ際に、テロ事件を報じた当時の新聞と雑誌を集めた袋を、袋ごと渡してくれた。どの記事もすっかり黄色く変色していた。自分がかかわった事件をこれほど正直にさらけだす男に会ったのは、はじめてだった。

福地を刺した実行犯の野原はさらに率直だった。約束した那覇市内のホテルの喫茶室に、真っ青なトレーナー姿で現れた野原にテロ事件の背後関係を尋ねると、「あれは宜保からの指令じゃなかった」と言ったあと、腕に巻いた外国製高級腕時計のラドーをみせながら、こんな興味深い話をしてくれた。

「昭和四十五年に、宜保と一緒に大阪万博を見ながら、東京まで行ったんです。そのとき池上《いけがみ》の本門寺《ほんもんじ》で昼飯を食べながら（東声会理事長の）町井《まちい》（久之《ひさゆき》）さんから、この腕時計をもらいました」

野原は言外に福地を刺したのは町井からの指示だったと言っていた。

野原が刑期の四年より一年短く、事件から三年後に開かれた大阪万博を見学できたのは、沖縄本土復帰の恩赦をもらって早期出所したからである。

琉球私立探偵社社長の玉城源太郎の人となりについては、こんな言葉が返ってきた。

「あの人は元は離島の駐在さんで、ダイナマイトを使った密漁なんかを黙認していました。まあ典型的な悪徳警官です（笑）。探偵社時代も、ほとんど取り立て専門でした」

いまから四十年近く前、沖縄社会を揺るがしたテロ事件があぶりだしているのは、左翼革新勢力VS右翼民族派という、単純な図式ではない。金城と野原に会って一番驚いたのは、実名で書くがいいかと聞いたとき、「構わないよ。別に悪いことしてるわけじゃないから」と言い放ったことだった。

そこには本土メディアが容易に掬《すく》いとれない沖縄社会の汲《く》めども尽きない奥深さと、不気味さが、泡盛《あわもり》の古酒の甕《かめ》の底でも覗《のぞ》きこんだときのように満々と湛《たた》えられている。

第三の新聞・沖縄時報顛末《てんまつ》記

観光客でごった返す那覇の国際通りから一歩裏通りに入ると、そこは原色であふれかえった表通りとはうって変わって、古い沖縄の面影を残す町並みが広がる。曲がりくねった狭い通りには、赤瓦と白い漆喰《しっくい》壁の小さな家がびっしり軒を連ね、南国独特の下町情緒を醸《かも》し出している。その路地の奥まった一角に、古びた空手道場が密集した民家に折り重なるように並んでいる。

住居を兼ねた建物は質素というより粗末で、木の塀は風雨にさらされて木目が浮きだしている。「仲村《なかむら》道場」と墨で書かれた看板の文字も、時代の波風に洗われ、にじんでよく読めない。

道場主の仲村良雄《よしお》（範士十段）は一九一六（大正五）年生まれだから、取材時点（〇六年）では九十歳だった。だが、長年鍛えあげた肉体と身のこなしは矍鑠《かくしゃく》として、とてもその年齢には見えなかった。

沖縄の空手界では最長老の部類に入る仲村は、本土の東声会と手を結んで戦後沖縄ヤクザ界に波紋を呼んだ冝保俊夫に最初に空手を教えた人物である。

「私が空手をはじめたのは、昭和八年、十八歳のときでした。同じ那覇生まれの比嘉佑《ひがゆう》直《ちょく》と一緒でした」

比嘉佑直は宜保が生前、「かけがえのない薫陶《くんとう》を受けた」と書いた不世出の実戦型空手家である。仲村が宜保に空手を手ほどきしたのは、戦前のことだった。

宜保の空手の最初の師匠となった仲村は、米軍キャンプ内で働いていた宜保が労務者とケンカして傷害致死罪で逮捕されたとき、三千円の保釈金を払って警察から出してやった過去をもっている。

「兵隊から帰ってきたら、私とは進む道がすっかり違っていました。彼は最初、國場組《こくばぐみ》の用心棒のような仕事をやっていました。『おまえ、國場の犬になったのか。番犬じゃないんだから、そんな仕事はやるな』って、叱ったこともあります。宜保が東声会に入ったときも、煙たかったのか、私には近寄ってきませんでした」

その頃の宜保は、腕に覚えがある空手で誰彼かまわずケンカを売り歩く毎日だったという。

「宜保は新婚初夜、仲間たちと一緒に私のところでたむろしていた。そこにケンカするぞって若い者が呼びにきた。宜保は『よし！』って言って、奥さんを放ったらかしにして出て行ってしまった」

とはいえ、宜保は空手一本槍《やり》の単細胞の武闘派というわけではなかった。

ケンカ三昧《ざんまい》以外に若い頃の宜保の思い出はありませんか。そう尋ねると、仲村は自分の頭を指さして言った。

「彼はとにかく、ここがよかった」

宜保の頭のよさは、戦後沖縄の立志伝中の人物である大城鎌吉《おおしろかまきち》の孫の大城浩《ひろし》（大扇会《たいせんかい》会長）も認めている。

一代で建設業の大城組を中心に大扇会という企業グループを築いた大城鎌吉は、國場組を創業した國場幸太郎《こうたろう》などと並んで戦後沖縄四天王の一人に数えられる。

大城鎌吉と宜保の関係は、大城が映画会社の琉映貿《りゅうえいぼう》を興《おこ》し、宜保を同社の経理担当重役に抜擢《ばってき》したことにはじまる。その孫の大城浩も、同社の取締役として宜保と身近に接する機会をもっていた。

「宜保さんの座右の書は、六法全書でした。宜保さんの弟さんの宜保安浩《あんこう》さんは沖縄弁護士会の会長もつとめた弁護士ですが、法律の知識は宜保俊夫さんの方が上でした。宜保さんは戦後、米軍基地で働いていたときも独学で英語をマスターしています。とにかく、これと決めたら徹底的にやる集中力は、恐ろしいほどでした」

宜保は沖縄県の県魚のグルクン釣りの名人として、釣りマニアの間ではちょっと知られた趣味人の顔ももっていた。その凝《こ》りようは、専用のクルーザーまで持つほどだった。

よく宜保を漁場まで案内した元壺川《つぼがわ》漁協長の神谷敏雄《かみやとしお》によれば、宜保はグルクン釣りをしているときは、穏やかな表情を最後までくずさなかったという。

「海の上では仕事の話は一切しませんでした。怖くなかったかって？　全然。ただ、一カ所に辛抱できずに、潮目を追ってぽんぽんとポイントを変えていく。もうちょっと辛抱したら釣れるんですけど、そのちょっとの時間が辛抱できない。やっぱりそういう気性の人でしたね」

那覇港に近い壺川漁港に案内してくれたのは、すでに紹介した元沖縄教職員会政経部長の福地曠昭である。福地も大物狙いの釣り師として知られ、神谷とは古くから親交をもっている。

福地は宜保に生前対面する機会はなかった。だが、皮肉にも、イデオロギー的には正反対の立場にあった宜保とは、趣味の釣りを通じて因縁浅からぬ関係をもっていた。

前述したように、教公二法案の賛否問題で沖縄じゅうが揺れた一九六七（昭和四十二）年三月二十九日、福地は宜保がつくった琉球私立探偵社の社員二人に太ももを刺され、瀕死の重傷を負った。沖縄初のテロ事件に遭遇した福地は、人権運動のリーダーにして、名釣り師というふれこみで紹介されることが多い。

その伝でいうなら、〇五年二月、八十一歳で死去した宜保は、東声会の大幹部にして、沖縄の民族派団体の先駆け、そしてグルクン釣りの名人ということにでもなろうか。

宜保は一九六四（昭和三十九）年九月、反共をスローガンにした「誠会」を旗揚げした。「誠会」は福地がテロ襲撃された翌年の一九六八(昭和四十三)年三月、「日本民族思想普及会」(以下、「日思会」と略)と改称され、左翼勢力との対決姿勢を一段と強めた。

事件が起きた翌々日の一九六七年三月三十一日、琉球新報が「沖縄の右翼」という特集を組んだ。記事は政治テロの疑いが濃い福地事件で沖縄の右翼が顕在化したと述べ、宜保を主役扱いしている。

〈昨年八月、本土の関東一円に勢力を持つ広域暴力団「東声会」=町井久之こと鄭《チョン》建永《ゴンヨン》=会長が沖縄に同会の支部を設けたことが本土警察庁と警視庁によって確認された。警察本部の調べによると、東声会沖縄支部は昨年夏結成された。宜保俊夫支部長(那覇市内の会社重役、那覇市若狭町《わかさちょう》一の三八三)。組員の数は八十人前後だとみられている。宜保支部長は終戦後、沖縄で暴力団のメンバーのひとりとして警察の追及を受けたことがある。

当時、新垣淑重《あらがきしゆくじゆう》県警本部長は東声会沖縄支部について「本土の暴力団は取り締まり当局の追及にあって資金的にも組織的にも行き詰まっているので、沖縄の暴力団組織にテコ入れをする余裕などは考えられない」と語り、さらに「東声会は行動右翼である」と言明した。

宜保俊夫東声会沖縄支部長は東声会に入会していることを認めたあと「町井会長の反共理念と行動右翼としての会のあり方に共鳴して入会した。なわ張り料をとるとか暴力ざたを起こすなど反社会的な行動はしない。東声会は反共の行動的右翼団体であり、暴力団とはちがう」と東声会について説明した。沖縄で正式に右翼団体として名乗りをあげたのは、戦後、東声会が初めてである〉

宜保が結成した「日思会」が、創立十周年を記念して刊行した『民族』という金箔《きんぱく》押しの立派な本がある。その冒頭に、「日思会」最高名誉顧問の宜保が憂国の至情溢《あふ》れる祝辞を寄せ、扉には次のような「日思会」設立宣言が記されている。

〈時世に媚《こ》びず　俗に流れず　権に屈せず　利に走らず　虚名を追わず　悪名を甘受し　起《た》っては斬奸《ざんかん》の剣を振い　漂々孤高《ひょうひょうここう》　祖国愛に生きる者　これを真の右翼と云う〉

巻末には「日思会のあゆみ」という年譜が付されており、そこには沖縄初のテロ事件が、「金城義雄、野原林一両会員が福地曠昭を那覇市美栄橋《みえばし》において刺傷《ししょう》せしめる」と堂々と紹介されている。

金城は「日思会」の幹事長、野原は委員長である。福地を刺傷したとき琉球私立探偵社社長だった玉城源太郎も、常任理事の一人として名を連ねている。

同じ巻末には、民族派団体ならではの次のような戦闘的な年譜が綴《つづ》られている。

〈昭和四十三年五月十九日　①抗議集会（県庁前）＝五・一九違法ゼネストに抗議（参加人員四百人）／②市役所事件＝第二組合の要請により第一組合のピケ打破／③牧港全軍労事件＝全軍労最強支部の牧港軍労と県道一号線を相対し乱闘寸前、機動隊の要求により解散／④与儀《よぎ》公園乱闘事件＝五・一九ゼネスト共斗会議と乱闘、投石。その結果、会員全員負傷、全治三ヵ月六名を出す。（中略）

昭和四十五年　中曽根《なかそね》防衛庁長官来沖＝那覇空港ターミナル駐車場において、教職員、中革《（ママ）》、マスコミ労と乱闘。

昭和四十六年八月　合宿（三泊四日）＝辺土名《へんとな》公民館に宿泊、奥間《おくま》ビーチにて訓練（参加人員百人余）。

昭和五十年　皇太子殿下夫妻歓迎式（参加人員百五十人余）

昭和五十三年一月二十五日～一月二十八日　日教組第二十七次・日高教第二十四次教育研究会全国大会＝日教組沖縄大会阻止運動を大会期間中展開〉

興味深いのは、この記念誌の『民族』に祝辞を寄せた男たちの顔ぶれである。

國場幸太郎、大城鎌吉、具志堅宗精、宮城仁四郎という戦後沖縄四天王が勢揃《せいぞろ》いしているところは壮観である。

「日思会」は、沖縄財界の総意を結集してつくられたといってよい。

「日思会」ではナンバー3の幹事長ポストにあり、福地事件では懲役四年の実刑判決を受けた金城義雄は、いまでも東声会沖縄支部の看板だけは守っている。

宜保は怒ると、鉄の灰皿でぶん殴ったそうですね。そんな質問に、金城は笑いながら答えた。

「まあ、若い時分はそうだったかもしれませんが、晩年はもう仏さんでしたよ」

宜保が死んだとき金城は、宜保の長男の勝《まさる》から、宜保からの遺言があることを伝えられた。

「自分の骨は分骨にしてほしいという遺言でした。『(東声会初代会長の)町井の墓に入れてくれ』というんです。これには感激してしまいました」

金城は那覇市内の路地裏にある組事務所でしんみりと語ると、袱紗《ふくさ》で包まれた宜保の骨壺を奥から持ち出してきて、「近々、これを持って東京・池上の本門寺に納骨して、町井の墓前で慰霊祭を行うつもりです」と神妙な顔つきで言った。

福地事件で金城とともに逮捕され、やはり懲役四年の実刑判決を受けた野原林一は、終生宜保に忠誠を誓った金城とは違って、だいぶ以前から宜保とは義絶状態の関係に入っていた。

宜保は頭のきれる暴力団のトップにありがちなことだが、包容力に乏しく、子分から慕われる昔気質《むかしかたぎ》の親分タイプではなかった。

それが、野原をはじめとする子飼いの若い衆を集団離反させていく大きな原因となった。右翼団体や暴力組織をバックに、琉映貿社長から那覇商工会議所の監事に就くなど、沖縄経済界の異能の実力者にのし上がった宜保は、いわば〝一将功成《いっしょうこうな》りて万骨枯《ばんこつか》る〟を地で行く男だった。

那覇市内のホテルのロビーで会った野原は、宜保と絶縁した直後にはこんなことがあったよ、とふだんと変わらぬ口調で話してくれた。

野原はなぜ宜保のところに行ったのかという質問に、あっけらかんと笑って、「うちは元々、国際通りの不良少年をしていた」と答えるような好漢である。

野原は宜保との義絶にまつわる興味深い話を語ってくれた。

「夜明け前に目を覚ますと、お家《い》の裏でゴソゴソする音が聞こえる。三階から降りて行って捕まえると、宜保のところの若い衆がこんなちっちゃなナイフを持っている。そんなの持ってきたってオレに勝てるわけないじゃない。バカヤロー、上から言われたのかと聞くと、そうじゃありませんと言うから、今度来るときはこれ（拳銃）持ってこい、そしたらぶっ殺してやるから、と言ったんです」

家を「お家」とやさしい沖縄口《ウチナーグチ》で言う男が、突然、「ぶっ殺してやる」という凶暴な台詞《せりふ》を吐く。このとんでもない豹変《ひょうへん》ぶりが沖縄ヤクザの本当の恐ろしさである。こんなことを目の前で言われたら、誰でも小便をチビるくらい震えあがってしまうだろう。

それ以上に興味津々《しんしん》だったのは、野原と同席した下地真路《しもじしんじ》の話だった。沖縄右翼中屈指の理論家と言われる下地は、「日思会」では理事をつとめた。だがその後、野原と同様、宜保の許《もと》を離れた。

「『日思会』が設立された当時は、内地の方から赤旗青年が大挙して沖縄にやってきた時代です。そういうなかで、われわれが民族運動をはじめた。右翼理論を勉強する前に、まず行動から入る。がむしゃらで無鉄砲なやり方でした。戦につぐ戦、実戦につぐ実戦、乱闘につぐ乱闘の時代でした」

――全軍労（全沖縄軍労働組合）にも、中核派にも真っ向からぶつかっていく。

「ぶつかっていく」

――肉体的に。

「肉体的にぶつかっていく。肉弾戦しかないんです」

――理論武装なんて能書き言っているヒマはない。

「ない。だいいち、われわれが能書き言ったってマスコミは取りあげてくれない。完全抹殺です。われわれは当時一号線といわれた五八号線を交通遮断して、高校生を集めて日の丸行進をした。これは当時の沖縄とすればたいへんなことです。ところがマスコミは一枚の写真も載せない。一行の記事にもならない。そういうことが山ほどありました」

——まさに孤軍奮闘ですね。

そう水を向けると、これには野原がかわって答えた。

「警察も孤軍奮闘だった。機動隊の連中もデモ隊にやられっぱなしでおもしろくないもんだから、どこに中核派のアジトがあるからって、われわれに教えに来る」

——警察が（笑）。

「警察が、（革新勢力を）潰《つぶ》してくれ、潰してくれだったんです」

下地によれば、那覇の与儀公園で五万人のゼネスト支援集会があったときには、五百人足らずで突っ込んだという。

「石ひとつ投げたら、向こうから石が百個返ってくる（笑）。とにかく内地の右翼と違って賛助金なんかないもんだから、炊き出しの握り飯でやるほかなかった。あのときは窓ガラスを全部割った車のエンジンをかけ、運転席にひとり残って、フルスピードで集会に突っ込んだ。さすがに（「日思会」の）事務所から行くのは、宜保に止められましたが」

二人の話はいつしか冝保の話から、冝保家の宗教に関する話題に移っていった。彼らが口々に語った冝保家の家庭事情は、ある意味「日思会」の民族派活動よりずっと興味深かった。

冝保のおばあちゃん(母親)は、エホバの証人の熱心な信者だった。そのため心臓病で入院したときも、他人の輸血を拒否し、自分の血液をストックしておいて手術した。冝保の姐《ねえ》さん(妻)もやはりエホバの証人で、冝保のおばあちゃんが死んだときは、エホバの証人の教義に従って、手を合わせなかった……。

——冝保さんもエホバの証人の信者だったんですか。

この話につられて、ついそんな質問をすると下地が答えた。

「それはない。もしそうだったら、うちはとうの昔に……」

最後の言葉は笑いにまぎらしたが、冝保の許《もと》を去っていた、と言おうとしていることは明らかだった。

れっきとした暴力団の首領《ドン》で、右翼団体の頭目だった強面《こわもて》の冝保が、家庭ではエホバの証人の忠実なる信者の母親と妻に囲まれて暮らした。アウトローと敬虔《けいけん》すぎるクリスチャンの母と妻という取り合わせは、およそミスマッチである。だが、信教はあくまで個人の自由だから、それ自体は別に異とするに当たらない。

しかし、いまから約四十年前のテロ事件を振り返るとき、話の趣《おもむき》は微妙に変わる。宜保配下の野原に太ももを刺された福地は、全身の血液を入れ替えなければならないほどの大量輸血をし、それが原因で、顔や手に白い斑点がまだら状に残る後遺症に苦しめられた。その事実に宜保家の宗教事情を重ね、想像力をたくましくすれば、あのテロ事件の裏側に、血をめぐる因縁めいた宿業《しゆくごう》の物語が付着しているような気がしないでもなかった。

テロ事件から約半年後の一九六七年八月一日、左右イデオロギーが激突する時代を反映するように、琉球新報、沖縄タイムスの二大紙に割って入る形で、第三の日刊紙の沖縄時報が創刊された。当時の二紙は、保守系の政財界人からいま以上に〝アカい〟新聞と見られていた。そこに保守系の沖縄時報が誕生した。これは沖縄の財界人たちにとって歓迎すべきことだった。

この段階ではまだ宜保は登場してこない。だが、沖縄時報の創刊準備に向け背後で糸をひいているのは宜保ではないか、というのがもっぱらの評判だった。

元沖縄時報労組委員長の山城義男《やましろよしお》の「第三の日刊紙・沖縄時報始末」という回想記(『沖縄の新聞がつぶれる日』月刊沖縄社)にも、沖縄時報の仕掛け人は宜保俊夫氏ではないかといわれた、と記されている。沖縄時報の創刊は、民族派団体の「日思会」の旗揚げと同様、沖縄財界の総意だった。

この回想記によれば、教公二法案が革新勢力によってつぶされた一九六七年の三月某日、琉球新報と沖縄タイムスの左寄りの姿勢にふだんから不満を募らせていた大城鎌吉などの沖縄財界人たちが、那覇市奥武山《おうのやま》にある國場組社長・國場幸太郎邸に集まった。この席で國場は、沖縄時報の設立資金としてポンと二万ドルを提供したという。

あとで株式会社沖縄時報の登記簿をとると、同社は一九六七年八月七日に資本金四万九千ドルで設立されていることがわかった。

社長には東大出身で、琉球政府の法務局長、行政主席官房長などの重職を歴任し、大衆金融公庫総裁を勇退したばかりの崎間敏勝《さきまびんしょう》が就任した。沖縄の本土復帰時期尚早論者としても知られる崎間については、別のところであらためて述べたい。

編集局長には、元沖縄産経新聞社社長で、作家の嘉陽安男《かようやすお》が就任した。

いま私の手元に、沖縄時報の重要紙面の綴りがある。

一九六七年十一月十九日号には、「戦う反日共全学達」の大見出しで一ページをつぶした大特集が組まれている。その論調は、独善性の強い運動理論の一点張りである。

一九六八（昭和四十三）年六月二十七日号は、「アカハタ教育はご免だ!!」という大座談会が目をひく。「(日教組系の教職員会を) 脱会したら村八分」「嫌がらせ、口もきかぬ」という見出しの文句も刺激的でおどろおどろしい。

以下、目につく見出しを拾うと――。

「武装化した日共系学生」「深夜の突撃訓練」（六八年十月一日）、「屋良（朝苗）氏、共産党とも握手」「節度のなさに高まる批判」（十月四日）、「主席選挙、日共が先頭に立つ」（十月四日）、「屋良氏、共産党と密約か」「野坂《のさか》（参三《さんぞう》・日本共産党中央委員会議長らと懇談」「福地政経部長も同席」（十月十一日）、「革新共闘の野望粉砕へ」「沖縄自民党、中央総決起大会開く」（十月十四日）、「教職員会が秘密指令」「投票日、棄権防止の名目で有権者運べ」（十一月四日）

これらの紙面からは、一九六八年十一月十日に迫った沖縄初の主席公選を目前にした保守陣営側の焦りと緊迫感が、いじらしいほど伝わってくる。

なかでも笑わせられるのは、一九六八年十月二十日の紙面である。「福音はいずれに」の見出しが躍る紙面には、主席公選に立候補した屋良朝苗と、対立候補の西銘《にしめ》順治《じゅんじ》の自宅写真が、大きく並べて紹介されている。革新側の屋良家が明らかに仰角気味にひときわ豪邸風に撮られ、保守側の西銘家がこれとは対照的に、俯瞰《ふかん》気味に庶民的な仕舞屋《もたや》風に撮られているのは、最盛期の「フォーカス」を見るようで、笑った。

琉球新報から沖縄時報に移籍し、同紙では主に経済記事を書いていた仲村《なかむら》致彦《ちげん》は、沖縄時報は思ったほど広告が取れず、経営はすぐに行き詰まったという。

「給料が遅配つづきで、生活的にはひどい目にあいました。ただ、自分たちの主張する新聞をつくったんですから、その点ではよかったと思っています。左翼にあらざれば人にあらずの時代でしたからね。それはいまも変わっていませんが」

沖縄時報の経営が行き詰まったのは、広告収入が思ったほど伸びなかったことに加え、記者クラブ入りを邪魔されたためだった。

革新系の立法院議員が「沖縄時報の記者はスパイだから、彼らが加われば共同会見もしないし、発表もしない」と記者クラブに申し入れたため、沖縄時報は記者クラブから除名扱いになった。先の山城の回想記はそう記している。

第三の日刊紙を目指して創刊された沖縄時報は、攻撃目標とした革新陣営から、ジャーナリストとも思えぬ汚い手を使われてあえなく返り討ちにあったといえる。

同社はやがてお定まりの労働争議が起こり、倒産への坂道をころげ落ちていった。

労組員たちはこの窮状を何とかしようと、必死になって、同社の大株主である財界人たちの戸別訪問をはじめた。だが財界人たちの反応は、創刊時とは別人のような冷たさだった。

〈具志堅（宗精・オリオンビール＝引用者注）社長は、高級の囲碁盤を手でなでながら話を聞いてくれたあと、やおら立上って、庭にズラリと並べたご自慢のランを見せてくれた（当時はランは少なかった）が、カネは出そうとはしなかった。宮城仁四郎社長も高台の住宅に早朝ながら招じ入れて、話を聞いてくれたが、カネは出なかった〉（「第三の日刊紙・沖縄時報始末」）

やはり大株主だった琉球石油（現・りゅうせき）社長の稲嶺一郎《いなみねいちろう》を訪ねて資金繰りを頼み込んだときには、「ドブに捨てる金はない」と吐き捨てるように断られたという。稲嶺一郎は稲嶺恵一《けいいち》前沖縄県知事の父親である。

沖縄時報社長の崎間敏勝の経営能力のなさも、経営破綻《はたん》を早める結果になった。崎間は一高、東大と進んだエリートらしく、実務面には疎《うと》かった。前出の仲村致彦の話では、崎間は歴史ものの著作も多く、外電も自分で翻訳するほど頭がよかったが、現実感覚に欠け、経済人のことを平然と〝馬車引き〟と呼ぶような時代錯誤なところがあったという。

崎間はストレスからくる精神の不安定で、団交の席でも昼間から泡盛のにおいをさせるようになり、最終局面では、首里《しゆり》の自宅も銀行に差し押さえられた。以来、崎間は世間から隠れるような生活に入った。その逼塞《ひつそく》ぶりは世間と完全に遮断しており、元沖縄時報記者の仲村でさえ、崎間さんはすでに他界したと言ったほどだった。

株式会社沖縄時報は設立から約二年半後の一九七〇（昭和四十五）年三月、株式会社沖縄経済新聞と商号変更された。冝保俊夫の名前が登場するのは、ここからである。冝保の死後まとめられた『追想　冝保俊夫』に、そのときの経過が簡単に書かれている。

〈昭和四十二年、作家の嘉陽安男、大衆金融公庫総裁らが第三の日刊紙として発刊した「沖縄時報」は設立してから約一年で経営に行き詰まり、おまけに労組のストによって廃刊になった。地元日刊紙が左傾化し、保守陣営が反発していただけに冝保は新しい啓蒙活動の一環として「株式会社沖縄経済新聞社」を立ち上げる中心的な役割を果たした。日思会事務所がその準備事務所に使用されることもあった〉

前掲の山城の回想をもう一度引用すれば、そこにも冝保の名前が出てくる。労組員たちが最後に頼ったのは、大城鎌吉だった。

〈安里《あさと》の琉映本館の二階で琉映貿専務の冝保俊夫氏が同席して会ってもらったとき、われわれの必死の再建策を（同じことを何度もお願いしたように覚えている）静かに聞いていたかに見えた大城社長は、やがて、おもむろに発言された。

「宜保君、おまえ、やってあげなさい」

そのひとことしか覚えていない。興奮して、頭が真白になった。感動の一瞬であった。まさにそのとき救われた思いであった〉

沖縄時報の後身の沖縄経済新聞（週刊）の会長には、宜保がおさまった。社長となったのは、国士舘《こくしかん》大学出身で剣道八段の腕前を持ち、この当時、那覇商工会議所事務局長に就いていた松川久仁男《まつかわくにお》という男だった。

松川は『おかしな沖教組《おききようそ》』（沖縄経済新聞社）という著書があることからもわかるように、若い頃、徳富蘇峰《とくとみそほう》に私淑《ししゆく》した筋金入りの右翼だった。

沖縄経済新聞はその後、沖縄新報と改題されて現在にいたっている。沖縄新報の現社長は、沖縄時報育ちの松村泰慶《まつむらたいけい》こと全《ぜん》泰慶という韓国人である。

沖縄新報の社屋は、那覇の久茂地《くもじ》に近い一等地にある。同じ国道五八号線沿いに面した大通りには、高級ホテルや近代的なオフィスビルが整然と立ち並ぶ。

そんななかにあって、沖縄新報が入ったビルはひときわ異彩を放っている。建物は黒ずんで古びに古び、遠慮なく言わせてもらえば、化け物屋敷のようである。

内部は外観以上にすさまじかった。薄暗い階段はぎしぎしと気味の悪い音を立て、天井はいまにも落ちてきそうである。

明かりのあまり差し込まない陰気な部屋は、だだっぴろいだけで、片隅の棚に雑然と放置された新聞の古い紙型は、ホコリをかぶるだけかぶって、まるで黒い毛布をたたんだようだった。

松村は釜山《プサン》日報のOBである。朴正煕《パクチヨンヒ》の独裁政権を嫌ってアルゼンチンに逃れていたところを、たまたまアルゼンチンを外遊中の松岡政保《まつおかせいほ》に出会ったことが、来沖のきっかけだった。松岡は保守派として知られた琉球政府最後の任命主席である。

「沖縄には松岡さんの勧めで来た。赤旗だらけの沖縄に、ピシッとした日本の心を取り戻そう。そんな松岡さんの考えに感銘を受けて、沖縄時報の記者になった」

松村は日本に帰化していない。日本の永住権はあるが国籍は韓国のままである。

その松村が、日本人以上に沖縄ナショナリズムを煽っている。これは考えれば随分と複雑で皮肉な話である。

「私はこの新聞に全財産をつぎこんでいる。でも、なかなか広告が集まらないので困っている。あなたもどこかいいスポンサーを探してきてよ。とにかく、左翼新聞に乗っ取られたいまの沖縄は完全に狂っている。金正日《キムジヨンイル》以下の党幹部全員をぶっ殺す以外にない北朝鮮と全然変わらない」

松村は金正日批判よりずっと高いボルテージで、左翼メディアに牛耳《ぎゅうじ》られた沖縄の現状を激しく罵《のの し》った。それは活字になれば裁判沙汰《ざた》間違いなしの、火を噴くような罵詈雑《ばりぞう》言《ごん》だった。そしてその合間を縫って、繰り返し「いいスポンサーを探してきてよ」と泣かんばかりに懇願した。

だが、沖縄新報の紙面を見る限り、残念ながらそういう気にはなれなかった。松村には申しわけないが、沖縄新報には読むべき記事がまったくといっていいほどなかった。付き合いの名刺広告と政財界人の型通りの祝辞だけが目立つ紙面は、正直退屈なだけだった。

ただ、松村から紹介された同紙の中年女性編集長が、北海道出身と言った話には興味をそそられた。失礼を承知で言わせてもらえば、こんなちっぽけな新聞でも沖縄にあるというだけで、北海道から就職する内地の女性がいる。

沖縄は、やはり内地の人間が考えるよりもはるかに深くて広い。沖縄の言論界は、琉球新報と沖縄タイムスという〝アカい〟二大紙が独占しているわけではない。沖縄の戦後史にはまだまだ手つかずの空白地帯が、夥《おびただ》しく残っている。

沖縄を通り過ぎた男たち

〇七年初の沖縄訪問は、講演会を兼ねての那覇入りだった。予備取材の段階から数えれば、これで十回目近い沖縄入りである。

〝中内ダイエーの栄光と挫折《ざせつ》〟というその日の演題は、本書のテーマである沖縄の知られざる戦後史と深くからむものだった。私はその講演会で、沖縄県出納《すいとう》長や日銀那覇支店長、陸上自衛隊那覇駐屯司令、総務省沖縄総合通信事務所所長ら沖縄のVIP約七十名を前に、おおむねこんな話をした。これまで書いてきた話と重複する部分もあるが、その点についてはお許しいただきたい。

日本最大のスーパー・ダイエーを一代で創業し、一代で消滅させた中内㓛《なかうちいさお》は、〝敗戦〟を二度体験した男です。一度目は一九四五（昭和二十）年八月十五日、人肉食いの噂《うわさ》がつきまとうフィリピン・ルソン島の密林地帯の飢餓戦線で、二度目はそれから五十九年後の〇四年十月十三日の産業再生機構入りによってです。

人間の体に喩《たと》えれば、以前から集中治療室に入っていた中内ダイエーは、この日、国家の決断によってついに生命維持装置を外されたのです。

中内ダイエーはピーク時、二兆六千億円という天文学的な有利子負債を抱えていました。小泉内閣の経済政策の司令塔で、産業再生機構生みの親の竹中平蔵《たけなかへいぞう》は、膨大な不良債権を抱えた銀行を救済するかわりに、中内ダイエーを潰《つぶ》すという挙に出たのです……。

そこまで話して、話題を中内ダイエーと沖縄の知られざる関係に切り替えた。

中内ダイエーの急成長は、沖縄の存在を抜きにしては語れません。フィリピンの地獄の戦場から奇跡的に生還した中内の戦後の原点は、神戸の闇市でした。

沖縄を中継基地にして香港や台湾などから運ばれ、山口組などが神戸に陸揚げするペニシリンやストレプトマイシンなどの密輸製品の横流しが、神戸の闇市に特攻隊の飛行服姿で現れた中内の〝原資蓄積過程〟でした。ダイエーの成長神話の礎《いしずえ》は、〝沖縄密貿易の女王〟といわれた〝ナッコ〟などとのアングラコネクションによって築かれたのです。

一九五七（昭和三十二）年、中内はダイエーの一号店を開きます。それからわずか十五年後、ダイエーは三越を抜いて小売業売り上げ日本一に輝きます。この急成長の原動力になったのは、牛肉の安売りでした。安い店でも百グラム七十円、高い店では百グラム百円の時代に、ダイエーは百グラム三十九円という格安の値段で売り出すのです。

この安売りの秘密を解くカギが、沖縄にありました。沖縄はまだ復帰前で、渡航《と》するにも日本のパスポートが必要な時代でした。その沖縄にオーストラリア産の仔《こ》牛《うし》を運び、それを六カ月肥育して神戸に出荷する。この方式には、当時の沖縄がアメリカの統治下にありながら準国内扱いとなっていたため、関税がかからないというメリットがありました。

この卓抜なアイディアにより、中内ダイエーは年間四千八百頭ものオーストラリア牛を和牛同然の扱いで売りまくることができたのです。

沖縄につくられた畜産会社は、その後、中内のプライベートカンパニーの母体となる会社でした。それが中内ダイエーの私物化と公私混同路線の温床となり、中内ダイエーを破綻《はたん》させる引き金となるのです。言いかえれば、中内ダイエーの成功の因子も挫折の因子もすでに沖縄に埋め込まれていたといえます。

同社はその後、宮古島《みやこじま》のリゾート開発にも乗り出します。その法人登記をとって興味深いことがわかりました。目的欄に、土地売買が追加されていました。〝肉〟が〝土地〟にかわったのです。胃袋が満足したら、今度は土地を買い漁《あさ》る。中内ダイエーが沖縄に描いたこの軌跡には、戦後日本人の欲望の肥大化過程が鮮明に刻印されています。

私たちは、〇五年九月十九日の中内の死によって、プロ野球球団からリクルートまで擁した日本最大のスーパーが、名実ともにこの地上から消滅する様を目の当たりにしました。NHKの人気番組ではありませんが、「その時歴史が動いた」瞬間を目撃したのです。しかし、こうした歴史的観点から中内ダイエーの盛衰を報じたメディアは皆無でした。

翻《ひるがえ》って沖縄の戦後史はどうでしょう。沖縄というとこれまで報じられてきたのは、日本唯一の地上戦の記録の〝鉄の暴風〟であり、〝ひめゆり〟の悲劇であり、米軍基地の問題でした。それらの出来事は沖縄が体験した大きな不幸だということは、紛れもない事実です。

しかし、敗戦からすでに六十二年の歳月が流れたことも、また誰にも否定できない事実です。人間でいえば、オギャーと生まれた子が、すでに還暦を過ぎているのです。その分厚い戦後史に見合っただけの沖縄の物語がどれほど書かれてきたでしょうか。

沖縄出身で知っている著名人をあげてください。本土の人間にそう質問しても、恐らく返答に窮する人がほとんどだと思います。革新知事の大田昌秀《おおたまさひで》と、スーパースターの安室奈美恵《あむろなみえ》。もし答えられても、せいぜいこの二人程度ではないでしょうか。

ほとんどの人たちは、戦後沖縄経済復興に尽力した〝沖縄の四天王〟も知らなければ、沖縄経済を裏で支配しているのは軍用地主だという事実も知らないと思います。沖縄について知っているのは、戦争や基地という恐ろしく類型化した〝大文字〟の世界だけでしょう。

私はいま「月刊PLAYBOY」で、「沖縄コンフィデンシャル」というルポルタージュを連載中です。さまざまな角度から沖縄の戦後史を検証する。それがこの連載の狙いです。その仕事を通じて、これまで伝えられてこなかった沖縄の等身大の姿、私なりに言えば〝小文字〟の世界を伝えて行きたいと思っています……。

そしてこう訴えて、講演を終えた。

歴史にｉｆはありません。けれど、もし中内ダイエーが破綻しなければ、天久《あめく》の那覇新都心の核テナントは間違いなくダイエーになったはずです。宮古島にもダイエー系のリゾートホテルが建設されたでしょう。沖縄とは一見無縁に見える企業の倒産劇も、皆さんの生活と深く結びついているのです。それを不勉強なメディアは報じてこなかった。そして皆さんも知ろうとしなかった。

ダイエーの倒産劇を目の当たりにしたように、私たちは日々、歴史が動く瞬間に生きています。私たちは歴史をつくる存在であると同時に、現代史の生きた目撃者でもあるのです。そういう視点に立ったとき、左右イデオロギーの虚妄《きよもう》を剝《は》いだ沖縄のありのままの姿が、歴史の彼方からせりあがってくる。私はそう確信して沖縄の取材を続けています……。

今回の沖縄入りの最大の目的は、前沖縄県知事の稲嶺恵一にインタビューすることだった。その約束は、〇六年十一月十九日に行われた沖縄知事選の段階ですでにとりつけてあった。

仲井《なかい》真弘多《まひろかず》の当選に沸く那覇市内の選挙事務所で、稲嶺のはしゃぎぶりは異様だった。それは選挙責任者として仲井真をどうにか当選させた勝利感からきたというよりは、二期八年の沖縄県知事の任期からこれでやっと解放された安堵《あんど》感からきているように思えてならなかった。

米軍基地問題を通じて日米安保問題に直接影響を及ぼす沖縄県知事のポストは、時には外務大臣や防衛大臣以上の重責と権限を帯びてくる。

父親の稲嶺一郎が創業した浦添《うらそえ》市のりゅうせき（旧・琉球石油）本社で会った同社参

与の稲嶺は、沖縄県知事の重責からやっと解放され、久々に古巣に戻った余韻にまだひたっているようだった。知事就任前、稲嶺は同社の会長だった。

——二期八年間の沖縄県知事生活を振り返って、いまどんなお気持ちですか。

「よく体がもってくれたな、と思います。私は八年間、一日も欠かさず寝酒を飲み続けたんです。知事離任式の晩、やっと寝酒を一滴も飲まずに安心して眠ることができました」

——それほどのストレスだった。お酒は何を飲んでいたんですか？

「泡盛のお湯割です。毎日睡眠薬とダブルでやってました」

——ええっ、そりゃ体に悪い。

「だから、よく体がもったなと。逆に言うと、知事時代は自分ではなかった。それほど〝変身〟しなければ、私のような能力のない者に沖縄の知事はつとまらないと思いました」

——ところで、知事在任中に仕えた総理大臣は何人になりますか。

「四人です。小渕《おぶち》（恵三《けいぞう》）さん、森《もり》（喜朗《よしろう》）さん、小泉《こいずみ》（純一郎《じゅんいちろう》）さん、それに安倍《あべ》（晋三《しんぞう》）さん」

——政権を途中で放り出した安倍もそうか。橋本《はしもと》（龍太郎《りゅうたろう》）さんはかぶっていない？

「ええ、かぶっていません。小渕さんが最初です」

橋本も小渕もすでに鬼籍《きせき》に入《い》ってしまったが、沖縄がよくも悪くも全国的に最も注目されたのは、この旧経世《けいせい》会出身の宰相《さいしよう》コンビの時代だった。大田（昌秀）知事時代の一九九五年九月、黒人米兵ら三人による小六少女レイプ事件が起きた。沖縄県民はこれに激怒し、抗議集会には復帰後最大規模となる八万五千人もの参加者が結集した。

これが、橋本（首相）―大田（知事）のトップ会談による日米地位協定《ちいきようてい》見直しのきっかけとなり、米軍普天間《ふてんま》飛行場返還の電撃的合意へとつながった。

橋本は普天間にかわる名護《なご》市辺野古《へのこ》の米軍代替《だいたい》基地案への道を開いたという意味で、現在の〝沖縄のかたち〟をつくった総理だったといえる。橋本が死去（〇六年七月一日）したとき、琉球新報は翌日朝刊の一面トップでその死を大々的に報じ、「最後の沖縄族重鎮」（傍点・引用者）という、賞賛とも皮肉ともつかない大見出しを掲げた。

次の小渕の時代に沖縄サミットの開催が決まり、オキナワの知名度は国際的にも決定づけられた。前にも述べたが小渕は早稲田《わせだ》大学の学生時代から沖縄を頻繁に訪問しており、沖縄にはことのほか思い入れが強かった。それが二〇〇〇年七月の沖縄サミット開催の伏線となった。

――小渕さんの学生時代の沖縄での定宿《じようやど》は、早稲田大学のOB組織「稲門会《とうもん》」の沖縄支部長だったお父さんの稲嶺一郎さんの家でした。その頃の小渕さんには会っていませんか。

「私はその当時、慶応《けいおう》大学（経済学部）を卒業していすゞ自動車に勤めていましたので、残念ながら会っていません。ただ先年亡くなった母の遺品を整理したとき、一九六〇年に小渕さんが両親に宛てたお礼の手紙が出てきました。私の宝物です」

――小渕さんは沖縄サミット開催を目前に急逝《きゅうせい》して、参加はできませんでした。

「残念だったと思います。小渕さんは周囲に非常に気を遣う人でした。一九九九年に沖縄サミットの開催が決まり、その年のケルンサミットを視察に行ったんです。そのパーティーのとき私は会場の二階にいて、小渕さんに近づくクリントンをぼんやり眺めていた。すると小渕さんが、私を手招きしてクリントンを紹介してくれた。

ところが、僕より側にいた一階の岸本《きしもと》（建男《たてお》）名護《なご》市長は、なぜかボディーガードに撥《は》ね飛ばされて、クリントンに近づけなかった。先年亡くなった岸本さんは後で、『きっとボディーガードがアラブゲリラと間違えたんだろう』と冗談っぽく言ってました（笑）」

ちなみに岸本は早稲田時代、革マルの活動家だったといわれた男である。

もし小渕が沖縄サミットの開催を決断していなければ、昨今の沖縄ブームはたぶんこれほど盛りあがらなかった。沖縄人気が大衆化するきっかけとなったＮＨＫ朝の連続テレビ小説「ちゅらさん」の放映が始まったのは、沖縄サミット翌年の〇一年からである。

橋本と小渕は、沖縄人《ウチナーンチユ》にとって特別な意味合いをもつ政治家となっている。沖縄というと必ず引き合いに出される政治家が、もう一人いる。一九七二（昭和四十七）年五月十五日の本土復帰と同時に初代沖縄開発庁長官に就任し、その後も沖縄振興特別措置《そち》法を制定するなど戦後沖縄復興の土台を築いた鹿児島出身の大物代議士・山中《やまなか》貞則《さだのり》である。

山中が死去（〇四年二月二十日）したとき、沖縄の新聞は、「沖縄発展に心血注ぐ」（沖縄タイムス）、「歴史つくった巨星墜《お》つ」（琉球新報）といった手放しの賛辞で埋めつくされた。

稲嶺に会ったのも、ひとつにはそう絶賛された山中の思い出を聞くためだった。

山中は畜肉業界のドンと言われた男である。山中はその業界を通じて、ダイエーの中内とも浅からぬ因縁をもっていた。

ダイエー急成長のスプリングボードとなった牛肉の安売りは、通称ウエテル（本名は上田照雄《うえだてるお》）という畜肉商を抜きにしては語れない。一九五九（昭和三十四）年七月のある暑い日の昼下がり、中内は牛肉の枝肉《えだにく》を安く提供してくれそうな仲買人を探して、神戸の場末にある枝肉冷凍保管庫を訪ねた。誰も中内に目もくれないなかで、ねじり鉢巻きに赤い毛糸の腹巻きをし、ステテコ一枚で将棋を指していた屈強そうな男だけが、中内に声をかけてきた。

それがウエテルだった。ウエテルはギルド的な畜肉業界にたった一人で乗り込んできた中内の男意気に心底惚《ほ》れ込んだ。ウエテルは生前私に、「オレは、得意先を全部失ってダイエーに枝肉を卸したとき、中内と心中するつもりやった」と語っている。ウエテルは一代の快男児だった。

身の丈は百八十センチ以上、体重は優に百キロは超え、いかつい面構えは組関係者もさぞやと思わせた。彼の粗削りな語り口に、私はたちまち魅了された。

「車は百キロ以上で飛ばすことにしとるんや。赤信号？　ありゃ、注意の合図や。女？　ようけいるで。ワシはスッチャデスがごっつう好きでな。飛行機はいつも一番前の席に座ることにしとんのや。口説くためや。ひい、ふう、みいっと、そやな、もう七人は女にした。愛人で囲う？　そんなもったいないことせえへん。みんな、うちの肉工場で働いとる。大けな牛刀《ぎゆうとう》もって肉を器用にさばきよる。愛人兼工場長や、ワッハハハハハ」

中内が牛肉を安売りするため沖縄につくった畜産会社は、実はウエテルとの共同出資によるものだった。五十三歳という若さでウエテルが急死したとき、中内が涙声で私に電話してきたことはいまでも鮮明に記憶に残っている。中内は晩年、ウエテルについてこんな思い出話をしている。

「ウエテルは鹿児島で牧場をやっていた関係で、葬儀には山中貞則さんが駆けつけてくれた。山中さんは国会議員には珍しい義理堅い薩摩隼人《さつまはやと》だった。鹿児島のその地域は柩《ひつぎ》を大八車にのせて運ぶ習わしがあった。その風習に従って、ウエテルの柩も私と山中さんの二人で大八車にのせて運んだ」

鹿児島の田舎道を、中内と山中が揃って旧友の畜肉商の柩をのせた大八車を牽《ひ》く姿は、古いイタリア映画のワンシーンのようである。

その山中の名前を出すと、稲嶺は部屋からいったん外に出て、かなり大きな地球儀を持って現れた。地球儀が青みがかっているのは、貴石《きせき》でつくられているためだという。

「山中先生にもらった地球儀です。フランスでつくられたものらしいんですが、ほらここに、Ryukyu Gunto（琉球群島）と書いてある」

——それは知事になったときのお祝いにもらったんですか。

「いや、もらったのは、当選はしたけれど、正式にはまだ知事になる前でした。知事になってからの贈り物はみんな知事室に置いてきましたが、これは知事になる前のものだから、ありがたくいただきますって持ってきちゃった」

知事時代の贈り物はすべて知事室に置いてきた。二期八年の知事生活は、やはり相当骨身にこたえているようだった。

——山中さんで一番印象に残る思い出は何ですか？

「本土復帰三十周年を迎えたとき、先生を名誉県民第一号にしようと提案したんです。でも、そのための条例がなかった。それですぐに条例をつくって、山中先生に名誉県民の称号を贈ることが決まりました。共産党の議員を含めて県議会全員一致の結論でした。この称号を贈られたのは、いまもって山中先生ひとりです。

ところが、その頃になると山中先生の体調がすぐれず、沖縄に来ていただけない状態になってしまった。生きているうちに報告だけはできたんですが……。山中先生もこの話には大変喜んでくれたようで、見舞いに来られた方にずいぶんと話されたそうです」

山中の沖縄における最大の業績としていまも語り継がれているのは、本土復帰直前の一九七一（昭和四十六）年八月、突然ふりかかったいわゆるニクソンショックに際し、山中がとった断固たる沖縄経済保護政策である。ニクソンショックによって円とドルの固定相場制は廃止され、変動相場制に移行した。これによってドルの価値は一ドル＝三百六十円から、当時の為替相場で一ドル＝三百五円の交換レートに変わった。

沖縄では戦後の一九四八（昭和二十三）年以来、米軍政府発行のB円（B型軍票）が流通していた。だが、一九五八（昭和三十三）年に米ドルへの切り替えが公布されて以来、ドルが本土復帰までの正式通貨となっていた。

復帰まで秒読み段階に入ったその沖縄に、変動相場制がもしそのまま適用されれば、沖縄の経済が甚大な損害を蒙《こうむ》ることは火を見るより明らかだった。

山中は大蔵省やアメリカ政府が猛反対するのを承知の上で、公然と差額の補塡《ほてん》政策を命じた。これに真っ向から反対していた時の大蔵大臣の水田三喜男《みずたみきお》は、これ以来、山中とは一言も口をきかなかったという。

沖縄の日本人が所有するドルに限って一ドル三百六十円のレートで交換する作戦は、極秘裡《り》に進められた。もしこの計画が事前に漏れれば、各国の投機ドルが差額を求めて沖縄に殺到し、大混乱に陥《おちい》る。一九七一年十月八日、沖縄の全金融機関が抜き打ちで封鎖され、翌九日から離島を含む約三百五十カ所でドルのチェック作業が行われた。

一ドル三百六十円で交換と発表したその前日、山中は記者会見でわざとらしく涙を流し、「一ドル三百六十円の交換レートは断念」と発表する芝居までうった。

金融機関に集められたドル紙幣の確認作業には、紙幣に鉛筆の尻の消しゴムで朱印を押す原始的な方法がとられた。最初、ドル紙幣に証紙を貼る案やスタンプを押す案も検討されたが、アメリカ側から紙幣損壊罪にあたるとクレームがついたため、取りやめになるという一幕もあった。

このゴム印が押されたドル紙幣に限り、本土復帰の時点で一ドル三百六十円のレートで交換された。

チェックの対象となったドルは、有価証券などを含めると計五億六千二百万ドルにのぼった。山中はこのときのことを回想して、次のように述べている。

〈当日は、琉球政府の警察官を動員して沖縄の全金融機関を封鎖、空港でも警察官が外国人のドルを一時保管した。しかも、日本人だけが対象で、駐留米軍は除くということだったから、実施後に米政府から『国際法違反』だとして二度も抗議が来た〉

復帰時に沖縄県民に支給された円ドル交換レートの差額は、日本円にして約三百億円にのぼった。朱肉が押されたドル紙幣は、その後十年以上にわたって東南アジアを中心に流通した。

この朱肉のついたドル紙幣は、誰言うともなく〝山中ダラー〟と呼ばれた。

通算当選回数は元総理の中曽根康弘《やすひろ》の二十回に次ぐ十七回、防衛庁長官や通産大臣、自民党政調会長や自民党税制調査会会長などの重職を歴任し、〝ミスター税調〟とも〝ミスター消費税〟とも異名をとった山中貞則は、数々の伝説に彩られた破天荒な政治家だった。

一九四七（昭和二十二）年の鹿児島県議会議員選挙では、背中に「民族再建」という幟《のぼり》をくくりつけ、馬にまたがって草深い選挙区を回った。

一九五三（昭和二十八）年、国会に初登院して時の総理大臣の吉田茂《よしだしげる》に挨拶《あいさつ》して無視されたときは、「こら待て、吉田」と怒鳴りつけて並み居る議員たちを唖然《あぜん》とさせた。

山中は一九二一（大正十）年、鹿児島県大隅《おおすみ》半島北部の末吉《すえよし》村（現・曽於《そお》市）で生まれた。山中と沖縄の結びつきは、一九三九（昭和十四）年、旧制都城《みやこのじょう》中学を卒業して進んだ台湾《たいわん》総督府立台北《タイペイ》第二師範学校時代に始まっている。ここには多くの沖縄出身学生がいた。ここでは、後に初代沖縄県知事になる屋良朝苗が教鞭《きょうべん》をとっていた。

山中は屋良の教えを直接受けたわけではない。だが、沖縄開発庁長官時代に本土復帰にかける屋良の情熱にふれたことが、山中の沖縄への思いを決定づけた。

島津《しまづ》による一六〇九（慶長十四）年の琉球侵攻の後ろめたさも、同じ薩摩《さつま》の血をひく硬骨漢の山中の贖罪《しょくざい》意識に火をつけた。山中は〇二年に書いた「沖縄と私」という手記で、琉球侵攻以来、沖縄の人たちは鹿児島には特別な感情を抱いていると述べたあと、自分の気持ちを率直に吐露している。

〈すでに四百年も昔の歴史であるとはいえ、過ちは過ちである。政治家として、また島津の血をひく鹿児島の人間として、知らぬ顔で過ごすことはできない。そういう気持ちが強かったから半世紀前、衆議院議員として国会に初登院して以来、沖縄の人たちに琉球侵攻を心からお詫びし、政治家として罪を償わなければならないと考えてきたのである〉

一九七〇（昭和四十五）年、佐藤《さとう》（栄作《えいさく》）内閣の総理府総務長官として初入閣したとき、山中が佐藤に向かって、「沖縄に関する限り、各省の権限をこの山中にすべてゆだねると約束してくれるなら、お引き受けしましょう」と、前代未聞の条件をつけた話は有名である。

本土復帰とともに初代沖縄開発庁長官となった山中は、米軍のヘリコプターで、沖縄の離島という離島をすべて回った。いま世界遺産となっている首里城復元の推進役となったのも山中だった。山中が沖縄のためにつくった特例法は六百八十三本の多きにのぼった。

元鹿児島県知事の須賀龍郎《すがたつろう》は、山中と五十年来の親交があった人物である。その須賀が最も印象に残っているのは、山中が一九九〇年二月の総選挙で二十八票の僅差《きんさ》で敗れたときの官僚たちの対応だった。それまで十三回連続当選してきた山中のまさかの落選は、売上税の導入を主張した〝A級戦犯〟に対する選挙民の厳しい反発の表れだった。

「あの人は絶対に頭を下げげん人でした。先生、今回だけは頭を下げてくれと言っても、オレはお願いしてまで国会議員になるつもりはない、と言って、頑として頭を下げなかった。驚いたのは、落選で浪人中、山中事務所に大蔵省をはじめとする各省庁の幹部が日参していたことです。〝税制の神様〟といわれた通り、山中先生にはそれほど力があった」

山中は鹿児島に〝青龍塾《せいりゆうじゆく》〟という若者の勉強会をもっていた。その幹事長だった製菓メーカー社長の馬場甚史朗《ばばじんしろう》によれば、山中は竹下登を〝竹ちゃんマン〟、橋本龍太郎を〝岡山の桃太郎〟と呼んで、完全に小僧ッ子扱いしていたという。この話を引きとって、須賀がこんな秘話を明かした。

「ロンドン・サミットに出席した竹下さんから、山中さんに国際電話がかかってきた。サッチャーとの会談で、焼酎の税率が低いから日本でスコッチの消費が伸びない、と言われたそうで、〝税調のドン〟の山中先生に相談して、焼酎の税率も上げようという話になった」

――焼酎は鹿児島の特産品ですからね。〝竹ちゃんマン〟としても相談しないわけにいかなかった。ところで山中さんはよくカラオケに行ったそうですね。

「歌はうまかったですよ。ド演歌が主でしたが、時には、欧陽菲菲《オーヤン・フィーフィー》の『ラヴ・イズ・オーバー』を朗々と歌いあげていた」

――強面のイメージからは想像できない。台北師範以来、ずっと台湾びいきだったわけですね（笑）。

鹿児島一の盛り場の天文館《てんもんかん》で酒杯を重ねながら、須賀が言った。

「先生は最初とっつきは悪いが、つきあうと実に情の深い人でした」

鹿児島で聞いた山中関係者を訪ねて再度沖縄に飛んだ。沖縄には青龍会という鹿児島の青龍塾と姉妹関係にある勉強会があった。その会員だった神村絹枝《かみむらきぬえ》（長濱《ながはま》企業グループ副社長）は、山中に最初会ったとき、何て目つきの悪いオッサンだと思ったという。

「ところが、だんだん先生の偉さがわかってきて。先生の力がなければ、沖縄はこれほど発展しなかった。本土から銀行が入ってこないよう制限したり。沖縄のあちこちに先生の血が入っている。先生はいつも、鹿児島は沖縄戦の犠牲があったから、自分の県を守ることができたんだ、とおっしゃっていました」

オリオンビール創業者の具志堅宗精の孫で、オリオンビールの母体となった食品メーカー「赤マルソウ」会長の具志堅茂は、青龍会は最初、青龍隊という名前だったという。

「青龍会の名前をもって相談に行くと、『お前らは若いときのオレと一緒で愚連隊のようなものだから、青龍隊で十分だ』って言われた。『代議士にならなかったら何になっていましたか』と尋ねたときは、『日本一のヤクザの大親分に決まっているだろう』と言っていましたね」

具志堅に会ったのは、オリオンビールと山中の関係を聞くためだった。本土復帰時、山中の尽力によって、沖縄県内の酒税が減免される優遇措置がとられた。現在もオリオンビールは県内出荷分に限って、本土のビールに比べ酒税が二〇パーセント減免されている。

——オリオンビールは〇二年に、アサヒビールと業務提携しました。あれには、当然、山中さんが絡んでいますね。

「山中先生は最初、オーナー系企業のサントリーを提携先に考えていました。オリオンビールの役員たちはキリンを提携先と考えていたようですが、キリンは全然乗ってこなかった。アサヒとの提携は、同社の非常勤役員で沖縄事情にも詳しい元外務官僚の岡本《おかもと》行夫《ゆきお》さんが、アサヒに対してオリオンはどうも提携先を模索しているようですよ、と話したのが直接のきっかけです。そこから、アサヒのトップが山中先生に会って、急速に話が進んでいったんです」

——そういう流れだったんですか。

「先生の考えは明快でした。酒税減免の復帰特別措置法が、それから五年後の〇七年五月に切れることがわかっていた。その前に、それをつくった自分が特措法を整理整頓しておきたかった。早い話、先生が提携を進めたのは、そうしなければ特措法がなくなったとき、本土の企業に赤子の手をひねるようにやられちゃうよ、ということだったんです」

——つまり、特措法が切れる前に体力をつけておけ、ということだったんですね。

沖縄のローカル政党「そうぞう」党首の下地《しもじ》幹郎《みきお》も、青龍会のメンバーだった。

「先生は毎年三月になると、糖尿病のリハビリを兼ねて石垣島に釣りに行くのが習わしでした。そこで先生とお会いしたのが、最初です。でも、最初の二年くらいは釣り餌をつけるだけで、一言も口をきけませんでした。たまげたのは、石垣まで霞ヶ関《かすみがせき》の局長クラスが先生の了解をもらいに来たことです。三月は予算の編成時期ですからね。一番の思い出は、与那国《よなぐに》で釣りをしていたときです」

――与那国で何かあったんですか？

「総理官邸から電話です、といわれて僕が出ると、何と中曽根総理自身が出たんです。先生にかわると、売上税の話らしく、お前は税もわからんくせに、オレが帰るまでのらりくらり答弁しておけ、って怒鳴りつけている。この人は一体何者なんだと思いましたね（笑）」

――〝大勲位〟を平然と怒鳴りつけたのは、後にも先にも山中貞則くらいしかいない（笑）。

「落選した次の選挙で中曽根さんが応援に来たときは、中曽根さんを指さして、『こういう政治家が日本をダメにした』と言っていた（笑）。何しろ、日陰で選挙演説を聞いている聴衆に向かって、『オレが暑い日向《ひなた》で演説しているのに、何でお前らは日陰で聞いているんだッ』って怒鳴る人でしたから（笑）。総理時代の小泉純一郎さんが事務所に訪ねてきたときも、立たせたままで延々と説教を垂れていた」

山中は三権の長の衆議院議長に擬《ぎ》せられたことがある。だが、これは実現しなかった。下地によれば、衆議院議長就任の話を山中が固辞したのは、糖尿病の後遺症で足が不自由になったため、開院式のとき、天皇陛下に尻を向けて階段を下りる無礼があるかもしれない、それだけはしたくないとの思いがあったためだという。

総理に対するこれ見よがしの叱責《しっせき》といい、大時代な天皇崇拝の念といい、山中にはこの種の国士というよりは田舎侍じみた伝説がつきまとう。時に人を辟易《へきえき》させる山中の露骨な言動には面の皮の厚さは感じるが、本人が一番強く意識したはずの無骨な男らしさは、大向こう受けを狙った作為が感じられて、残念ながらあまり伝わってこない。

米統治時代に沖縄のアメリカ総領事館に勤務し、その後、山中の通訳をつとめたことがある安里文雄《あさとふみお》（大栄空輸会長《だいえいくうゆ》）は、山中の歯に衣《きぬ》着せぬ物言いには、いつもハラハラさせられっぱなしで、あまりにもストレートすぎる物言いに通訳するのを躊躇《ちゅうちょ》したことが何度もあったという。ちなみに安里は、アメリカ留学体験者たちで構成される「金門《きんもん》クラブ」のメンバーである。「金門クラブ」については後で詳しく述べる。

純粋といえば純粋、えげつないといえばえげつない山中のふるまいは、初太刀の一撃にすべてをかける薩摩示現流《じげん》の実戦剣法を思わせる。

沖縄県前知事の稲嶺は、沖縄のためなら水火も辞さなかった山中も、晩年に浮上した沖縄への金融特区の導入構想に関してだけは、なかなか首をタテにふらなかったという。

「タックスヘイブン（税金避難地）への懸念があったんでしょう。そこで國場幸一郎《こういちろう》（元國場組会長）さんが言っていた『魚より、釣具の方がほしい』という言葉を持ち出すと、山中先生はものすごく喜んだ。沖縄からそういう陳情が来たのは初めてだと言って」

沖縄復帰から三十五年。この島に投じられた振興開発費は七兆円を超えた。山中の沖縄に対する真摯《しんし》な思いに疑いの余地はない。だが、過剰なまでの保護政策によって、沖縄が公共投資依存体質になってしまったことも、また厳然たる事実である。

山中は沖縄に魚を贈り続けた政治家だった。それが晩年の山中を強く反省させた。稲嶺の話は、そう語っていた。

山中貞則、橋本龍太郎、小渕恵三、そして中内㓛。沖縄列島には、個性的な政治家と経済人たちが、それぞれの夢を胸に通過していった。ある者はこの島の特恵待遇の恩恵に浴し、ある者はこの島に全存在をかけ志なかばで瞑目《めいもく》した。

彼らの人生を振り返ったとき、この島の一筋縄ではいかない難しさが、あらためて迫ってくる。東シナ海のノド元に突き刺さった沖縄は、日本にとって依然、絶対に欠かせない軍事防衛上の要衝《ようしょう》である反面、金ばかり食う厄介《やっかい》な南の〝楽園〟となっている。

ゴッドファーザー・國場幸太郎

国頭村《くにがみそん》は沖縄本島最北端の村である。山原《やんばる》地区の中心地のこの村の九五パーセントは山林で覆われ、ヤンバルクイナ、ヤンバルテナガコガネなど絶滅危惧《きぐ》種の鳥や昆虫が棲《せい》息《そく》していることで知られている。

その国頭村の南端近く、大宜味村《おおぎみそん》を越えてまもなく行ったところに半地《はんじ》という鄙《ひな》びた集落がある。そこを山側に右折して五分ほど進むと、もうもうたる砂煙をあげてダンプカーがひっきりなしに出入りする採石場に突き当たる。そこを越えて少し行くと、大きな広場が見えてくる。

広場には緑の芝生がきれいに敷きつめられ、その広大な敷地に、見るからに立派な沖縄風の家屋が建っている。庭の立て札には「國場幸太郎記念館」と書かれている。

白い漆喰と赤い瓦《かわら》のコントラストが際立つ屋根の上には、沖縄の家に欠かせない魔《ま》除《よ》けのシーサーが鎮座し、このシンプルな平屋建ての建物に花を添えるひときわ美しいアクセントになっている。

土木・建築業から映画館、ホテル、レストランなどのサービス業まで約五十社を擁する巨大コンツェルングループを一代で築きあげ、戦後沖縄経済界の四天王の筆頭に挙げられる國場幸太郎は、一九〇〇（明治三十三）年十二月、この家で生まれた。

ここで國場幸太郎はじめ、國場組と並ぶゼネコンの大城組を創業した大城鎌吉、オリオンビールを立ちあげた具志堅宗精、琉球煙草を興した宮城仁四郎ら〝沖縄四天王〟といわれた実業家の波瀾《はらん》に満ちた生涯や、彼らに匹敵する何人かの経済人の足跡をとりあげるのは、彼らが始めた企業グループの趨勢《すうせい》に、沖縄経済の消長が最もシンボリックな形で刻印されているからである。

國場家は元々、第一尚《しょう》氏の流れを汲む那覇侍《なはざむらい》の家系だった。祖父幸禄《こうろく》の代に廃藩置県となり、元武士の國場家は、那覇から国頭に入植して開拓農民となった。

幸禄は明治の文明開化の時代にも武士の誇りを忘れず、断髪令にも従わなかった。それどころか、断髪論争を自ら進んで裁判に持ち込んだ。

このため、その係争にかかる莫大な費用が、そうでなくても貧しい國場家の経済状態をさらに悪化させた。

父の幸直《こうちょく》も幸禄に倣《なら》って断髪を肯《がえ》んぜず、一九六八（昭和四十三）年に九十五歳で死去するまでちょんまげを結っていた硬骨漢だった。一八七二（明治五）年生まれの國場幸直の写真を見たが、眼光あくまで鋭く、蓑《みの》を肩からはおったちょんまげ姿は、古武士の風格があった。

國場幸太郎記念館の入り口に、國場家の系図が展示されている。一見して驚嘆するのは、その親類縁者の夥しさである。タテ、ヨコ、ナナメどこまで行っても、名前の最初に幸の字がついた國場、國場のオンパレードには、軽い眩暈《めまい》を覚えた。

幸直も國場家の遺伝子を色濃く受け継いだ子福者《こぶくしゃ》だった。子どもは長男の幸太郎を頭《かしら》に、八男一女生まれた。近所の人びとは、「あの家には子どもばかりうようよいる。貧乏人の子沢山というが、まったくあきれたものだよ」と笑いあった。

だが、幸直は子沢山を恥じるどころか、「なあに、みんないまに大きくなって、親孝行してくれるよ」と言って、まったくとりあわなかった。

一九一二（大正元）年数え年十三歳のとき、幸太郎は家の経済的事情から小学校を中退し、一年十円の約束で七年間の年季奉公に出た。仕事は大工の見習いだった。

熊本工兵隊の兵役を済ませた一九二三（大正十二）年、幸太郎は沖縄には帰らず、上京して、故郷から呼び寄せた弟（三男）の幸吉《こうきち》とともに、上野《うえの》駅の拡張工事や東大図書館の新築工事など、頼まれる仕事を片っ端から引き受けた。

沖縄に戻り、幸吉や四男の幸裕《こうゆう》の三人で國場組を創業したのは、一九三一（昭和六）年のことである。

國場組の名前を一躍高めたのは、那覇市内の国場川河口にかかる南北明治橋の架橋工事だった。折からの建築資材高騰のあおりを受け、大幅な赤字となったが、工期を約束通り守ったことで、國場組の信用は確固たるものになった。

しかし、國場組を急成長させたのは、何といっても軍関係の仕事をほぼ独占的に請け負ったことだった。幸太郎は、沖縄タイムスに連載された「私の戦後史」のなかで、その当時を回想している。

〈昭和十六年の初め、小禄《おろく》飛行場の滑走路を一三〇〇メートルに延長する補強工事を受注して約半年で完成、さらに読谷《よみたん》飛行場、伊江島《いえじま》飛行場、嘉手納《かでな》飛行場、城間《ぐすくま》滑走路、西原《にしはら》飛行場と、本島内飛行場の装備工事が次から次に持ち込まれた。（中略）そのころまかされた仕事の量は、一年間に当時の金として三千万円を超えていた。従業員は十六年ごろまでは二千人程度だったが、陸、海軍の工事を本格的にやり出した十八年ごろからは國場組の従業員を中心に、その外徴用工員、動員学徒なども参加し二万数千人にものぼっていた〉

國場幸太郎の戦後は、密航から始まった。

沖縄の空襲が日増しに激しくなった一九四五（昭和二十）年三月、幸太郎は陸軍航空本部からの引継ぎ業務で、家族六人を帯同して東京に飛んだ。万一のことを考えて二機に分乗する決死の内地入りだった。

家族は福岡に降ろし、幸太郎だけが東京に向かった。だが、それ以降は沖縄に戻れず、戦後の生活は、福岡に疎開していた家族と一緒の熊本県山鹿《やまが》での暮らしから始まった。

望郷の念は募ったが、戦時中の飛行場建設は戦犯容疑にならないか、との思いが、沖縄帰りの足を鈍らせた。

福岡のＧＨＱ関係者などに近づくうち、「君は業者であって戦犯にはならない」という言質《げんち》を得たことが、幸太郎に沖縄行き密航を決意させた。

十五トンの中古漁船を一万円で買い取り、屋根に「琉球第一号」と書いた船が、熊本県八代《やつしろ》の日奈久《ひなぐ》港を出航したのは、一九四六（昭和二十一）年の六月だった。

船底には乗船予定外だった幸吉の長男で、まだ小学生の國場幸一郎（國場組元会長）が隠れていた。幸太郎ら一行を乗せた密航船は、途中奄美《あまみ》大島の古仁屋《こにや》に立ち寄り、伊《い》平屋《へや》島を経て出航から四日目に故郷に近い国頭の奥間《おくま》ビーチに到着した。

沖縄の米軍は幸太郎の密航を咎《とが》めなかった。それどころか、基地建設に不可欠な港湾荷役を組織する人物として幸太郎を推挙した。戦前に何千、何万という労務者を統率してきた経歴が買われたためである。

那覇港の港湾荷役作業は順調に進み、その作業員の居住地区に「みなと村」という特殊な行政区域が誕生した。

幸太郎はここでも米軍に推薦されて「みなと村」の村長に抜擢《ばってき》された。

幸太郎の甥《おい》で密航にも参加した幸一郎によれば、港湾荷役の現場監督には後に人民党の幹部となる瀬長亀次郎や、暴力団の「普天間派」を旗揚げする田場盛孝《たばせいこう》もいたという。

「幸太郎と瀬長亀次郎は、イデオロギー的には右と左の対極にありましたが、瀬長さんが困ったときには、われわれの知らないところで手を差し伸べていました」

親分肌の幸太郎の配下の現場監督には、那覇のストリートファイターとして名を上げつつあったアウトローの宜保俊夫もいた。宜保はその後本土の東声会と手を結び、戦後沖縄暴力団の歴史に新しい一ページを加えたことはすでに述べた。

國場組は沖縄を代表する大企業というだけにとどまらなかった。國場組は沖縄の戦後政治史に決定的な影響を及ぼした。

本土復帰後、初の沖縄県知事となった屋良朝苗に続く知事ポストに、屋良の意思を継ぐ革新候補ではなく、保守系の西銘順治を担ぎだした陰の力は國場組だった。

その西銘を引きずりおろして次の知事に革新系の大田昌秀をすえたのも、その大田にかえて再び保守系の稲嶺恵一を担ぎあげたのも、國場組なしにはできない荒業《あらわざ》だった。

前出の國場幸一郎は、かつて私にこう語ったことがある。

「西銘さんも最初はよかったんです。でも段々独裁的というか、中央寄りになって、沖縄の建設業者の意見を無視するようになった」

「だから、首をすげかえた」とまではさすがに言わなかったが、そう言わんとしていることは明らかだった。

沖縄の政治と経済にまたがって隠然たる力をふるい続けた國場組総帥の幸太郎は、まさに沖縄のゴッドファーザーという名に恥じない人物だった。

幸太郎の戦後の足取りは、米軍基地の建設工事から始まり、一九七五（昭和五十）年の沖縄海洋博の主だった会場建設をほとんど単独で請け負うなど、沖縄の経済成長の波とシンクロして基本的には順調な経過をたどった。

もちろん事業に起伏はつきものである。一九五八（昭和三十三）年、米軍から沖縄北部のキャンプ・ハンセン基地の工事を請け負ったときは、見積もりミスや資材の高騰で三百万ドル以上の赤字を出した。

また一九六三（昭和三十八）年には、幸太郎が社長をつとめる海運会社所有の「みどり丸」（那覇―久米島《くめじま》間の定期船）が慶良間《けらま》諸島沖で沈没し、百十二名の死者を出す大惨事となって、大きな社会的批判をあびた。キャンプ・ハンセン工事の大赤字に加えて、沖縄で戦後最悪の海難事故の莫大な遺族補償が重なった。幸太郎はその頃を振り返って、前掲の「私の戦後史」のなかで、ややややけっぱち気味にこう記している。

〈そのころ処分出来るものは土地であろうと建物だろうとほとんど売却した。やることなすこと、すべてケチがついたように多野岳《たのだけ》（名護《なご》）の土木工事でも五、六万ドルの赤字を出し、キャンプ・ハンセンでは五人の死者を出した。
それから約六年間、銀行管理を受けた。國場組が最大のピンチに見舞われるようになると、それまで親しく寄ってきた人が、次第に離れていくようになった。つくづく「情ない」と思った。私自身、人に会いたくなかった〉

〝沖縄の風雲児〟とも〝沖縄のゴッドファーザー〟とも謳《うた》われた國場幸太郎は、一九八八（昭和六十三）年八月、八十七年の波瀾の生涯を閉じた。

カリスマといわれた創業者が死ぬと、企業は必ずといっていいほど下降線に入る。國場組もこの例に漏れず、幸太郎の死と踵《きびす》を接するように屋台骨が傾いていった。

幸太郎の死後、國場組が提供した明るい話題といえば、同社の建設による名護市の高級リゾートホテルのザ・ブセナテラスが、二〇〇〇年沖縄サミットのメイン会場になったことが挙げられるくらいのものである。

國場組元会長の國場幸一郎が会う人ごとに熱弁をふるう一大アミューズメント構想も、現段階では、経営難に陥った國場組の危機を救うプロジェクトになるとは思えない。

これは、幸太郎の故郷の国頭村の「やんばるの森」に一千億円規模の巨額投資を行い、百六十ヘクタールという広大な敷地のなかに、カジノを中心として巨大ホテルやショッピングモールなどを配する壮大な計画である。これが完成すると、現在約五百万人の沖縄への観光客が、一挙に一千万人に膨れあがるという。

だがこの青写真は、カジノの営業が許可されることを前提としており、肝心のカジノを認可する法律が国会を通過する見通しがまだたっていない以上、画《え》に描いた餅に終わる可能性は否定できない。

派手な話題づくりとは裏腹に、幸太郎の死後、國場組周辺から流れてくるのは、芳《かんば》しからざる噂《うわさ》ばかりである。

銀行への借入金返済の一時停止から始まって、一九九〇年代には國場一族以外の社長が二代続き、〇一年には子会社の「那覇カントリークラブ」が八十億円で売却された。〇四年十二月には、ゴミ処理場の汚職にからんで國場組元幹部が逮捕される不祥事が起きた。琉球新報はこれを一面トップで報じたが、同じ日の別紙面に「琉球新報新社屋上棟式《じょうとうしき》」を祝う國場組の大きな花輪広告が載るという異例の珍事となった。

その広告に名前を出した國場組社長の國場幸一《ゆきかず》は、國場幸太郎の六番目の弟で元自民党衆議院議員・國場幸昌《こうしょう》の長男である。いわば國場組のサラブレッドの幸一は、広告を出した琉球新報の役員をつとめている関係で、同社の幹部に文句を言ったが、まったくとりあってもらえなかった。〝國場〟の勢力低下を物語るエピソードである。

〇五年六月には、県発注工事の入札をめぐって談合の疑いが浮上し、公正取引委員会の立ち入り検査を受けた。

バブル期に膨らんだ不良債権を圧縮する國場組の本格的な再建計画は、〇六年三月、リサ・パートナーズという投資顧問会社が、國場組の不良債権をメインバンクの琉球銀行から買い取って、國場組の経営に参画することから始まった。

リサ・パートナーズはすでに、那覇の国際通りと浮島《うきしま》通りの交差点近くにあった國場組所有の國映館《こくえいかん》跡地に、総事業費十五億円をかけて複合ビルを建設するプロジェクトをスタートさせている。

沖縄出身の国民的人気プロゴルファー、宮里藍《みやざとあい》を応援するカフェレストラン「Ai cafe54」を国際通りに〇七年六月にオープンするという計画を発表したのは、その前ぶれのマスコミ対策だった。

リサ・パートナーズは、旧長銀系のファンド企業で、有名なユダヤ人投資家のジョージ・ソロスの息のかかった不動産投資会社とも提携している。ある経済記者によれば、リサ・パートナーズは國場組のおいしい部分だけを狙っているという。

「那覇で一番の高級ホテルといわれるおもろまちのザ・ナハテラスとか、国際通りのランドマークとして那覇市民に親しまれてきたドーム型映画館の國映館とか、國場組で黒字が出そうな部門は全部リサに取られてしまった。リサは実質的には外資だと思います。ジョージ・ソロスがリサのかなりの株を握っているという話も聞きました」

この記者の話では、國場組に限らず、沖縄はいまゴールドマンサックスをはじめとする外資のお狩場になっており、沖縄の有名ホテルやゴルフ場はほとんど外資に占領される恐れもあるという。

米軍基地は傾向としては縮小に向かっている。しかし、今度はそれにかわって外資というハゲタカファンドが跋扈《ばっこ》する。沖縄は依然〝植民地〟のままである。

十三歳で身売りされ、戦前は日本軍、戦後は米軍の基地建設で國場組の基礎を築いて昇天した〝沖縄の風雲児〟は、この事態を天国からどんな思いで眺めているのだろうか。

國場幸太郎と並び称される沖縄経済界の大立者の大城鎌吉の出身地も山原である。

大城鎌吉は、建設業の大城組を中核に、映画、ホテル、流通などの分野に進出し、國場組の企業横断組織「國和会《こくわかい》」と双璧《そうへき》をなす「大扇会《たいせんかい》」を築きあげた。

大城の出発点も、國場組創業者の幸太郎と同じ年季奉公の身売りだった。

大城は一八九七(明治三十)年十二月、本島北部の大宜味村に生まれた。國場幸太郎と同様、生家は元々首里士族の流れを汲む家柄だった。

父親は、相撲をとればいっぺんに五人を投げ飛ばすほどのつわものだった。だが、大酒と遊廓《ゆうかく》通い三昧《ざんまい》の放蕩《ほうとう》生活が祟《たた》って、大城が幼い頃に病床について若死にした。その上、火事の火元にもなったため、家は急速に傾いていった。

大城は、物心つくかつかないかのうちから子守をさせられ、小学校へは妹や弟をおぶって通った。そのうち母親も無理がたたって倒れ、生活はさらに苦しくなった。このため学校は二年半でやめ、数えで十歳になったとき前借二十円で丁稚《でっち》奉公に出された。

その後、学校や役場の給仕、大工見習いなどを経験し、一九二〇（大正九）年、独立して大城組の看板をあげた。二十三歳のときだった。事業は那覇を中心に順調に伸びた。

丁度その頃、思わぬ事件が大城組の行く手を遮った。

一九三二（昭和七）年の初頭、県庁の掲示板に羽地村《はねじそん》の嵐山《あらしやま》地区に建設する公共施設の応募要項が張り出された。これに応募して落札したことが大城の災難の始まりだった。

嵐山は、羽地、今帰仁《なきじん》、名護、本部《もとぶ》の四カ町村にまたがる高台にあり、建築資材は那覇で切り込みを入れ、那覇から名護までセメントなどと一緒に船で運んだ。名護から嵐山の麓《ふもと》までは荷馬車を使い、そこから先は人力による運搬だった。釘《くぎ》なども一回に一樽しか現場まであげられない難作業だった。

基礎工事が終わった頃、那覇にいる大城のもとに羽地村の工事現場から「現場で暴動が起き仕事ができない。至急来てくれ」という緊急電報が届いた。

大城は折り返し「びくびくせずに仕事を続けよ」と打電するとともに、名護行きのバスに飛び乗って現場に向かった。現場責任者は大城の顔を見るなり、こう言って怒鳴りつけた。

「現場で暴動が起きて工事どころではないから電報を打ったのに、かまわず仕事を続けよとは何事か。人が殺されてもいいのか」

すぐに現場に急行すると、なるほど大変な荒れ様である。苦労して運んだ材木やセメント樽はめちゃくちゃに壊され、工事用に掘った井戸には材木が投げ込まれている。面《つら》当《あ》てのためか、現場には県側の責任者となった衛生課長の墓標まで立てられていた。

反対運動がこれほど激しいものになったのは、当局が住民に何の説明もなく、薬草園をつくるというふれこみで、極秘裡にハンセン病療養施設の建設を強行したためだった。

大城は自著の『回想八十五年』のなかで、この事件を振り返っている。

〈いまでこそ、ハンセン氏病はすでに〝不治の病い〟ではなく、医学の進歩でやがて根絶の時期を迎えようとしているが、昭和初期の日本の情勢は、これをまだまだ〝天刑病〟として忌み嫌う風潮が続いていた。ましてや、嵐山は、その周辺四町村にきれいな水を流し込んでいたのだから、関係住民の卒直な反応は誰にだって理解できるものがあった。私は、言いわけをするつもりはないが、自分の仕事のためにこの工事を請け負ったまでであり、もし、自分がその実態を知り、関係住民の立場にあったなら、誰に遠慮することもなく反対していたであろうことは明らかである。それほど、嵐山への立地計画は、当時の医療状態を考えると無謀といえるものだった〉

完全に暴徒化した群集を鎮圧する警官は、地元警察だけでは到底足りず、全島から警官が動員された。現場指揮にあたった警察官は、戦後、オリオンビールを創業し、國場幸太郎、大城鎌吉などと並び沖縄四天王の一人に列せられる具志堅宗精だった。

『今帰仁村史』は、この事件を生々しく報告している。

〈尋常の手段ではおさまらぬと見た県当局は、全島から三百名の警官を動員、検事正が総指揮をとって反対の急先鋒と目される三十九名を検挙して弾圧を加えた。これが火に油をそそいだ。一方、警察が消防ポンプに分乗して各市町村を廻ってサイレンを鳴らし、示威運動をすれば、老若男女、竹竿、荷棒を振り上げて抵抗し、又、一団は、嵐山に駆上り、建ちかけた病棟を引倒し、集積されたセメント、木材を破壊した〉

嵐山に予定されていた医療施設の工事は、結局取りやめとなった。

その後、この医療施設の建設地は、名護市屋我地《やがじ》島《じま》地区に変更となり、あらためて大城組が工事を請け負うことになった。これが現在の国立療養所沖縄愛楽園《あいらくえん》の前身である。

大城組は嵐山事件でせっかく蓄えた財産を失い、裸同然となった。この危機を救ったのが、屋根に固定するための銅線がいらないS字型瓦の開発だった。

その頃になると、支那事変の影響で金属類が不足し始めていたため、この通称〝カマキチ瓦〟は引く手あまたの大ヒット商品となった。

戦時中は日本軍の陣地構築の仕事を請け負い、同様の仕事を任された國場組と並走するように業績を伸ばした。戦争はその反面、大城の家族に大きな悲劇をもたらした。九人の息子のうち四人まで戦争にとられ、長男は戦後フィリピン戦線から復員したものの、沖縄県下の中学校の男子生徒らで結成された〝鉄血勤皇隊《てっけつきんのうたい》〟に志願した次男、三男、四男は沖縄南部の激戦に参加して戦死した。

大城は戦死した三人の息子について、前掲の「私の戦後史」のなかにこんな痛切な文章を残している。

〈戦後、私は長いこと息子たちの死を信じなかった。捕虜としてハワイに連れていかれたかも知れない、とかすかな望みを抱いていた。しかし毎日がむなしかった。仕事の時間をさいては南部の戦跡地をさまよい歩いた。死んでいたら骨のひとつなりと、思ったが、それもついにかなわずじまいだった。いまでもあの子たちがふびんでならない〉

戦後、大城組は米軍ホワイトビーチの桟橋建設や、沖縄最大の福地ダムの建設を請け負うなど、建設業者として確実に業績を伸ばしていった。

特に後者は、沖縄の歴史始まって以来の難工事といわれた。

峻険《しゅんけん》な密林山岳地帯での石材採掘や、急峻《きゅうしゅん》な山道の石材運搬は、人身事故必至と見られていた。だが、大城組は莫大な赤字を抱えながらも、この工事を無事こなした。

これによって、大城組の信用は一気に高まった。

猛暑と厳しい労働環境に配慮して労賃はとびきりはずみ、金の払い方にも気を遣った。給料日になると、浦添市の大城組本社から何万ドルという多額の現金を車に乗せ、危険承知で、わざわざ現場まで届けた。

大城は本業の建設業の分野を広げるその一方で、海運会社や食糧会社を立ちあげるなど幅広い新規事業にも乗り出していった。

そうした新規事業の一つに、一九五〇（昭和二十五）年創業の琉球映画貿易（現・琉映）の仕事があった。創業とともに同社に監査役として入り、社長の大城の片腕となったのは、アウトローあがりの宜保俊夫だった。

宜保は前述したように、國場組が米軍から那覇港の港湾荷役の仕事を任されたとき、現場監督の一人として辣腕《らつわん》をふるった男である。

大城が宜保をいかに重用していたかをうかがわせるエピソードが、大城の死後（一九九二年十月、九十四歳で死去）刊行された『追想　大城鎌吉』のなかに出てくる。書いているのは、宜保本人である。

大城には軽い痔疾《じしつ》があった。そこで宜保を帯同しての東京からの帰り、鹿児島の川内《せんだい》に一回の注射で痔を治す名医がいるとの噂を聞きつけて、わざわざ川内まで立ち寄った。ところが訪ねると、これが全然病院らしくない。さすがの大城も農家の離れのようなつくりに不安を覚えたらしく、そわそわと帰り支度を始めた。

〈それでも言い出せずに、私に〝大丈夫かな〟と言われ、私はその手の病気でもないのに〝君、先に試しにやって見たら〟と言われたのには吃驚《びっくり》した。そこで私が、この治療はやめた方がよいのではないですかと申し上げた処、そうしようと、丁度折りよく来ていたタクシーに乗り、早々に逃げるようにして鹿児島市に帰った〉

目下の宜保の方が保護者、年長の大城の方がそれに甘える子どものような話である。

ちなみに宜保は一九二四（大正十三）年の生まれで、大城より二十七歳年下である。

大城は、沖縄戦で戦死した三人の息子らと同世代の宜保に帰らぬ息子の面影を見ていたのかもしれない。そうとでも考えない限り、沖縄の経済人の誰もが〝厄介者〟という宜保に自分の後釜の琉映代表を任せ、やはり自分が苦労して作りあげた那覇空港ターミナルに宜保を役員入りさせた理由がわからない。

「大扇会」の二代目会長に就いたのは、直系の孫の大城浩だった。「大扇会」が祖父から孫にいきなり引き継がれたのは、大城鎌吉の存命中に長男が早世したためである。「大扇会」の会長として、同会最古参メンバーの宜保と頻繁に顔を合わせる立場にあった大城浩は、よくも悪くも宜保のような激しい男は見たことがないという。

「宜保さんが琉映入りしたのは、経理能力の高さを鎌吉に見込まれたからです。宜保さんという人は一度こうと決めたら、絶対に信念を曲げない人でした。自分に刃向かう者はすべて敵と見なす。

それにものすごい勉強家で、英語は米軍で働いていたときに独学でマスターしています。船も自分で設計する天才肌の人でした。特にすごかったのは、法律の知識です。座右の書は六法全書だとよく言っていました。

空手ものすごく強かった。味方にすればあれほど心強い人はいなかったでしょう。けれど、敵に回したらあれほど恐ろしい人はいませんでした。

恥を話すようですが、私が琉映の役員や那覇空港ターミナルの代表を辞めたのも、取締役会のたび、あの人から理詰めでギリギリやられたからです。

そのストレスで私は歯が九本抜け、不眠症にかかりました。暴力をふるうわけではありません。でもあの目で睨《にら》まれたら、ヘビに睨まれたカエルと同じです。誰でも震えあがります」

冝保の能力の高さは認めるにしても、冝保が恐れられたのは、その背後に暴力装置があることを誰もが敏感に感じ取り、冝保もまた本人が意識するしないにかかわらず、それをチラつかせたからだろう。

それが誰もが怯《おび》える冝保の力の最大の源泉だった。その意味でいうなら、大城鎌吉はとんだ〝獅子身中《しししんちゅう》の虫〟を抱え込んだことになる。

冝保だけのせいというわけではないが、最盛期十数社が加盟していた「大扇会」は中核の琉映や那覇空港ターミナルが抜け、現在、首里にあるホテル日航那覇グランドキャッスルや、国際通りの三越など六社が加盟しているに過ぎない。

〇五年六月三十日、大城がつくった那覇空港ターミナル（略称・NATCO《ナトコ》）の株主総会が開かれ、同社の解散が決まった。

その十日前の六月二十日の取締役会では、社長の鈴木通雄《すずきみちお》の解任動議が決議され、同社役員の國場幸一の新社長就任が決まった。解任された鈴木は、同社を実質的に支配していた冝保俊夫の子飼いの公認会計士である。

NATCOは一九五六（昭和三十一）年、大城鎌吉が中心になって設立された。

一般的に空港のターミナル事業は、国（国土交通省）認可の第三セクターなどが独占的に管理することになっている。だが、ＮＡＴＣＯは国内では珍しい民間主導型のターミナル事業だった。

　ターミナル問題が紛糾したのは、一九九九年五月に供用が開始された新国内線ターミナルの管理運営が第三セクターの那覇空港ビルディング（略称・ＮＡＢＣＯ《ナブコ》）に移管されたためだった。

　ＮＡＢＣＯは、〇三年には国際線ターミナルの運営も引き取り、ＮＡＴＣＯの歴史的使命は終わったとされた。だが、ＮＡＴＣＯ側はこれを不満として、国や県、ＮＡＢＣＯを相手どって訴訟を繰り返すなど、必死の抵抗をみせた。

　それが、この解散決議によって決着し、国内線と国際線ビルの一元化がようやく実現することになった。

　長い間くすぶり続けたターミナル問題が、急転直下解決した最大の理由は、ＮＡＴＣＯの創業以来、同社を壟断《ろうだん》してきた宜保俊夫が〇五年二月一日に、八十一歳で死亡したためである。

　ＮＡＴＣＯ社長の鈴木の解任動議が提出され、ＮＡＴＣＯの解散決議が出されて清算会社になったのは、宜保の死から半年足らずのことだった。そこに、この問題の単純さと複雑さがあった。宜保に振り回され続けた前出の大城浩はいう。

「私はＮＡＴＣＯからＮＡＢＣＯにターミナル業務が移管されるにあたって、ＮＡＴＣ

○従業員の再雇用と、物販業務の継続営業を主張したんですが、冝保さんは何もいらない、とにかく金品で補償しろの一点張りでした」

冝保は結局のところ、空港ターミナル事業の既得権益を高く買えと国や県を脅しあげていたことになる。

〝沖縄東声会のドン〟と恐れられた男が、沖縄の表玄関を支配する。

沖縄のこの時代錯誤と無法地帯ぶりは、人気漫才コンビの流行《はや》りのギャグをもじっていえば、まるで「中米か」である。

國場組はハゲタカファンドにいいように蚕食《さんしょく》され、大城組は冝保という優秀すぎる〝獅子身中の虫〟にわが身を食い荒らされた。土木建築の大コンツェルンが沖縄の政治と経済を支配する時代は幕を下ろしつつある。

それは〝ドン〟といわれる男たちの総退場と、沖縄らしさの終焉《しゅうえん》を意味する。

新しい時代に突入した沖縄は、「沖縄の四天王」に次ぐ人物を欠いたまま、どこに向かって漂流しようとしているのだろうか。

オリオンビール創業者・具志堅宗精

沖縄を代表するゼネコンをつくった國場幸太郎（國場組）や大城鎌吉（大城組）と並んで沖縄四天王の一人に数えられるのは、オリオンビールを創業した具志堅宗精である。オリオンビールを中核に、國場組の「國和会」、大城組の「大扇会」と比肩される企業グループの「琉鵬会《りゆうほう》」をつくりあげた具志堅は、琉球煙草や大東糖業《だいとうとうぎよう》を興してもう一人の四天王に数えられる宮城仁四郎が國場、大城と同じ山原出身なのに対し、唯一の那覇出身者である。

その経歴も、民間畑をずっと歩き、極貧の境遇から這《は》いあがって栄達を極めた、刻苦勉励型の國場や大城とは異質の警察官出身である。

具志堅は一八九六（明治二十九）年、現在陸上自衛隊那覇駐屯地がある那覇市垣花《かきのはな》に生まれた。父は刑務官、母は先祖伝来の家業の味噌《みそ》・醤油《しようゆ》の醸造で生計をたてていた。具志堅が十六のとき父が死に、とたんに生活は苦しくなった。兄と二人学校に通う余裕はなかったため学校は中退し、値の張る高級野菜づくりなどで苦しい家計を助けた。

一九一八（大正七）年夏、二十二歳の具志堅は一念発起して大阪に出た。この頃の大阪は第一次世界大戦後の好景気に沸いていた。ただ、〝外国人〟への偏見は強く、工員の求人広告や下宿屋の張り紙には決まって「琉球人と朝鮮人はお断り」と書かれていた。

それでも何とか四貫島《しかんじま》(大阪市此花区《このはなく》)の造船所にもぐりこみ、見習い工になって二百円ほどの蓄えもできた。それを懐《ふところ》に沖縄に戻ったものの、将来のあてはなかった。

その頃、那覇の街角で目にした巡査募集の張り紙が、具志堅の運命を決めた。当時、貧しい沖縄の青年がてっとり早く出世するには、教師か警官になるくらいしかなかった。

最初の赴任地は宮古だった。具志堅と宮古の縁は深く、その後、警部補、署長、そして戦後の宮古支庁長と四たび赴任し、宮古での勤続年数は通算十四年に及んだ。

その後、与那原《よなばる》署、嘉手納《かでな》署、名護署の各署長を歴任し、警視に昇進した一九四三(昭和十八)年には首里署の署長、翌年には那覇署の署長にまで上りつめた。名護署勤務時代は、大城鎌吉が苦労したハンセン病療養施設建設にからむ嵐山事件の警備担当者となった。

具志堅には『なにくそやるぞ』『続なにくそやるぞ』『続続なにくそやるぞ』という闘志をむきだしにしたタイトルの自伝シリーズがある。その最初の本の冒頭に、衝撃的な記述がある。

沖縄戦の敗北が決定的となった一九四五(昭和二十)年六月初旬、那覇署長の具志堅は、糸満《いとまん》の轟《とどろき》の壕《ごう》に避難していた県知事や警察本部長の許《もと》を訪問し、今生《こんじょう》の別れを告げた。そして、「これから万に一つの望みをかけて敵中突破する覚悟です」という悲壮《ひそう》な決意を述べた。

十日間ほどは敵に見つからなかったが、首里の繁多《はんた》川近くの豚小屋に隠れていたとき、壁の穴から数名のアメリカ兵が機銃で威嚇《いかく》掃射をしながら近づいてくるのが見えた。万事休すと思った具志堅は、部下たちに降伏を勧め、ひとり豚小屋に残った。

〈私はかねての覚悟どおり、拳銃の安全弁を外し、銃口を口にくわえて引金を引いた。カチッと音はしたが弾は出てこない。あわてて拳銃をあっちこっちいじり、また口にくわえて引金を引いたが、二度とも不発に終わった〉（『なにくそやるぞ』）

「ハバ、ハバ、デテコイ」。そう叫ぶアメリカ兵の声で、具志堅も降伏を覚悟した。

〈そして英語はわからないから、アメリカ兵にその持っている銃で私のヒタイを射ってくれと手真似でやってみたが、通じたのか通じないのか射たなかった〉

具志堅はこの述懐に続けて、ワセリンを塗って十分手入れしてあったはずの拳銃が不発に終わったのは、敵陣突破中、連夜の豪雨にたたかれ、気づかないうち錆《さ》びつき安全装置がうまく外れなかったからだろう、と述べている。

戦後の一九四七（昭和二十二）年二月、具志堅は四半世紀にも及ぶ警察官時代三回も赴任したキャリアを買われて宮古支庁長に抜擢《ばってき》された。

具志堅は軍用船で宮古に四度目の赴任をし、宮古支庁にかわって宮古群島政府が生まれ、支庁長が任命制から公選制の知事にかわる一九五〇（昭和二十五）年七月まで、丸三年以上そのポストにあった。

官界を去った具志堅が、第二の職場と定めたのは弟が経営していた小さな味噌と醤油の工場だった。これが、沖縄の市場の九〇パーセント以上を独占していた本土の醤油・味噌に対抗する赤マルソウ醤油、赤マルソウ味噌誕生のきっかけとなった。

その頃の具志堅の仕事は、地元産製品を軽視する本土製品取り扱い業者をもっぱら説得して回ることだった。具志堅は当時を振り返って、前掲書のなかで「私は総務、宣伝、どぶさらい、配達、集金などの兼任社長だった」と、回想している。

一九五三（昭和二十八）年には、具志堅らの運動によって、本土醤油の全面的な輸入禁止措置がとられたため、販路は飛躍的に広がった。この措置は翌年解かれて元の完全自由化に戻ったが、琉球政府は具志堅らの要請を再度受け入れ、本土の醤油に二〇パーセント、味噌に一〇パーセントの物品税をかけたため、地元製品は再び息を吹き返した。

具志堅が沖縄でビール製造を思いたち、オリオンビールを創業するのは、赤マルソウ具志堅味噌醤油合名会社を設立して七年目の一九五七（昭和三十二）年のことだった。このとき具志堅は六十歳を超えていた。

具志堅を「沖縄の正力松太郎《しょうりきまつたろう》」と呼ぶ声がある。これは一つには彼が正力と同じ警察OBのためだった。だが、それ以上に、沖縄でビールをつくるなどという無謀なことを、しかもそろそろ隠居してもいい年齢で始めたことが、正力の戦後の足取りと似ていたからである。

正力がA級戦犯容疑で収監中の巣鴨《すがも》プリズンから釈放されたとき、還暦を過ぎていた。そんな高齢にもかかわらず、正力はそれから日本初の民放テレビ局を開局し、茨城県東《とう》海村《かいむら》の原子炉に日本初の原子の火を灯すという、誰にも真似できない大仕事をやってのけた。

オリオンビールを発売するにあたって具志堅の頼みの綱は、醤油・味噌を発売したときと同様、琉球政府が本土ビールの輸入規制をしてくれることだった。

だが、その政治工作は、輸入規制の権限を握るアメリカ人民政官の人事異動で失敗に終わった。

あとはただひたすら販路拡大に努めるほかなかった。具志堅は前掲の『なにくそやるぞ』で、胃潰瘍《かいよう》で胃の三分の二を切ってまだ半年もたたない当時を振り返っている。

〈毎晩のように午前二時、三時までバー、キャバレーを回った。多いときは、一晩で一七軒も回った記録がある。

ある日のごときは、名護でPRして那覇に帰って、さらに石川《いしかわ》に行ってPR、それからまた那覇に帰ってPRという超労働をしたこともある。病後の身体に鞭《むち》打っての生命の切り売りであった。私としては「事業か、生命か」という心境で販路拡張に猛進した〉

具志堅には二人の男の子がいたが二人とも早世したため、赤マルソウは孫の具志堅茂が受け継いでいる。

赤マルソウ代表取締役の肩書きをもつその具志堅茂によれば、具志堅宗精は若いときからずっとフルサイズのキャデラックに乗っていたという。ブルーのメタリック塗装に白い革張り屋根のキャデラックは、どこからでも目立った。

「じいさん、なんでこんなデカイ車に乗ってるの？」

そう尋ねると、宗精は言った。

「いや、オレは車は何でもいいんだ。ただ本土から見える偉い先生が来たとき乗せるのに恥ずかしくない車が沖縄にないから、これに乗っているんだ」

いかにも人心収攬《じんしんしゅうらん》術と政治工作に長《た》けた具志堅らしい話である。

「山中（貞則）先生が来沖したときは、必ず運転手つきでその車に乗ってもらっていました。派手なキャデラックが通ると、ああ山中先生が来ているなと、皆わかったものです」

いまや沖縄を代表する有名ブランドになったオリオンビールは、山中抜きには語れない。一九七二（昭和四十七）年五月に沖縄が本土復帰したとき、本土に比べ酒税が二〇パーセント減免される優遇措置が、オリオンビールはじめ沖縄の酒造業界に適用された。

この復帰特別措置法を実現させたのが、〝ミスター税調〟の異名をとった山中貞則だった。この減免措置は、撤廃か延長か五年ごとに見直されている。

〇二年、オリオンビールがアサヒビールと包括的業務提携をしたことはすでに述べた。これは前述したように、山中がオリオンビールを潰さないために打った、いわば遺言がわりの救援策だった。

〇二年の酒税優遇措置再延長の議論の際、自民党の税調や財務省では〇七年五月時点での優遇措置廃止の声が大勢を占め、撤廃の方向は規定路線となっていた。

オリオンビールの地元沖縄での占有率は約五五パーセントと比較的優位にある。しかし、ビール業界全体のシェアでは〇・九パーセントと圧倒的な最下位である。

このままの状態で、二〇パーセントの減免措置が撤廃されれば、オリオンビールが本土資本のビールにのみこまれるのは、誰の目にも明らかだった。

だが、予想に反して減免措置は〇七年以降も延長されることになった。これは〇六年十一月の知事選で、オリオンビールや泡盛メーカーなど沖縄の酒造業界がこぞって応援してくれたおかげで勝利したといわれる仲井真弘多《なかいまひろかず》が、当選の見返りに彼らに贈った〝ビッグプレゼント〟だといわれている。

減免延長の決定直後、琉球新報のインタビューを受けたオリオンビール社長の仲村文弘《なかむらふみひろ》は、「酒税軽減がなくなれば値上げするのか」という質問に、「当然だ。大手の百分の一の市場で安く売ることは無理。価格に転嫁せざるを得ない」と答えている。

この消費者無視の態度は、オリオンビールの発売に踏み切ったとき、本土ビールを敵に回し、命を削って販路拡大に邁進《まいしん》した具志堅の気概溢れる姿勢とは大違いである。前出の具志堅茂によれば、若い頃の宗精は〝チンハブ〟、晩年は〝天皇〟と呼ばれたという。〝チンハブ〟とはちっちゃなハブという意味である。

――食らいついたら絶対に離さない（笑）。それが最後は〝天皇〟ですか。

「うちのじいさんが死んだ（一九七九年、八十三歳で死去）とき、囲碁仲間の年寄りが『国葬はいつだ？』って言ったという笑い話があります（笑）。

実際の葬儀では山中先生が最後の弔辞を読んだんですが、先生は『具志堅宗精、万歳！』とだけ言って、祭壇の前で万歳三唱した（笑）。

先生は自分のことは棚にあげて（笑）、『おまえのじいさんは、手に負えんかった』ともよく言っていましたね」

〇七年以降の減免措置の延長が決まったとき、オリオンビールでは「こんなことなら、あのとき本土資本と提携しなければよかった」という声があがったという。

オリオンビール創業者の具志堅宗精の係累で現在同社の取締役に名を連ねているのは、非常勤役員の具志堅茂だけである。これは、本土資本の侵攻にさらされつつあるオリオンビールの危機を物語る事態なのだろうか。それとも、資本と経営の分離が進み、オリオンビールが近代化の時代に入った証拠なのだろうか。

沖縄四天王のなかで最も長命だったのは、明治、大正、昭和、平成と四つの時代を生き、数えで九十七歳のカジマヤー（風車）祝いの年に鬼籍《きせき》に入った宮城仁四郎である。沖縄の離島に宮古《みやこ》糖業《とうぎょう》、大東糖業などを興して「糖業の父」の異名をとった宮城は、琉球煙草の創業者としても知られ、彼が創業した二十の企業グループは「琉展会《りゅうてんかい》」の名で呼ばれる。

宮城は一九〇二（明治三十五）年、大城鎌吉と同じ沖縄本島北部の大宜味村に七人兄弟の末っ子として生まれた。

生家は建築業を営んでおり比較的裕福だった。だが、宮城が十歳のとき父親が盲腸をこじらせて死んだため、家運は急速に傾いた。

一九一八（大正七）年、宮城は県立農林学校受験のため、嘉手納に向かった。当時、名護－那覇間のバスは開通していたが、旅費を節約するため、嘉手納まで二十里（約八十キロ）の道のりを徒歩で目指した。二日がかりの長旅だった。

農林学校ではテニス、陸上競技、柔道とスポーツに熱中した。後年、宮城はテニスの宮城仁四郎杯をつくり、ボクシングで沖縄初の世界チャンピオンとなった具志堅用高《ぐしけんようこう》の後援会長をつとめた。

広島東洋カープや阪神タイガースで活躍したピッチャーの安仁屋宗八《あにやそうはち》は、宮城が創業した琉球煙草の社会人野球出身である。また沖縄出身の元WBA世界スーパーライト級チャンピオンの平仲明信《ひらなかあきのぶ》は、最も尊敬する人物として宮城仁四郎を挙げている。

農林学校を総代で卒業した宮城は、日本に初めて牡蠣《かき》の養殖技術を導入した叔父の宮城新昌《しんしょう》を頼って上京し、新聞配達店に住み込んで猛勉強した。そのかいあって、鹿児島高等農林（現・鹿児島大学農学部）に合格した。沖縄四天王のなかで大卒は宮城だけである。

ちなみに、宮城新昌の娘は料理研究家の岸朝子《きしあさこ》だから、宮城仁四郎とはいとこ同士の関係になる。

一九二六（昭和元）年、鹿児島高農を卒業した宮城は那覇に戻り、台南製糖《たいなんせいとう》（後の沖縄製糖）の西原《にしはら》工場に勤めた。同社宮古工場長時代の一九四二（昭和十七）年暮れ、宮城に日本軍が占領して間もないジャワ行きの辞令が下った。軍属としてジャワに赴任した宮城はこの時代、中部ジャワの司政官だった床次徳二《とこなみとくじ》の知遇を得た。床次は戦前の大物政治家の床次竹次郎《たけじろう》の次男で、後に沖縄担当の総務長官になった男である。

この人脈が、宮城が後年、沖縄経済界のリーダーとして本土と折衝する際大いに役立った。

一九四六（昭和二十一）年暮れ、ジャワから帰還した宮城は米軍政下の沖縄で設立されたばかりの沖縄民政府工業部副部長のポストに抜擢された。

宮城の次男の宮城義明《よしあき》（リウエン代表取締役）によれば、沖縄の戦後復興政策を策定する立場にあったこの時代に、宮城の経営哲学が確立されたという。

「父がつくった琉展会はものづくりグループを自負していました。基本は、原料が地元でとれる地場産業の発展です。つくられた会社の順番で言うと、製塩、製糖、煙草、パイナップル、それに戦争中、インドネシアで実務経験があったセメント事業です。親父はインドネシア語もマレー語もペラペラでした」

——大卒でスポーツも語学も堪能。同じ四天王でも他の人とはかなり違います。沖縄四天王のなかで一番親しかったのはどなたですか。

「大城鎌吉先生です。國場幸太郎さんとは犬猿の仲でした」

——犬猿の仲？　なぜですか。

「那覇商工会議所の会頭選挙で敗れた（笑）。その後、父も会頭になりましたが」

國場幸太郎は自伝でこの会頭選挙を振り返り、金を使ったという批判もあったが、すべて規制に基づいてやった、と言わずもがなの言い訳をしている。

――國場幸太郎は艶福家《えんぷくか》としても有名です。お父さんの女性関係はどうだったんですか。

「よそに子どもをつくらなかったのは四天王の中ではうちの親父だけです（笑）」

――謹厳実直そうなあの大城鎌吉にもよそに子どもがいた？

「あるとき、突然、汚い格好をした人が鎌吉先生の自宅に訪ねてきた。それを見た鎌吉先生の奥様が、これは間違いなく鎌吉の子だと気がついたそうです（笑）。彼のことは大扇会の方で面倒を見て、ちゃんと系列会社の社長になっています」

――おおらかなものですね。

「四天王ではありませんが、琉球石油（現・りゅうせき）を立ちあげた稲嶺一郎にも隠し子がいた。前知事の稲嶺恵一さんの腹違いの弟です。彼も恵一さんが見つけてきて、いまはりゅうせきの関連会社の社長になっています」

――素晴らしい。本土だったら大スキャンダルです。お父さんは外に子どもがいなかったという話ですが、宮城さんにもそのうち弟が出てくるんじゃないですか（笑）。

「そうかもしれません（笑）。親父はよほど遊び方がうまかったんでしょう。八十五歳になるまで松山《まつやま》のクラブで飲んでいた。まだ店が始まる前に開けさせる。それで『義明には黙っていろよ』とクギを刺す。でも、翌日の午前中にはもうバレている（笑）。東京・銀座《ぎんざ》のクラブにもよく通ってました。沖縄はすごい、親子で同じ女を取りあいするって、評判になったこともあります（笑）」

――話を戻しましょう。確かに宮城さんは國場組や大城組とは違い、映画興行やホテルなどのサービス業には手を出していません。手がけた企業は一次産業、二次産業ばかりです。

「地元産業の振興もそうですが、うちの親父でもう一つ偉いところは、会社を全部田舎、離島につくっていることです。琉展会の中核企業の琉球製糖の工場があるのは、沖縄本島から遠く離れた南北大東島や、日本最南端の波照間《はてるま》島です」

――琉煙（琉球煙草）という会社はいまも残っているんですか。バイオレットとか、うるまなどの銘柄はまだありますが。

「本土復帰で琉煙は専売公社（現・JT）に移管されましたので、現在バイオレットやうるまをつくっているのはJTです。ただ沖縄で長く親しまれてきた社名なので何とか残したいと発音だけとって、リウエンとしたんです。改称と同時に定款を変え、ブロイラーの飼育などをやっていた。現在は骨材用採石の仕事などをやっています」

――会社の入り口にカーネル・サンダースのフィギュアがありましたが？

「関連会社のリウエン商事がケンタッキーフライドチキンの代理店をやっているからで

す。私の発案ですが、その話を切り出すと、親父は『天下のリウエンが何でメリケン焼き鳥なんてやるんだ』と言って烈火の如《ごと》く怒った（笑）」

——メリケン焼き鳥とは言えてますね（笑）。本当に三次産業が嫌いだったんですね。

「沖縄本島南部の玉城村《たまぐすくそん》（現・南城市）にある琉球ゴルフ場をつくったのも私です。あのときも親父は何でゴルフ場なんて芸者の置屋みたいなことやるんだ（笑）と、猛反対した」

——えっ、そうなんですか。きれいなゴルフ場ですよね。ダイキンオーキッドレディスゴルフトーナメントの会場で、宮里藍がデビューを飾った。

「藍ちゃんはいまでも私のことを先生って言って慕ってくれています」

——でも琉球ゴルフの現在の実質的な所有者は、本土芸能プロダクションのバーニングプロ社長の周防郁雄《すほういくお》ですよね。琉球ゴルフ倶楽部社長の仲島辰彦《なかじまたつひこ》は周防の息のかかった〝子分〟ですからね。どういう経緯でそうなったんですか。

「その問題はあまり話したくないですね」

——そう言われるとなお聞きたくなる（笑）。嫌な思い出なんですか。

「一家の恥を話すようですが、琉球ゴルフの専務をやっていた私の兄の奥さんが事業に失敗して、たちの悪い金融業者にひっかかったんです。それがこじれて。私はその問題で、山口組の弁護士に会ったり、最後には沖縄旭琉会の会長にも挨拶《あいさつ》しました」

——沖縄旭琉会の会長というと富永清《とみながきよし》ですか。

「ええそうです。とてもいやでしたけどね。兄貴は可愛がられていたようですが」

——それで結局周防の持ち物になった？

「途中では平《たいら》（哲夫《てつお》）さんもからんだと思います。それはもう向こうさんの事情ですから、私にはよくわかりませんが」

平哲夫は安室奈美恵《あむろなみえ》などの人気タレントを抱えるライジングプロダクション（現・ヴィジョンファクトリー）の元社長である。

平はバーニングプロダクションの周防とは盟友関係にあり、〇一年に脱税容疑で逮捕されて二年六カ月の実刑と罰金二億四千万円の支払いを命じられた。

——ところで、琉球ゴルフの土地には、本土復帰まで米軍の知念《ちねん》混成サービス補給部隊（CSG＝Composite Service Group）という特殊部隊があったところだと聞きます。どんな部隊だったかご存知ありませんか。

「自衛隊の友人に聞いた話ですが、ベトナム戦争中は捕虜をつれてきて洗脳し、またベトナムに送り返していたそうです。いわばスパイ養成所です。そこだけは厳重なフェンスに囲われて、ごく少数の人間しか出入りできなかったという話です」

米軍の特殊部隊が沖縄四天王経営のゴルフ場に変わり、今度は三転して、日本の芸能界のドンと恐れられる周防郁雄が率いるバーニングプロの所有になる。

ここにも、アメリカにかわって台頭する本土資本の影と沖縄の変貌が、二つ重ねで投影されている。

沖縄四天王には数えられていないが、琉球石油を創業し、そこを中核に企業横断グループの「天龍会《てんりゅうかい》」をつくりあげた稲嶺一郎は、その人生の破天荒さでは、四天王にまったくひけをとらない。

稲嶺は日露戦争が終わった一九〇五（明治三十八）年、沖縄本島北部の本部《もとぶ》村に生まれた。稲嶺が四歳になったとき、父は出稼ぎのため単身ペルーに移民した。残された母は家のそばの畑で野菜やイモをつくり、それを売り歩く行商で苦しい家計を支えた。

一九一六（大正五）年、稲嶺が本部尋常高等小学校六年になったとき、ペルーに移住した父から母がペルーに渡航するための費用が送られてきた。

両親とも南米に移民したこれ以降、稲嶺は恩納村谷茶《おんなそんたんちゃ》にある母親の実家で暮らすことになった。中学は当時嘉手納にあった県立二中（後の那覇高校）に進んだ。

そこで早稲田大学の名物教授に感化された担任教師の謦咳《けいがい》にふれたことが、稲嶺に早稲田受験を決意させ、その名物教授の娘を娶《めと》るきっかけともなった。

稲嶺は自伝『世界を舞台に』（沖縄タイムス・一九八八年）のなかで、上京して初めて二中の担任から紹介された早稲田の教授の家を訪問したときのことを書いている。

玄関の戸を開けると、少女が出てきて礼儀正しく「いらっしゃいませ。どちらさまですか」と言った。このときの少女が、稲嶺の妻になる早稲田大学教授の長女だった。稲嶺の岳父《がくふ》となった西村眞次《にしむらしんじ》の研究分野は、地理学、歴史学、考古学、人類学と幅広く、若い頃は朝日新聞の記者をしていた。西村は記者時代に生まれた長男に〝朝日太郎《あさひたろう》〟という名前をつける洒落《しゃれ》っ気も持ちあわせていた。その長男は父親の後を継いで早稲田の教授となった。

余談だが、私は稲嶺一郎の義兄にあたる教授とは知らないで、朝日新聞から命名された、その西村朝日太郎に早稲田で人類学を教わった経験がある。

早稲田時代、稲嶺は西村教授から国家主義者の大川周明《おおかわしゅうめい》を紹介された。国策会社・満鉄（南満州鉄道）の東亜経済調査局理事長だった大川は、自分の講演を熱心に聞き入る稲嶺に特に目をかけ、稲嶺が満鉄に就職するときも推薦状を書いている。

この時代、稲嶺は戦後国鉄総裁となる満鉄重役の十河信二《そごうしんじ》や関東軍参謀の石原莞爾《いしはらかんじ》の知遇を得た。

この人脈の広がりが、稲嶺の人格のスケール感につながった。沖縄出身者で、稲嶺ほど多彩な人脈と国際的視野の広さを持つ人物は、他に見当たらない。

稲嶺は三十二歳のとき英米仏独伊はじめ、ハンガリー、ユーゴスラビア、オランダ、デンマークなど欧州各国を二年間にわたって視察する海外旅行に出かけ、三十四歳のときにはベトナム、カンボジア、タイ、トルコ、エジプト、イラク、イランなどアジア中近東諸国を半年かけて船と車を乗り継ぎ、船や車のないところはラクダに跨《またが》って回っている。

一九四三（昭和十八）年七月、満鉄バンコク所長だった稲嶺は満鉄東亜経済調査局本部勤務の辞令を受け、家族を帯同して東京に向かった。

船がサイゴンを出港して三日目、カムラン湾沖に出たとき無数の魚雷が白波を蹴たてて襲ってきた。ドスンという強い衝撃とともに船は沈みはじめ、稲嶺一家は必死で救命ボートに乗り込んだ。

前掲の自伝に、そのときの様子が生々しく記されている。

〈振り返ると、今まで乗っていた船が船首を上にして海面に垂直に立ち、そのままスルスルと沈んでいった。そのあとには、船から流れ出た数百個ものマクラや荷物類などがプカプカ浮いていた〉

このとき荒波を漂流して奇跡的に助かった当時十歳の稲嶺恵一（前沖縄県知事）は、同じ体験をした母親から「有形な物より無形な物を大事にしろ」と死ぬまで言われ続けたという。

「あの沈没で何もかも失い、一生懸命買っていた満鉄の株券も敗戦で紙切れになってしまった。母は父が死ぬまで私のことを『恵一はパパの大きさに比べたら足元にも及ばない』と言っていましたね」

稲嶺はカムラン湾で九死に一生の目に遭いながら、翌年には再びインドネシアの海軍武官府に赴任している。このため、敗戦はジャカルタで迎えた。

日本は敗れても大東亜共栄圏構想は生きている、インドネシアのオランダからの独立運動を助けるべきだというのが、日本敗戦にあたっての稲嶺の主張だった。

その持論通り、稲嶺は日本海軍の物資を極秘裡にスカルノなどに率いられたインドネシア独立軍に引き渡した。稲嶺はその罪で投獄され、一年あまり獄中生活を送った。

戦後の一九四七（昭和二十二）年、釈放されて日本に帰国した稲嶺は銀座でパナマ帽を並べて売る生活を半年ほど続けた。それから間もない一九四九（昭和二十四）年三月、稲嶺はＧＨＱ本部に呼び出され、沖縄担当のアメリカ人高官から沖縄視察行の密命を受けた。

ＧＨＱは満鉄時代に培《つちか》われた稲嶺の卓越した調査能力と、英語も使いこなせる交渉能力の高さを買ったのである。

稲嶺の沖縄調査報告は英訳され、アメリカ本国の国務省に送付されて機密文書扱いとなっていた。

数年前、そのコピーが南風原《はえばる》にある沖縄県公文書館で公開された。

GHQの船で故郷沖縄の土を十一年ぶりに踏んだ稲嶺は、本島だけでなく宮古、八重山にも足をのばし用意された運転手つきのジープで沖縄じゅうを隈《くま》なく視察した。

稲嶺はGHQに提出した調査報告書の冒頭にこの視察の目的を三つ挙げている。

①琉球の実情を把握し、それを本土に居住する在日琉球人に正確に伝える。
②琉球人の反米感情の原因を究明し、それを払拭《ふっしょく》する方法をGHQに報告する。
③琉球共産党の活動を徹底調査し、反共集団を設立する準備工作を進める。

稲嶺には終生CIA（アメリカ中央情報局）エージェント説やフリーメイソン説がつきまとった。この見方は、GHQに全面的に協力して行ったこのときの現地調査が一つの根拠となっている。

沖縄調査視察の翌年、稲嶺は長男恵一を連れて沖縄に戻った。帰沖して間もなく、稲嶺は米軍政府の軍政官から呼ばれ、民需用石油の販売について相談された。

この意向を受けた稲嶺は、米軍政府と民間各種産業団体の協議の場をセットするなど、民間側のとりまとめ役としてめまぐるしく働いた。その結果、帰沖して一カ月目には早くも新会社の設立準備委員会が結成された。

民需用石油販売会社の社名は琉球石油と決まり、代表には稲嶺が選ばれた。米軍の相談を受けてから半年足らずで会社設立という手ぎわのよさだった。アメリカ石油メジャーのカルテックスと提携した独占企業の琉球石油はこうして誕生した。

アメリカのエネルギー戦略に深く関与したこのときの働きも、稲嶺CIAエージェント説や、フリーメイソン説の大きな根拠となっている。

稲嶺は米軍政下の一九五〇（昭和二十五）年に開学した琉球大学の初代理事長にも選出されている。生前の稲嶺についてよく知るりゅうせき前会長の知念榮治《ちねんえいじ》は言う。

「琉球銀行も沖縄電力も琉球大学も、全部米軍の管理のもとで生まれました。琉大の理事五名のうち三名はアメリカ人でした。稲嶺はそこの理事長をずっとやっていましたから、米軍の信頼は相当篤《あつ》かったと思います。だから〝沖縄の帝王〟といわれた高等弁務官が強権をふるった有名なキャラウェイ旋風のときも稲嶺だけは排除されませんでした」

稲嶺は、戦後沖縄のエネルギー政策と高等教育政策の要《かなめ》を握る立場にいた。

中央政界進出の野心も強く、一九七〇（昭和四十五）年からは三期連続で自民党の参議院議員をつとめた。

この間、戦中の経歴を買われて、ＡＳＥＡＮ（東南アジア諸国連合）、日本インドネシア友好団体協議会会長、日本カンボジア協会会長などを歴任し、一九八九年六月、八十四歳で死去した。

一九三三（昭和八）年、旧満州大連の満鉄社宅で生まれた息子の稲嶺恵一に、あらためて稲嶺一郎CIAエージェント説、フリーメイソン説について聞いてみた。

「父は一つの企業のためにだけ、という発想がない人でした。世界連邦を目指すとか、いつもグローバルな考え方をする。よく〝大風呂敷〟と言われて、まわりからはなかなか理解されなかった。それで、そんな噂もたったんだと思います。

三十年以上前、琉球石油で乗っ取り騒動がありました。そのとき父の持ち株は一パーセントだった。それで私がいすゞ自動車を辞めて琉球石油の面倒を見るようになったんです。

父は私のような凡人に比べ、確かにめちゃくちゃな大物でしたが、逆に言えば、大きな絵は描けるけど、緻密《ちみつ》性はまったくない人でした（笑）。水から石油をつくるなんてわけのわからない研究者に入れあげて、相当の私財を投じたこともあります（笑）」

もう七十五歳近い男が、父親のことを臆面《おくめん》もなく大物と言う。それを頼りない息子と言うのは簡単だが、稲嶺一郎の人生には確かにそんな台詞《せりふ》が奇異とは感じさせないだけのスケール感があった。

それは稲嶺が、戦後も満州の夢が忘れられなかったからだったともいえる。稲嶺は、傍《はた》迷惑ではあったかもしれないが、幸福な生涯を貫いた男には違いなかった。

沖縄四天王も稲嶺一郎も鬼籍に入り、いまの沖縄に彼らと肩を並べられるだけの実力をもった経済人を見つけることは困難である。

とりわけ戦後生まれのこれといった経営者の名前はほとんど聞かない。

彼らの衣鉢《いはつ》を継げそうな経済人をあえて一人挙げるとすれば、鍛冶《かじ》屋からスタートして建設、スーパーなど十社を創業し、総売上高一千億円を超える県内有数の大企業に育てあげた金秀グループ創業者の呉屋秀信《ごやひでのぶ》の名が浮かぶ。

呉屋はいかにも沖縄人《ウチナーンチュ》らしい美談と武勇伝を残している。

呉屋が資金不足で大事にしていた三線《さんしん》を手放したとき、呉屋の父親は「事業に失敗したときはまず建物を売り、次に土地を売り、最後に三線を売りなさい。三線を弾く心のゆとりがあれば必ず再起できる」と言って、その三線を買い戻してくれた。

また工場に赤旗がたって組合員が社長室に乱入してきたとき、呉屋は「今日は挨拶だからいいが、明日から私の了解なしに社長室に入ってきたら、空手できみたちの足を折るよ」と脅しあげて、組合を解散に追い込んだ。

呉屋は一九二八（昭和三）年の生まれだから、〇八年に八十歳になる。高齢を理由に経営の第一線を退いており、同じ理由でインタビューの申し入れも断ってきた。

明治生まれの沖縄四天王や稲嶺一郎から、いきなり昭和ひとけた生まれの呉屋に飛び、その呉屋もすでに現役を引退している。

明治と昭和をつなぐ大正世代ばかりか、昭和二十〜三十年代に生まれて戦後活躍する人材も見当たらない。この沖縄経済界の世代構成はきわめていびつである。

これも、日本で唯一地上戦が行われた上、戦後は基地経済に依拠して人材育成を怠ってきた沖縄社会の奇形さであり、沖縄の見えない悲劇の一つである。

沖縄経済は、今後本土資本やハゲタカファンドらの外資の影響力が強まりこそすれ、ローカルカラーが増すとは到底思えない。それは経済のグローバル化の浸透というよりは、この島に押し寄せる第二の〝琉球処分〟と呼ぶにふさわしい激変の荒波である。

沖縄のパワーエリート「金門クラブ」

沖縄県庁や沖縄県警本部、沖縄県議会などの建物が集中する那覇市泉崎《いずみざき》は、沖縄のヘッドクオーター的性格を帯びた地区である。すぐ近くには観光客でにぎわう国際通りがあり、そこから浦添方面に向かって少し北に行った天久《あめく》の米軍住宅跡地に那覇新都心の建設が始まるまでは、完全に沖縄を代表するランドマーク地区となっていた。

その泉崎の小高い丘の上に立ち、那覇の中心部を一望する沖縄ハーバービューホテルは、皇族や国内外の要人が数多く利用する格式あるホテルである。そこが、かつて沖縄の鹿鳴館《ろくめいかん》といわれたハーバービュークラブの跡地だったということを知る沖縄人は、もうあまりいない。

ハーバービュークラブは米軍統治下時代、USCAR（琉球列島米国民政府）の高官たちの社交場として利用されてきた。そこは那覇市のど真ん中にありながら、琉球住民が立ち入りできない聖域だった。

玄関を入ると、ラスベガスを連想させるようなスロットマシンがずらりと並び、専属バンドがついたダンスホールのステージでは、毎晩、華やかなショーが繰り広げられた。

この治外法権スポットを例外的に使っていたごく少数の琉球人たちがいる。本土復帰二十年前の一九五二（昭和二十七）年に発足した「金門《きんもん》クラブ」（Golden Gate Club）のメンバーたちである。

「金門クラブ」は、米軍統治下の沖縄からアメリカの大学に派遣されて留学した経験を持つ、通称〝米留組〟と言われる沖縄のエリートたちの親睦団体である。

「金門クラブ」の名前は、アメリカ異文化体験の驚きを、二週間の長い船旅を経てサンフランシスコ湾の有名な金門橋《きんもんきょう》（Golden Gate Bridge）を初めて目にしたときの感動に仮託してつけられた。

『金門クラブ』（ひるぎ社・一九八八年）という新書本のなかに、彼ら〝米留組〟が抱いたアメリカの第一印象の強烈さを記した初々しい文章が載っている。

〈サンフランシスコ湾へ入ってしばらくすると船の前方に金門橋が見えてきた。近づくにつれて、朝陽に赤く映える巨大なつり橋の美しさにみんな圧倒される。甲板はまたたく間に、乗客総出の祭り場と化した。誰もがかぶっている帽子を天に向けて力いっぱい投げつけ、感動を体で表現した〉

まるでシチリアの貧しい島からアメリカに渡ったイタリア移民たちが、ニューヨークの自由の女神を見て、狂喜する「ゴッドファーザー」のワンシーンのようである。

「金門クラブ」の月例会は、いつもハーバービュークラブを会場にして開かれた。それは「金門クラブ」に所属するメンバーたちの特権意識をくすぐる上で、またとない快感となった。しかし、それは同時に、その特別待遇が一般市民の目にどう映るか絶えず気にしなければならない、一種のひけ目ともなった。

「金門クラブ」の月例会のゲストスピーカーには、〝沖縄の帝王〟と恐れられた第三代高等弁務官のキャラウェイや、大の親日家として知られた駐日米大使のライシャワーなどの超有名ＶＩＰたちが招かれた。「現在の琉球における自治は神話である」というキャラウェイの有名な〝自治神話論〟のスピーチも、「金門クラブ」で行われたものである。

「金門クラブ」のメンバーたちは、優越感といささかのコンプレックスをもちながら、戦後沖縄社会をリードするエスタブリッシュメントとして生きてきた。

その「金門クラブ」は、本土復帰後十年目の一九八二（昭和五十七）年に解散し、月例会場だった米軍将校専用社交場のハーバービュークラブと同様、歴史の中にフェードアウトしようとしている。

「金門クラブ」の面々は、地形が変わるほどの艦砲射撃を受け、県民の三分の一が死亡したといわれる沖縄戦の相手国のアメリカにどんな思いで留学し、その留学体験はその後の人生にどう影響したのか。それは、沖縄のエリートたちの戦後の足跡にそのまま重なる。

私が「金門クラブ」に興味をもったのは、その一点につきる。

最初に会ったのは、琉球銀行OBで、前掲の『金門クラブ』の著者の金城弘征《きんじょうひろゆき》である。一九三一（昭和六）年生まれの金城は、一九五五（昭和三十）年から一九五七（昭和三十二）年まで二年間、ウィスコンシン大学に留学した。

金城は「金門クラブ」解散後も、同クラブ記念誌編集委員会の委員長をつとめ、一九八七（昭和六十二）年には『エッセイズ・ゴールデンゲイト』という同クラブOB・OGの回想集、二〇〇〇年には『米留五〇年』という、やはり〝米留組〟卒業生の写真とエッセイによるアルバムをまとめた。

――『金門クラブ』の著者プロフィールを見ると、神戸大学経済学部卒業後、米国留学となっていますね。沖縄の出身ではないんですか？

「いいえ、那覇の生まれです。ただ、父親の仕事の関係で子どもの頃はサイパンで育ちました。まだ戦争がそれほど激しくなかった一九四三（昭和十八）年に沖縄に引き揚げ、翌年沖縄県立二中（現・那覇高校）に入学しました。そこを卒業後、沖縄外語学校に進み、そこで〝日留〟試験に合格し、神戸大学に留学したんです」

金城が進んだ沖縄外語学校は、戦後沖縄教育史のなかの徒花《あだばな》的存在だった。〝米留〟について述べる前に、戦後沖縄の教育が置かれた特殊性を簡単に振り返っておこう。

沖縄は戦前、師範学校を除いて一般高等教育機関を持たない唯一の県だった。旧制中学を卒業して上級学校を目指す者は、本土の旧制高校から大学に進むか、陸士、海兵を志願するか、さもなくば、台湾の台北《タイペイ》帝大や上海《シャンハイ》の東亜同文書院《とうあどうぶんしょいん》など植民地や占領地域の学校を選択するしかなかった。

ちなみに沖縄初の公選行政主席となった屋良朝苗は広島高等師範学校（現・広島大学）を卒業後、台湾の師範学校などで教鞭をとり、沖縄初の芥川賞《あくたがわしょう》作家となった大城《おおしろ》立裕《たつひろ》は上海の東亜同文書院で学んだ。

沖縄を占領した米軍が最初に着手したのは、高等教育の場を早急に整備することだった。こうして沖縄の敗戦からまだ半年あまりしかたたない一九四六（昭和二十一）年一月、全寮制の沖縄文教学校が、金武《きん》湾を望む沖縄本島中部の具志川村《ぐしかわそん》（現・うるま市）の高台につくられた。寮といっても建物らしい建物はなく、アメリカ軍が沖縄戦で使った野戦用テントが使用された。

同校は最初、師範部、外語部、農林部の三セクションで発足し、養成期間も三カ月と、きわめて促成栽培的要素が強かった（農林部は後に廃止）。翌一九四七（昭和二十二）年、外語部は分離独立して沖縄外語学校と改称された。養成期間も一年となってなんとか専門学校らしい陣容が整えられた。

だが、沖縄青年の学問への情熱をつなぎとめた沖縄文教学校と沖縄外語学校の歴史は、わずか四年で閉じられた。

一九五〇（昭和二十五）年五月、琉球大学の開校とともに、両校とも琉球大学に吸収合併された。

この歴史的な節目と合わせるようにして本格的なスタートを切ったのが、日本留学（日留）と米国留学（米留）制度の導入だった。

「言葉は悪いですが、沖縄は戦前から続く教育制度の不備で、上級学校を目指す者にとって、行き場のない吹き溜《ふだ》まりのようなところになっていました。

そこへ学費全額免除の〝日留〟〝米留〟という夢のような話が降ってきた。新天地が目の前に一気に広がっていくようで、みんな争って受験しました。教師と教え子が一緒に受験するケースも珍しくありませんでした」

金城によれば、〝日留〟に行った者は契約留学生、〝米留〟に行った者はガリオア留学生と呼ばれたという。

〝日留組〟が契約留学生と呼ばれたのは、日本の大学に留学した者は卒業後、沖縄に帰るという米軍政府との間の契約書にサインすることが義務づけられていたためである。

彼らは就職先までは指定されなかったが、沖縄に戻った〝日留組〟は現実的に、琉球銀行や沖縄電力などの沖縄の基幹産業や、琉球政府などの行政組織、または琉球大学などの高等教育機関に就職する者がほとんどだった。

また〝米留組〟がガリオア留学生と呼ばれたのは、米国政府がアメリカ軍占領地域の復興救済のために設けたガリオア資金が、沖縄からの留学生の学費などの援助資金としても使われたためである。

「〝日留〟も〝米留〟も、志望する大学は、本人の自由意志では決められませんでした。私が神戸大学に留学したときも、沖縄から船で全員横浜に運ばれ、そこで育英会から入学する大学の割り振りをされました。ただ学費は全額免除の上、生活費も月に六千円支給されましたから、アルバイトをせずとも勉強に打ちこむことができました」

金城は神戸大学を卒業後、契約留学生の約束に従って沖縄に戻り、琉球銀行に就職した。そして、一九五五年、ガリオア留学生の第六期生として、社会人の身分のままウィスコンシン大学に〝米留〟した。

〝米留組〟の第一陣は、一九五〇年七月四日のアメリカ独立記念日に、沖縄本島中部の勝連《かつれん》半島にあるホワイトビーチから、軍用船のジェネラル・ガーフィ号で送り出された、約五十名の選抜学生である。

それ以来、本土復帰二年前の一九七〇（昭和四十五）年まで沖縄からアメリカに派遣されたガリオア留学生は、延べにしておよそ千百名を数える。

〝米留組〟卒業生組織の「金門クラブ」の歴代会長を見ると、琉球大学教授、琉球銀行調査役、琉球開発金融公庫総裁など、沖縄の〝パワーエリート〟ともいうべき人材がずらりと並ぶ。

狭い関門を突破した優秀な沖縄人たちが、これほどまとまった数でアメリカとじかにふれあい、生涯忘れられない異文化体験を二十年間続けた。これは、戦後沖縄の精神史に決定的な影響を及ぼす〝民族的体験〟といってもよかった。

金城は著書の『金門クラブ』で、アメリカ本土に第一歩を印した〝米留組〟が味わった感動を代表する形で述べている。

〈金門橋がアメリカ大陸の強烈な第一印象だとしたら、第二のパンチは波止場から宿泊先のオークランドへ向かう途中、バスの窓から眺めた緑ゆたかな住宅街の風景だった。それは彼らの目に焼きつくほど強烈な印象を与えた。美しい街路樹に沿って緑の芝生と色とりどりの花に囲まれたオトギの国の家並みがどこまでも続く。そんな別天地を見せつけられるにつれ、彼らの脳裏を去来したものは、いまは遠き荒廃のかれらがふるさとの面影であった〉

しかし、お伽《とぎ》の国のような美しさにうっとりするのは、束《つか》の間だった。彼らはすぐにアメリカの大学教育の厳しさに直面して目の前が真っ暗になった。

前掲の『エッセイズ・ゴールデンゲイト』には、英語の授業にまったくついていけず、銃砲店で買った護身用のピストルで自殺しようと思った者や、小学校以来、一度も味わったことのない劣等感に苛《さいな》まれ、毎日図書館に通い絵本で英語の勉強をやり直す屈辱を味わった者などから寄せられた、涙ぐましい〝米留〟体験記が綴《つづ》られている。

これに対して同書をまとめた金城は、ミルウォーキーからワシントンまで二千キロの貧乏ドライブ旅行をドイツ系の友人らと楽しんだ、と書いている。

金城は、英語に苦しんだ者たちと違って、〝米留〟生活をそれなりに満喫したようである。

――下世話なことから質問しますが、〝米留〟の費用は、授業料から寄宿舎の食費、滞在費まで全部タダだったんですか。

「ええ、一切合財《がっさい》無料でした」

――アメリカが全部もった？

「はい、出所はペンタゴンでした」

――アメリカ国防総省ですか。というと当然彼らには狙《ねら》いがありますよね。どんな狙いだと思われましたか？

「それは当然、沖縄の基地の維持を大前提にしたプロジェクトだったと思います。それに役立つ、いわゆるプロアメリカの育成が大目的だったんでしょう」

――簡単に言えば、親米派のインテリグループをつくるためだと。さすがに「アメリカのスパイになれ」なんて露骨なことは言わなかったでしょうが。

「いやいや、まったく野放しですよ」

――野放し？ アメリカもその頃は鷹揚《おうよう》だったんですね。でも、〝米留〟制度が始まったのは、〝鉄の暴風〟といわれた沖縄戦の記憶がまだ生々しい時代です。そちらの方の抵抗はありませんでしたか。

「そんなことまでかまっちゃおれませんでしたね（笑）。沖縄は完全な閉塞《へいそく》状態でしたから。占領されてどこにも行き場がない。とにかく飛び出せるんなら、飛び出せと」

――ペンタゴンの思惑なんか関係ないと？

「ええ、それにペンタゴンの思惑が逆効果になったケースも随分ありました」

――かえって反米意識が生まれたと？

「ええ、沖教組（沖縄教員組合）のリーダーになった人や、反米運動の先頭に立った学者グループもいました。大田（昌秀元沖縄県知事）さんなんか、その典型でした」

――大田さんは「金門クラブ」の会長をつとめたこともありますね。大田さんにはいずれ会いますが、金城さんは〝米留〟時代を振り返って、アメリカという国をどう思いましたか。

「こんな大らかな、自由な国があるのか。それが正直な感想でした」

――そうか、金城さんが留学したのは、アメリカが最も輝いていた黄金の五〇年代でしたね。

「本当にリベラルな国でした。魂が自由というか。日本人って了見が狭いな、と思いましたね。そういう理想的な状態が六〇年代の前半くらいまで続いた」

――つまりベトナム戦争の前まででですね。

「ええ、そうです。あれでアメリカは自信を失い、すっかり変わりました」

――最後に、現在のアメリカについてどう思われますか？

「かつてのリベラリズムは完全に力を失いましたね。イラク戦争なんかを見ていると、右よりの高圧的な世論が表に出てきた。この強硬スタイルは、もう、ちょっと後戻りできないのではないか。米軍基地がある沖縄としては、それが一番の心配です」

次に会ったのは、金城の話の中にも出てきた元沖縄県知事の大田昌秀（前・社民党参議院議員）である。

大田は一九五四（昭和二十九）年、〝米留組〟の第五期生としてニューヨークのシラキューズ大学の大学院に留学している。大田がいきなり大学院に〝米留〟することになったのは、後述するように、その四年前の一九五〇年に〝日留〟試験に合格し、早稲田大学を卒業していたからである。

大田をインタビューした目的は、二つあった。一つ目は、大田がその後、知事としてアメリカと向き合い、その結果、〝米留〟時代のアメリカ観とどう変わったかを尋ねるためである。

二つ目は、戦時中軍国少年だった大田が、なぜ〝敵国〟のアメリカに留学する気になったのかを、聞くためだった。

一九二五（大正十四）年に久米島で生まれた大田は、最初にインタビューした金城より六歳年上である。戦時中、沖縄本島北部の国頭村に疎開した金城と違って、一九四一（昭和十六）年に入学した沖縄師範学校の本科二年のとき、学徒動員され、「鉄血勤皇師範隊」の一員として、南部の激戦地帯をかいくぐった体験をもつ。

参議院議員会館の部屋でインタビューした大田は、沖縄県知事を退いて十年近く経つ。だが、その独特の風貌は、知事時代とそう変わらなかった。よく日焼けした精悍《せいかん》な顔立ちと大きな目は、沖縄人の見本のようだった。大田は取材当時、八十二歳になっていた。だが、その打てば響くような的確な受け答えは、年齢相応の衰えをまったく感じさせなかった。

——今日は少し大げさに言うと、大田昌秀における米国観の変遷《へんせん》というものを尋ねようと思ってやってきました。大田さんは沖縄戦では有名な「鉄血勤皇隊」に入って、〝鬼畜米英〟と思ったかどうかは別にして、アメリカ軍と徹底的に戦ったわけです。

そういう人が、アメリカに留学する。ごくふつうの感覚からいけば、その心境の変化が、よく理解できないわけです。そのあたりからうかがいたいのですが。

「おっしゃる通り、私らは、学徒隊の〝鉄血勤皇隊〟として戦場に駆り出された世代です。教育に関しても、いわゆる皇国史観を純粋培養される形で受けたわけです。われわれの学生時代に沖縄県議会で一番問題になったのは、マルキシズムとか個人主義とかいう危険思想は絶対に沖縄に入れてはいけないという議論でした」

——そういう危険思想は、波打ち際で止めろと。

「ええそうです。だからわれわれは、社会主義思想があるなんてことは、学生時代まったく知りませんでした。ご存知だと思いますが、沖縄は日本全国で大学はおろか高等専門学校もなかった唯一の県なんです。

本土にいる同世代の人たちも、マルキシズムや個人主義などの思想にふれることはもちろん禁止されていた。でも、高等学校や図書館で皇国史観以外のイデオロギーがあることを知ることができました。そこが、沖縄と本土の同世代の人たちの最も大きな違いだったと思います」

——なるほど、皇国史観の純粋培養とおっしゃった意味がよくわかります。

「だからわれわれは試験管の中に入れられて育てられたようなものです。戦場に出ても常に二個の手榴弾《しゆりゆうだん》を持って、いつでも自決できるような教育を受けていた」

――生きて虜囚《りよしゆう》の辱《はずかし》めを受けずと。

「はい、そうです。だから、沖縄が敗れたことも知らず、沖縄本島南部の摩文仁《まぶに》の丘まで追い詰められて戦場をウロウロしていた。私が戦場を出て捕虜になったのは、沖縄戦が終結して四カ月後の（一九四五年の）十月二十三日です。

私がなぜ捕虜になるようになったかというと、近くの壕《ごう》に隠れていた東京文理大《とうきようぶんり》（現・筑波大）英文科出身のシライさんという兵長が、私がアメリカ兵のテント小屋から拾ってきた英文の雑誌をスラスラ読んでくれたからなんです。日本はもう負けている。ここにはそう書いてある。シライさんからそう言われて、戦争に負けた悔しさより、自分の無知さにショックを受けました。

私が『あなたはいいですね。外国の言葉がこんなに自由に読めて』と言うと、シライさんは『大田くん、戦争が終わって生き延びることができたら、きみも東京に出て英語を勉強しろよ』と言ってくれたんです。この一言が私のその後の人生を決めました」

まだ学徒動員される前の師範学校時代、大田は撃墜されて捕虜になったアメリカ兵を見ている。大田らが入っていた寄宿舎の隣に、師範学校の附属小学校があり、そこが沖縄守備軍の司令部だった。

「アメリカ人は鬼畜米英だと教え込まれていましたが、その捕虜は色が白くて鼻が高い、十八歳くらいのものすごくハンサムな青年でした。彼は、昼は入り口にいつも衛兵が立っている沖縄守備軍の兵舎に監禁され、夜は見せしめのため、首里城の麓《ふもと》の繁多山《はんた》という山中のアカギの大木に、目隠しされて後ろ手に括《くく》りつけられていました。

寄宿舎の同じ部屋に入っていた八重山《やえやま》出身の友人が、夜中に水と食糧を持って行ってその捕虜に与えたことがあります。その友人は東京文理大を目指していて、自分の英語の実力を試そうと思ったんでしょう、英語で話しかけた。それが憲兵にばれ、利敵行為ということで、銃床で目が開かないほど叩《たた》かれた。

後でその友人にこっそり聞くと、その捕虜は『この戦争は絶対に負けないよ』と英語で言っていたそうです。そういうことがあって、英語は勉強せんといかんな、と思っていた矢先でしたから、なおさらシライさんの言葉が身にしみました」

大田が所属した「鉄血勤皇師範隊」の千早隊《ちはやたい》は、第三十二軍（南西諸島守備軍）司令部直属の部隊で、情報宣伝活動を任務としていた。楠木正成《くすのきまさしげ》が少数の兵力で千早城を死守したという故事にちなんで命名された千早隊の戦場での具体的な役割は、軍司令部から大本営発表のニュースを受け取り、各地の地下壕に隠れて布陣していた兵隊や付近住民にそれを知らせて士気の高揚を図ることだった。

大田は自叙伝の『沖縄の決断』（朝日新聞社・二〇〇〇年）のなかで沖縄戦の体験にふ

れ、これまで学校で教え込まれたことと、天と地ほども隔たった日本軍の実態をまざまざと見せつけられ、あまりの衝撃に、言葉を失ったと述べている。


〈戦場での体験は、わが目を疑うほど信じられないことばかりだった。

守備軍将兵は戦前から、県民の生命を守るために来た、と絶えず公言していた。しかるに、私たちが毎日のように目撃したのは、それとは逆の光景だったのだ。最も頼りにしていた守備軍将兵が行き場もない老弱者や子供たちを壕から追い出しただけでなく、大事に蓄えていた食糧までも奪い取ってしまう。そのうえ、私たちの目の前で、兵士たちは泣きすがる住民に向かって「お前たちを守るために沖縄くんだりまで来ているのだから、お前たちはここを出て行け」と冷酷に言い放ったものだ。しかも、赤ん坊を抱きかかえた母親が「お願いです。どうか壕に置いてやって下さい」と泣きすがっても、銃を突き付け容赦なく追い出すことさえあった。

この戦争は「聖戦」と称されていたにもかかわらず、どうしてこのような事態になったのか。私たちには理解の仕様もなく、ただ愕然《がくぜん》と見守るしかなかった〉

大田は同じ本のなかで、生き延びるためにわずかな食糧をめぐって味方の兵隊同士が、手榴弾で殺しあう場面を毎日のように見せつけられたとも述べている。

「日本軍に対する不信感という以上に、もう人間そのものへの信頼を失っていたんです。それとは反対に、戦場では日本軍が見殺しにした沖縄の住民を助けているアメリカ兵を随分見ました。それで、鬼畜米英というのは違うなと思い始めていたんです」

――一九四五年六月二十三日に、第三十二軍司令官の牛島満《うしじまみつる》と参謀長の長勇《ちょういさむ》が自決して沖縄戦は事実上終結しました。

「実は私は、牛島司令官と長参謀長が最後の酒盛りをする、その場にいたんです」

――えぇっ、あの歴史的な現場にいたんですか。

「軍司令部に伝令で立ち寄ったとき、狭い壕のなかで、正装の軍服に勲章をつけ決別の酒盛りをしているところを、たまたま目撃したんです。それが終わると、一部の参謀たちは、沖縄の農家のおばちゃんたちが着る黒い着物に着替えて、壕の外に出て行きました。敵中を突破して、大本営に沖縄戦について報告するんだと言ってました。

昨日までの威風堂々とした軍服姿とは打って変わって、短い着物の袖《そで》や裾《すそ》から夜目にも白い腕や脛《すね》がにょっきり出ているのを見たとき、私はこの戦争は負けたなと思いました」

沖縄戦終結から四カ月も地獄の戦場をさまよって投降した大田は、米軍のトラックに乗せられ、素っ裸にされて頭からＤＤＴの粉を散布された上、金武《きん》にある屋嘉《やか》捕虜収容所に収容された。

大田は前掲の『沖縄の決断』で、収容所生活は戦場とはまた違った意味で地獄の日々だったと述べている。

〈戦時中、日本軍将兵によって虐《しいた》げられた朝鮮半島出身の捕虜たちが、日本軍将兵を自らの幕舎の陰に呼び出し、殴る蹴《け》るの暴行を働いた。同じように下士官は元の上官を引きずり出して暴行を加え怨《うらみ》を晴らす者もいた。（中略）「聖戦」と言われた戦争は、こんな無惨なかたちで終わるしかないのだろうか。戦場の悲惨に輪をかけるような所行を毎日のように目にすると、すっかり人間そのものに嫌気がしてならなかった。（中略）私は何とかそんな内的苦境から逃れたくて、朝夕に配給されるわずかのコーヒーを墨汁の代わりにして、ワリバシの先を砕いて作った筆で、手当り次第紙片を拾ってはそれに「新生」と書き続けた〉

大田が捕虜収容所から解放されたのは、一九四五年の十二月中旬だった。大田の最初の働き口となったのは、東恩納村《おんなそん》にあった沖縄民政府の文教部だった。

そこでは、戦争中、沖縄師範女子部と県立一高女の女子生徒で編成された「ひめゆり」部隊を引率し、戦後は教え子たちの遺骨を収集して歩いた仲宗根政善《なかそねせいぜん》がガリ版刷りの教科書を作っていた。仲宗根が作業するテント小屋には、何人もの教え子たちの遺骨が安置されていた。

前述した沖縄文教学校が設立されたのは、丁度その頃だった。大田は戦前、教師になろうと師範学校に入った。だが、他人を教えることの恐ろしさを戦争でいやというほど思い知らされたため、沖縄文教学校の師範部は避け、外語部に進んだ。

外語部に入ったのは、戦場で出会ったシライ兵長から教わった通り、生き延びた以上は、何としても英語を学びたいという一心のせいもあった。だが、沖縄外語学校で教えるのはアルファベットと簡単な英会話程度で、英語を自由に使いこなす語学力に到達するまでには到底いたらなかった。

「それでこのままじゃいけないと、学校近くのアメリカ人の家庭に住み込んで、ハウスボーイをしたんです。ハウスボーイというのは、掃除をしたり洗濯をしたり靴磨きをしたりする、いわば雑役係です。そこのご主人は、ライカム内の中華料理店を経営するお金持ちでした」

ライカムとは、前にも述べたように、在沖米軍を統括する琉球米軍司令部（Ryukyu Command=RYCOM）の略称である。

「その奥さんがたいへん知的な女性で、部屋の中はもう本ばかりでした。そして押入れには靴が百足くらい入っている。その靴の数だけで、アメリカ人というのはこんなに豊かなのかと、まずショックを受けました。

あるとき靴を磨いていると、小学校三年生くらいのかわいい一人娘がやってきて、何に怒ったかわかりませんが、突然、その靴を取りあげて、私の顔めがけて投げつけたんです。すると、それまで居間の長椅子《いす》に足を伸ばして読書していた奥さんが、慌てて飛んできて、私に謝り、娘の尻をパンパン叩いてから、私を書棚のところまで連れて行って、一冊の本を抜き出したんです」

それは茶色の表紙の事典だった。彼女はその事典の何ページかをあけ、嚙《か》み砕くように説明を始めた。後でわかったことだが、彼女が抜き出したのは、『エンサイクロペディア・ブリタニカ』だった。

「私はまだそんなに英語がわかりませんでしたから、彼女が言っていることはチンプンカンプンでした。でも、そのページに〝ビル・オブ・ライツ〟と書かれていたことだけは、はっきりおぼえています。それが人権宣言を意味する英語だということも、後でわかったんです。それで、彼女がなぜあんなに一生懸命説明したか、わかったような気がしました。

人間はみな平等なのに、うちの娘はそれに反してたいへん失礼なことをした、許してほしいと言っていたんだな、と理解できるようになったんです」

この体験は、大田に英語を本格的に勉強させるきっかけとなった。大田はハウスボーイを経験した後、嘉手納《かでな》にあった憲兵隊の下士官クラブでバーテンダーとして働くことになった。

「バーテンダー時代で一番印象的だったのは、兵隊同士が酒の勢いでケンカするときでした。誰もそれを止めようとしないで、広場に二人を連れて行って堂々とケンカさせる。まったくわれわれが考えられないようなことを平気でやっている」

大田はそのフランクさに、陰険ないじめが横行していた日本軍とは何もかも違うなと感心し、ますます英語の勉強にのめりこんでいった。

米軍には物資がありあまるほどあった。テキサス州出身のクラブのマネージャーは、ウイスキーでも煙草でも好きなだけ持って帰れと言ったが、大田は当時、煙草も吸わず、アルコールも一滴も飲まなかったので、そのかわりにテントを貰《もら》って帰り、それで小さな家を建てた。

そのテント小屋で、台湾から引き揚げてきたものの住む家がなく困っていた沖縄出身の家族と共同生活を始めた。それが、屋嘉の捕虜収容所でコーヒーを墨汁がわりに使って繰り返し書き続けた「新生」のスタートだった。大田は何度か紹介した自叙伝の『沖縄の決断』のなかで、そう述べている。

だが、大田にとって本当の「新生」は、それからだった。

大田はバーテンダーをやめた後、沖縄本島南部の知念《ちねん》村（現・南城《なんじょう》市）にあった米軍政府の文教部に勤め、そこから派遣されて名護の英語学校で英語を教えるようになっていた。

そのとき大田の目の前に突然広がったのが、〝日留〟と〝米留〟という夢のような話だった。大田は大学入学適齢期をとっくにすぎた二十四歳になっていた。

——〝日留〟と〝米留〟、どちらを選んだんですか。

「私は運がよくて、両方とも受かったんです」

——迷われたでしょうね。

「ええ、それで尊敬する仲宗根政善先生に相談したんです。先生は、アメリカの大学に行く前に、日本の大学教育をしっかり受けて、それから大学院レベルでアメリカに行った方がいいんじゃないかと、アドバイスしてくれました。これはたいへん適切な助言でした」

仲宗根は、大田が捕虜収容所を解放後、短期間勤務した沖縄民政府の文教部でガリ版刷りの教科書を作っていた上司である。

大田が日本の留学先として割り当てられたのは、早稲田大学教育学部の英語英文学科だった。大田が入学した頃の早稲田は、一九五二（昭和二十七）年の血のメーデー事件に関連して、武装警官がキャンパスに乱入するなど、学生運動の聖地と目されていた。

大田は自叙伝の『沖縄の決断』で、早稲田時代は学生運動を横目で見ながら悶々《もんもん》としていた、学生運動に参加できなかったのは、日本への留学に際して米軍政府に提出させられた契約書のなかに「大学に不利益な行動があった場合、沖縄に強制送還される」という一項があったからかもしれない、と述べている。

大田の早稲田時代の一番の思い出は、同じ沖縄師範OBの外間守善《ほかましゅぜん》らと沖縄に持ち帰った「平和の像」を、大田らが激戦をかいくぐった戦場跡地の摩文仁の丘に建立したことである。建設資金は、〝沖縄学の父〟と呼ばれた伊波普猷《いはふゆう》の志を受け継ぎ、いまや沖縄学の大家となった外間らと一緒に編集し、映画化もされた沖縄学徒兵の手記の印税があてられた。

「当時は朝鮮戦争の頃ですから、平和＝共産党＝悪魔という時代です。平和と言っただけで、すぐ共産党だとやられる。当時、私は早稲田を卒業間近で、〝米留〟試験にも受かっていました。『平和の像』を沖縄に持ち帰ったことが新聞に載ると、案の定、（早稲田の）主任教授に呼びつけられ、『お前は共産党だから、お前には（米留の）推薦状は書かない』と言われました。そのとき救いの手を差し伸べてくれたのが、五十嵐新次郎《いがらししんじろう》助教授でした」

――その後「百万人の英語」のラジオ講師として一世を風靡《ふうび》したタレント教授ですね。

「ええ、そうです。あの先生にはちょっと可愛がられていたもので、米国留学の推薦状は五十嵐先生がかわりに書いて判子を押してくれた。それで行けるようになったんです」

このとき大田を共産党員と疑った沖縄駐在のCIC（米対防諜《ぼうちょう》部隊）は、日系の二世や民間人を使って大田の東京の下宿先や、交友関係、読書傾向まで調べあげた。

大田が米軍に内偵されているらしいという噂《うわさ》は、前述した〝米留〟卒業生の親睦団体「金門クラブ」元幹事の金城弘征の著書（『金門クラブ』）にも書かれている。

〈米国留学には当初から、ヴェールに包まれた黒い噂がつきまとった。それは学力テスト以外に、いわゆる米軍GⅡ（秘密諜報《ちょうほう》部隊）によってひそかに行なわれているらしい身元調査や思想動向追跡に関する薄気味わるい噂だった。現に幾人もの人がこの調査によって合格を取り消されたという。琉球大学の大田昌秀教授も思想調査であやうく合格取消しになりかかった一人である〉

大田の肩書きがここで、元沖縄県知事ではなく、琉球大学教授となっているのは、同書が大田の県知事就任前に書かれているためである。金城は大田が米軍の内偵を受けた理由として、先の「平和の像」の建設問題をあげ、こう続けている。

〈大田氏は米留試験に合格し、渡航準備万端を整えて乗船命令を待つばかりとなっていた。しかし他の同僚たちには出発の前日に乗船命令が出たにもかかわらず、彼にはついにその日一日、命令は出されなかった。かねてからGⅡにマークされているらしいことに気付いていた彼は、半ば諦《あきら》めて就寝した。ところが翌日、明け方の四時ごろ、けたたましい叫び声に起こされてみると、民政府の係官が立っていた。（中略）彼は取るものも取りあえず、米軍のジープに乗ってホワイトビーチへ駆けこんだ。ジェネラル・ガーフィ号出帆間際のきわどい滑りこみだった〉

一九五四（昭和二十九）年夏、大田らを乗せた米軍用船のジェネラル・ガーフィ号は、まず南下して、給油のため台湾の台南に寄航し、一路サンフランシスコを目指した。

大田の留学先がニューヨーク州にあるシラキューズ大学大学院のジャーナリズム学部だということは、その船の中で初めて聞かされた。

——大田さんにとって、それが最初のアメリカ体験ですね。どんな印象を受けましたか？

「アメリカは多民族国家なんだな。それが、アメリカから受けた強烈な第一印象でした。民族差別の国だということも、初めてわかりました。トイレも〝ホワイト〟と〝カラード〟の二種類があるし、新聞でも黒人が犯罪を起こすと、名前の後ろに必ず〝黒人〟と書く。私は南部を旅行したとき、〝カラード〟と書かれたトイレに入ろうとして、お前はあっちだと言われて〝ホワイト〟のトイレに連れて行かれたことがあります。複雑な気持ちでした。

その反面、私とエジプトから来た留学生が、学校新聞でも〝黒人〟と書くのは人種差別じゃないかとゼミで問題提起すると、日本のようにうやむやにするのではなく、徹底的に討論する。この率直さには目を開かされました。

私がアメリカに留学したのは、丁度、マーティン・ルーサー・キング牧師が人種差別に抗議してバス・ボイコット運動を展開中の頃です。そういうこともあって、アメリカには素敵な人たちが沢山いるんだな、ということを尚更《なおさら》強く実感させられました。アメリカは朝鮮にもベトナムにも平気で軍隊を送り込む反面、それに徹底的に反対する人々もいる。この国は戦争をどこかで埋め合わせするバランス感覚と知性を持った国だと思いました」

大田はこの留学をきっかけに、アメリカという国に強い学問的関心をもった。特に興味をおぼえたのは、沖縄戦の機密文書だった。

「その後、アメリカにはインターバルを置き、米留時代を含め延べ十六年通って、沖縄戦に関する機密文書に片っ端からあたりました。その結果、沖縄戦に参加した部隊には、沖縄の非戦闘員を救出するためにだけ編成されたチームがあることがわかった。ひとつの部隊に少なくとも八名か十名、多ければ二十名くらいついていた。

これがピーク時には全部で五千名いたという記録がちゃんと残っているんです。私は沖縄戦で、アメリカの兵隊が沖縄の原住民を大勢助ける場面を随分見ています。もし、そういう部隊がいなければ、沖縄の住民の犠牲は、間違いなく三倍か四倍にふくれあがっていた。だから、あのとき戦場で不思議に思った理由が、その勉強を通してやっとわかったんです」

大田は一九九〇年から九八年まで二期八年間、沖縄県知事の椅子にあった。大田県政は沖縄経済を沈滞させたと批判される一方で、九五年九月に起きた米海兵隊員三人による小六少女の暴行事件をきっかけとして日米地位協定の見直しを迫るなど、歴代知事中、アメリカへの発言力と交渉力を最も高めた政権という高い評価を受けている。

大田政権を一言でいえば、親米だが、反軍、反基地の政権だったといえる。

その〝立ち位置〟を大田にとらせたひとつのモチベーションが、五十三年前の〝米留〟体験にあったとすれば、大田を共産党扱いして排除せず、入国させて懐《ふところ》に取り込んだアメリカの選択はきわめて正しかったことになる。

大田に会った目的は、米留体験を聞く以外にもうひとつあった。大田の知事時代の業績に、沖縄戦最大の激戦地の摩文仁の丘に「平和の礎《いしじ》」を建てたことがあげられる。

その「平和の礎」と、やはり琉球大学教授時代の大田が、アメリカの国立公文書館に出向き、同館に所蔵されていた沖縄戦の未公開フィルムを調査、発見したことから大きな記録運動のうねりとなった「沖縄戦記録フィルム一フィート運動」の二つのアイディアは、自分のアイディアが盗まれたものだ、と抗議する男がいる。

この人物は上原正稔《うえはらまさとし》という一九四三（昭和十八）年生まれのドキュメンタリー映像作家である。上原には大田に会うだいぶ前に会った。上原をひと目見て、この男は現代のキジムナーだな、と思った。キジムナーとは、沖縄の人々に昔から愛される伝説の妖怪である。

黄色のシャツにピンクと紫というちぐはぐな靴下を履いたファッションの配色感覚だけでも、この世のものとは思えなかった。その奇妙奇天烈《きみようきてれつ》な出で立ちに小さな体を包んで登場したときは、立派な髭《ひげ》をたくわえた顔とも相まって、愛玩用の犬が二本足で立って現れたと思った。若者がかぶるようなキャップ、首のスカーフや茶色のサングラス、ポパイのようなパイプも、どこか現実離れしていた。

上原とは食事をしながらのインタビューとなった。上原は食べているときは喋《しやべ》れず、喋っているときは食べられない奇癖の持ち主だった。食事が終わると、上原はやおら大田の件を切り出した。

「一フィート運動も、〝平和の礎〟のアイディアも、最初に発案したのは僕です。それを大田昌秀に盗まれた。それ以来、大田とはケンカです。僕は大田に首を絞められたこともある。彼は知事失格というより、人間失格の酒乱男で、売名欲の塊《かたまり》です」

――首を絞められた？　穏やかじゃないですね。どこで首を絞められたんですか。

「ハーバービューホテルです。その件で僕は大田を告訴しました」

初めて聞く話だった。後で入手した告訴状には、「被告訴人（引用者注・大田）は、告訴人（引用者注・上原）に対し、平成四年九月十三日、午後九時頃、那覇市泉崎二―四六の沖縄ハーバービューホテル二階『白鳳《はくほう》の間』において、右手拳で告訴人の左脇腹を一回強く突き、さらにたじろぐ告訴人の左上腕部を痛みを感じるほど強く握り締めて、三メートルほどひきずるなどして暴行を加えた」と書かれていた。

告訴状に付随した陳述書には、「大田氏が顔を上気させ、目を吊り上げ、恐ろしい形相で私に駆け寄り」といった、さすがドキュメンタリー映像作家らしい臨場感溢《あふ》れる記述もあった。

告訴された以上、もう一方の大田に話を聞かないわけにはいかなかった。

――上原正稔という人物をご存知ですか。彼は大田さんに首を絞められたと言ってました。

「ええ、知ってます。大げさなヤツです（笑）。裁判は、彼の方から取り下げたんです」

――原告の方から取り下げたんですか。

「そうです。まったくお話になりません。彼が（沖縄本島南部の）具志頭村《ぐしかみそん》（現・八重瀬《やえせ》町）に世界平和を祈念する施設のようなものをつくりたいと言ってきたのは事実です。でもそのとき僕はもう、〝平和の礎〟構想をスタートさせていたんです。一フィート運動では、彼はアメリカでよくフィルムを集めてくれました。でも、会計のことでほかの役員から文句が出たので、事務局長をおろされたと聞きました。それを彼は、僕が彼の首を切ったと思っているんじゃないですかね」

後で信頼できる関係者に上原の人となりを聞くと、「英語力はじめ能力は抜群ですし、金銭に関しては非常に潔癖です。ただ、元々一匹狼《おおかみ》的なところがありますから、組織人としては疑問符がつけられるかもしれません」という一方に偏らない答えが返ってきた。

上原と大田の両方をよく知る新聞記者は、大田が上原に暴力をふるったかどうかは知らないが、大田が興奮しやすい体質であることは間違いない、と言った。

「ちょっと批判的なことを言われると、すぐ顔を真っ赤にさせる。鼻血まで流すこともありました。酒乱？　いまの（仲井真《なかいま》）知事の方が百倍酒乱ですが、その気《け》はありましたね。売名欲の塊？　僕に言わせれば、学歴コンプレックスの塊だと思います。

グラビアアイドルのC．C．ガールズが知事室に表敬訪問したとき、大田さんは開口一番、『君たち大学はどこ出ているの？』と聞いた。C．C．ガールズの一人が、『私たち、全員高卒です』と答えたら、みんなシーンとなってしまったことがあります(笑)」

〝鉄血勤皇隊〟体験が〝米留〟につながり、そのキャリアが結果として、大田を沖縄の代表的パワーエリートの座に押しあげ、知事の椅子にのぼらせる原動力となった。それがもし、事大主義や権力志向、売名欲や学歴コンプレックスなど、大田の中で眠っていた負の資質まで引き出すきっかけになったとすれば、〝米留〟体験は、大田にとっても沖縄にとってもプラスの要素ばかりではなかったことになる。

〝米留〟という異文化交流体験者の訪問から始まった取材は、一方で、上原正稔という怪人物の偏光プリズムを通して、大田昌秀の隠された負の部分を浮かびあがらせた。その一方で、次章で紹介する〝米留組〟の川平《かびら》朝清《ちようせい》の貴重な証言は、これまでほとんど知られていなかった沖縄の放送メディア史を浮かびあがらせることになった。

川平家四代の物語

大田昌秀が渡米する一年前の一九五三（昭和二十八）年にミシガン州立大学に〝米留〟した川平朝清は、戦後沖縄初のアナウンサーとして知られている。川平は一九六三（昭和三十八）年から一年間、〝米留組〟卒業生の親睦組織「金門クラブ」の会長の椅子にあり、「金門クラブ」がゲストスピーカーとして呼んだ有名なキャラウェイ高等弁務官や、親日派として知られる駐日アメリカ大使のライシャワーなどの通訳もつとめた。キャラウェイは米軍占領時代、「沖縄の帝王」と恐れられた男である。

川平朝清の名前は知らずとも、ディスクジョッキーのジョン・カビラ、その弟で、独特の節回しのサッカー中継で人気のあるタレントの川平慈英《じえい》の父親だと言えば、大部分の人がわかるだろう。彼らも、父親と同じ放送の世界で生きてきたのだから、やはり血は争えないものである。

川平家は沖縄で屈指の名門の家系である。川平の祖父、父、兄弟の名前にはすべて朝の文字が使われている。これは琉球王朝の尚《しょう》王家につながる人々だけに許される名前である。

ここで、川平の〝米留〟体験を述べる前に、幕末から始まる川平家三代百五十年あまりの歴史に簡単にふれておきたい。そこには、沖縄の近現代史が凝縮されている。元沖縄県知事の大田昌秀の話には、戦時中の〝鉄血勤皇隊〟体験と、戦後の〝米留〟体験というまったく正反対の体験を通して、日米文化の差と沖縄の戦後史が語られていた。

だが、川平家の歴史には、それ以上の大きなスケール感をもって、琉球王朝から始まる沖縄の近現代史が浮き彫りにされている。

——川平さんのお兄さんの川平朝申《ちょうしん》さんの『終戦後の沖縄文化行政史』（月刊沖縄社・一九九七年）によると、川平一家は、台北師範学校で教鞭をとり、後に沖縄初の公選主席となる屋良朝苗などと一緒に、台湾から米軍の上陸用舟艇のＬＳＴに乗って、一九四六（昭和二十一）年十二月に沖縄に引き揚げてきたと書いてあります。お生まれは台湾なんですか。

「ええ、私は長兄の朝申より二十歳も年下の末弟で、四人兄弟のなかで私一人が台湾の生まれなんです」

——すると、〝米留〟前に、沖縄で教育を受けたことはないんですね。

「ええ、私は台湾で、中高一貫教育の七年制の台北高等学校を卒業して沖縄に引き揚げてきました」

横浜市緑区《みどり》の閑静な住宅街にある自宅の居間で、上品なメタルフレームのメガネに、白い顎鬚《あごひげ》をたくわえた立派な顔立ちの川平は、相手にまったく負担をかけないごく自然な態度で口を開いた。まったくウチナー訛《なま》りのない完璧な標準語である。

川平は、一九二七（昭和二）年八月三十日の生まれだから、〇七年の取材時点で間もなく八十歳になる高齢だった。だが、明るいブルーのチェックのボタンダウンシャツの上にカーディガンをラフに羽織った服装のセンスは若々しく、とても還暦から二十年過ぎた年齢には見えなかった。

「私の父の朝平《ちょうへい》は沖縄で養蚕を広めようとしたんですが、その事業に失敗し、台湾に行くことになるんです。沖縄では警察官をしていたこともあります」

――変わった経歴ですね。

「少年時代の父は東京の祖父のもとで育ちました。そのとき、東京農業《とうきょうのうぎょう》大学の前身の徳川育英黌《とくがわいくえいこう》農学科で養蚕の技術を習うんです」

徳川育英黌は、幕末、五稜郭《ごりょうかく》の戦いで敗れたあと、北海道開拓事業に乗り出した榎《えの》本武揚《もとたけあき》が創設した農学校である。

――えっ、お祖父さんは東京にいたんですか。

「祖父は琉球王朝の日本語の通訳でした。江戸時代には、新しい将軍の就任を祝う慶賀《けいが》使《し》の一行に加わって江戸上り（江戸立ち）していますし、一八七二（明治五）年夏には、琉球王朝最後の王の尚泰《しょうたい》王の名代の伊江王子《いえおうじ》に随行して上京しています。

一八七五（明治八）年に再び上京して、琉球王家の尚家の東京屋敷に通訳兼渉外係として住み、明治政府から東京への移住を命じられた尚泰王一行を東京で迎えています。父も沖縄から東京の祖父に呼び寄せられ、そこから徳川育英黌に通うんです」

思わず耳が勃起《ぼっき》してくるような話だった。琉球王朝の〝日留組〟として日本語の通訳となった祖父と、アメリカ統治下時代の沖縄から〝米留〟に加わった孫。これだけでも、激動する歴史のロマンを語っているようでわくわくさせられた。

後日、川平がわざわざ送ってきてくれた資料には、そのあたりの事情がかなり詳しく述べられていた。これは、沖縄の本土復帰に合わせて企画された「週刊朝日」の沖縄県特集号（一九七二年五月十九日号）に掲載された「ああこの百年沖縄・川平家の三代」という記事である。

記事は週刊誌としては破格の八ページが費やされ、川平家一族を記念撮影した冒頭の集合写真には、いまテレビで活躍する川平兄弟のまだあどけない頃の姿が写っている。

この記事によると、川平朝清の祖父の川平朝彬《ちょうひん》は琉球王朝の小姓時代から天稟《てんぴん》の才を見せ、語学研修生として薩摩藩に派遣されて、日本語を学んだ。朝彬の彬は、名君と謳《うた》われた留学先の藩主の島津斉彬《なりあきら》にあやかって自ら改名したものだという。

「朝彬という人は三線《さんしん》も弾けましたし、沖縄の島々や村々に残る民謡の歌詞を集めて本をつくるなど、芸能に対するマインドが元々あった人でした。その血筋を引いたんでしょうか、私の長兄の朝申は台湾でラジオ新聞という放送関係の新聞の編集長をやり、子どもたちを集めて児童劇団をやったりしていました」

「週刊朝日」の特集記事によると、祖父の朝彬から東京に呼ばれた父・朝平は榎本武揚が開設した徳川育英黌に一期生として入学した。朝平はこの時代、第一回県費留学生として帝国農科大学（現・東大農学部）に留学し、後に沖縄自由民権運動の父と呼ばれた謝花昇《じゃはなのぼる》と親交を結んでいる。

一八九一（明治二十四）年、沖縄に戻った朝平は普天間《ふてんま》に農学校をつくって養蚕を教えた。だがうまくいかず巡査になったものの、これも長続きせず、一九二四（大正十三）年、五十七歳のとき、夜逃げ同然にして台湾に渡った。

戦後、沖縄に引き揚げた長男の朝申は、沖縄民政府の文化部芸術課長となった。朝申はこの時代、新聞や沖縄芝居の劇団、映画興行認可などの文化行政に関わった。その朝申が最も力を注いだのが、沖縄にラジオ放送局をつくることだった。

ここで、沖縄のラジオ放送史を簡単に振り返っておく。沖縄でラジオ放送が始まったのは、一九四一（昭和十六）年の十二月八日だった。

日本で最初にラジオ放送が始まったのは、初代総裁に後藤新平《ごとうしんぺい》を戴《いただ》いて開局した東京放送局（後のＮＨＫ）が、港区の愛宕山《あたごやま》から試験電波を発した翌年の一九二五（大正十四）年のことである。沖縄でラジオ放送が始まったのは、それに遅れること十六年目の一九四一（昭和十六）年、日本で最後発のラジオ放送の開始だった。この日は奇《く》しくも太平洋戦争開戦の日だった。午前九時、開局したばかりのＮＨＫ沖縄放送局は、開戦を告げる大本営発表を本土からの電波を使って中継放送した。

この日、街頭ラジオの前には黒山の群集がたかり、その日のうちに那覇市のラジオ店ではたちまちラジオセットが売り切れたという。

しかし、開戦にともなって敵国に電波を傍受されるという国防上の理由から、すぐに通常の電波による放送から電力線による放送に切り替えられた。電力線放送とは、放送局から出力した音声のコンテンツを配電盤にコネクトして送出する一種の有線放送である。

この有線放送への切り替えによって、はじめ南西諸島一帯をカバーするはずだった沖縄放送局の可聴範囲は、沖縄電気の配電地域の那覇、糸満など沖縄本島の南半分に限定されることになった。

沖縄が置かれたこうした特殊事情もあって、沖縄のラジオ普及率はきわめて低かった。一九四一年度末、すなわち沖縄放送局開局直後の契約者数は、二千十一名（普及率一・

六パーセント）しかなく、契約者数、普及率とも全国最下位だった。

戦争の激化による電力事情の悪化や、度重なる空襲のためもあって、沖縄のラジオ普及率は一向にあがらなかった。それどころか、沖縄放送局では、海上の船舶から出力される米軍の野戦放送局の電波を妨害する雑音放送を流すような有様だった。

一九四五（昭和二十）年六月二十三日、牛島満第三十二軍司令官と長勇参謀長の自決によって沖縄戦は終結した。それから約五十日後、本土では「玉音放送」が流れ、全国民が敗戦を知るという国民的統合の場が、ラジオ放送によってつくられた。

だが、米軍の占領によって、早くも日本から切り離された沖縄で「玉音放送」を聞いたのは、軍の持っていた無線機ラジオが傍聴できた、ごく限られた政府関係者たちだけだった。

戦後の放送事情も、本土と沖縄ではまったく異なった道を歩んだ。

本土では占領軍の検閲を受けながら、敗戦後も細々と放送が続けられていた。だが、沖縄ではＮＨＫの建物は米軍に接収され、試験放送が始まったのは一九四九（昭和二十四）年の五月十六日だった。沖縄は実に五年近くもラジオの空白地帯だったことになる。

この沖縄の戦後最初の試験放送局は、「琉球の声」と名づけられ、コールサインは米軍関係の放送局に暫定的に与えられる〝ＡＫＡＲ〟と決められた。米軍と粘り強く折衝し、この試験放送の実現にこぎつけた功労者が、沖縄民政府文化部芸術課長の川平朝申だった。

この日の午後二時、琉球では昔からめでたい席で必ず演奏される「かぎやで風節」の三線の合奏をバックに「ディス・イズ・AKAR。こちらは〝琉球の声〟です」という第一声が放たれた。このアナウンスをしたのが、朝申の弟の川平朝清だった。

「放送したのは、具志川村栄野比《えいのひ》(現・うるま市)の米軍下士官クラブを改造した瓦葺《かわらぶ》きの農家でした。そこがAKARの放送局と、私たちの宿舎でした。放送を聞いていた人ですか？　海の魚に聞かせているんじゃないか。冗談でよくそう言われたものです(笑)。受信機はほとんどありませんでしたからね」

ラジオはまだ庶民には高嶺《たかね》の花の高級品だった。そこで米軍政府では、苦肉の策として、「親子ラジオ」というグループ・リスニング・システムによる受信方法を編み出した。

小型発電機と受信機、増幅器とマイクでワンセットの「親ラジオ」を村長や区長の家に据えつけ、各家庭の「子ラジオ」に有線でスピーカーをつなぐ。この「親子ラジオ」を普及させれば、共同でラジオが聞けるし、マイクを通じて地域への呼びかけもできる。

ローカルの民謡番組などに加え、本土から送られるNHKの「二十の扉」「とんち教室」などの人気番組を「親子ラジオ」を通じて流していたAKARは、その後、Kを頭文字にしてアメリカ西海岸の民間放送局で使われるコールサインと同じKSARと改められ、一九五四（昭和二十九）年、布令によって設立された琉球大学基金財団に譲渡された。そして同年十月一日、琉球大学基金財団からKSARの放送権利を取得した琉球放送（現・RBC）が、沖縄における最初の商業放送局として設立された。

琉球放送設立の中心人物となったのは、沖縄タイムス社専務の座安盛徳《ざやすせいとく》だった。座安については後述するが、『琉球放送十年誌』や『琉球放送50年史』の冒頭を飾る座安のふてぶてしい面構えの肖像写真を見ただけで、これはなかなかの人物だということがビジュアル的に伝わってきた。

具志川村の農家から戦後沖縄初のアナウンスを行った川平朝清は、それから三年後の一九五二（昭和二十七）年に上京して、後に人気アナウンサーとなる鈴木健二らとNHKのアナウンス養成研修（第二十五期生）に参加し、翌一九五三（昭和二十八）年十月から一九五七（昭和三十二）年十月まで、〝米留組〟の一員としてミシガン州立大学に留学することになった。

「だから、琉球放送の開局は、私が〝米留〟中のことだったんです。〝米留〟の機会がきたのは、AKARがKSARに変わった頃でした。〝米留〟したのはラジオの面白さが段々わかってきたせいもありました。アメリカは何といっても放送の先進国でしたからね」

——当時は〝日留〟という制度もありましたね。日本の大学でラジオ・テレビを学問として扱っていたところはあったんでしょうか。

「日大には芸術学科がありましたが、ラジオ・テレビまで扱ってはいなかったと思います。それでラジオ・テレビ学科のあるミシガン州立大学に留学したんです」

——〝米留〟時代、一番印象に残ったことは何ですか。

「沖縄に帰る間際、学部長に呼ばれて、『沖縄では米軍が検閲をやっているようだが、言論の自由がないのはおかしい。沖縄に帰ったら、検閲の状況を逐一報告しろ。われわれは君が検閲に反対することに協力したい』と言われたんです。この国はすごいと思いましたね」

——沖縄の検閲はひどかったでしょうからね。

「私がアメリカから帰る前のまだ商業放送以前のことですが、私の兄（朝申）が録音車を出して、政治家の街頭演説を録音していた。ところが、街頭演説の拡声器が壊れたので、スピーカーのついている録音車を貸してやろうということになった。演説する政治家には保守系もいれば、瀬長亀次郎さんのような革新系の人もいた。ところがこれが問題になった。二世の検閲係が、瀬長さんの演説のところになったら、スイッチを切れと言い出した。兄はカンカンに怒って、それがあなたたちの言う言論の自由か、録音スタッフをクビにするのなら、私をクビにしてからにしろ、と言ったんです」

――骨がありますね。それにしてもひどい話です。

「そういう意味では、情報を検閲するCIA（アメリカ中央情報局）が沖縄から一応いなくなって、商業放送が始まってからも、沖縄の占領はずっと続いていたんです。沖縄がSCAP（連合国軍最高司令官総司令部）の下に入らなかったのは、非常に不幸なことだったと思います。

例えば、本土のSCAPのCIE（民間情報教育局）の一部が沖縄も管轄していれば、こんなひどいことにはならなかったと思うんです。だから、本土の人たちが、われわれは独立を回復した、朝鮮半島みたいに南北に分断されなかった、と言っているのを聞くと、何を言っているんだ、日本と沖縄は分断されているじゃないか、と言いたくなるんです」

温顔の川平から、これほど激しい言葉が出てくるとは想像すらしなかった。これも、禿頭《とくとう》に琉球髷《まげ》の鬘《かつら》をかぶり、首里大名の冠服をつけて一門の墓に入ったという祖父・朝彬の硬骨の血が脈々と受け継がれているからなのだろうか。

川平はミシガン州立大学留学時代にアメリカ人女性のワンダリーと知り合い、沖縄に連れ帰って結婚、ジョン・カビラ、川平慈英など三人の男児をもうけた。

――帰沖後、琉球放送（RBC）に就職したんですか。

「いいえ、正確には琉球放送が開局した英語放送局のKSBKの局長として就職したんです。座安社長の計らいでした。KSBKはユニークな放送局で、ベトナム戦争華やかなりし頃、ベトナム戦争に反対する女優のジェーン・フォンダのインタビューもやったりしました」

川平はその後、本社のRBCに移り、最後は同社の常務までつとめた。

――琉球放送の草創期で一番印象に残った人は誰ですか。

「それは何といっても座安盛徳さんです。創業に際しては沖縄タイムスがバックについていましたが、資本を沖縄の財界人たちに広く募って、琉球放送を沖縄タイムスの子会社にしなかったところは、たいへんな先見の明だったと思います」

座安が資本参加と役員入りを呼びかけた中には、國場幸太郎、大城鎌吉、宮城仁四郎、具志堅宗精の〝沖縄四天王〟のほか、琉球石油社長の稲嶺一郎、戦前はケンカ空手で鳴らし、戦後は沖縄映画興行界の一角を占める沖映社長となった暴れん坊の宮城嗣吉《しきち》もいた。

一九五四（昭和二十九）年夏、座安は米国民政府情報教育部長のディフェンダーファーを釣りに誘って那覇港沖に連れ出し、そこで琉球放送開局の基本的合意を取り付けた。この「洋上会談」は、いまや琉球放送の歴史を語るときの伝説となっている。

――米軍が座安氏に〝波〟を許可したということは、米軍がそれだけ座安氏の利用価値があると考えたからでしょう。沖縄タイムスに連載された座安氏の評伝（一九八五年三月二十四日～六月九日）によると、座安氏は一九五〇（昭和二十五）年五月二十日に、沖縄の新聞界を代表して、GHQ総司令官のマッカーサーの単独会見にも成功しています。

それ以上に興味深いのは、同じ評伝に、座安氏が若い頃、大杉栄《おおすぎさかえ》に憧《あこが》れたアナーキストだったと書かれていることです。座安氏に関心を持って調べている私の知り合いのジャーナリストは、座安氏は戦後転向して、CICのエージェントになったのではないかと類推しています。座安氏の身近にいた川平さんは、この見方をどう思いますか。

「逆の見方もできます。米軍は座安社長に強い関心を持って、徹底的にマークしていました。それで、座安社長は渡米するときビザが出なかった。そこで私がある筋――結局、CICですが――に掛け合うと、『お前の会社の社長は政治犯ではないか。われわれは戦前の特高資料からみんな持っているんだ』と言われたことがあります。

帰って座安社長に尋ねると、戦前、婦人参政権運動のビラ撒《ま》きで逮捕されたことがあると認めていました。そこでCIC関係者に『婦人参政権を教えたのはあなた方のお国じゃないか。それでもビザを出さないのか』と文句をつけて、やっとビザを発行してもらったことがあります」

――CICは、そんなところまで調べていたんですか。でも米軍が座安氏を監視していたのは、機会がくれば、座安氏を利用しようと思っていたからだともいえませんか。

「それはわかりません。ただ座安さんという人が、単純なイデオロギーの色分けだけではかりきれない大きな人物だったことは確かです。戦時中は軍部に頼まれ、大砲などの兵器が、上空の米軍機に見つからないようカモフラージュする偽装網を作って、大儲《もう》けしたと言っていました。優秀なジャーナリストというだけでなく、きちんと算盤《そろばん》もはじける人でした」

座安をCICのエージェントだったと見ている在沖のジャーナリストによれば、座安は思想転向した負い目から、その後、沖縄戦の〝鉄の暴風〟史観をつくり出し、その結果、沖縄の反日感情を蔓延《まんえん》させた戦後沖縄最大のイデオローグでもあったという。

この史観の原点となった『鉄の暴風・沖縄戦記』は、沖縄タイムス記者の太田良博《おおたよしひろ》と牧港篤三《まきみなととくぞう》が取材して沖縄タイムス紙上に発表したもので、単行本は一九七〇（昭和四十五）年に沖縄タイムス社から刊行された。同書は、大江健三郎《おおえけんざぶろう》の『沖縄ノート』をはじめとする、その後の左翼的〝戦後沖縄史観〟本に決定的な影響を与えた。

一九七三（昭和四十八）年、作家の曾野綾子《そのあやこ》は、『鉄の暴風』に書かれた渡嘉敷島《とかしきじま》の集団自決は、伝聞情報を集めたに過ぎないとする『ある神話の背景』を出版した。これがいまも続く沖縄住民の集団自決に日本軍の軍命があったか、なかったかの論争を呼び起こす引き金となった。

曾野対太田の論争は、沖縄タイムス紙上で、太田の曾野に対する反論、曾野の再反論、太田の再々反論と続いた。重要なのは、太田が最初の反論記事で、『鉄の暴風』を書くにあたって、渡嘉敷島の証言者を座安に集めてもらったと述べているくだりである。

だが、この問題に関しては座安も太田も鬼籍《きせき》に入《い》ってしまい、それ以上の事実はもう追求のしようがなかった。われわれに残されたのは、集団自決という重苦しい宿題だけである。

〝米留〟の歴史は、沖縄人の記憶の中でも、薄れつつある。だが、〝米留〟も、その卒業生組織の〝金門クラブ〟も、沖縄現代史を解明する旅のほんの入り口に位置しているに過ぎない。その向こうには、沖縄の本当の戦後史が、大きな謎を残して横たわっている。

（「沖縄　だれにも書かれたくなかった戦後史　下」につづく）

沖縄　だれにも書かれたくなかった戦後史（下）目次

集英社文庫

沖縄《おきなわ》　だれにも書《か》かれたくなかった戦後史《せんごし》　上《じょう》

2011年7月25日　第1刷　　定価はカバーに表示してあります。
2020年7月13日　第7刷

著　者　佐野眞一《さのしんいち》

発行者　徳永　真

発行所　株式会社　集英社
東京都千代田区一ツ橋2-5-10　〒101-8050
電話　【編集部】03-3230-6095
【読者係】03-3230-6080
【販売部】03-3230-6393（書店専用）

印　刷　凸版印刷株式会社

製　本　加藤製本株式会社

フォーマットデザイン　アリヤマデザインストア　　マークデザイン　居山浩二

ISBN978-4-08-746725-3 C0195